珍藏本
纪念版

汉译世界学术名著丛书

女权辩护

〔英〕玛丽·沃斯通克拉夫特 著

王蓁 译

妇女的屈从地位

〔英〕约翰·斯图尔特·穆勒 著

汪溪 译

商務印書館
SINCE 1897 The Commercial Press
2017年·北京

Mary Wollstonecraft

THE RIGHTS OF WOMEN

and

John Stuart Mill

THE SUBJECTION OF WOMEN

LONDON: J. M. DENT & SONS LTD.

1929

根据 J. M. 登特父子出版公司 1929 年版译出

汉译世界学术名著丛书
（120年纪念版·珍藏本）
出 版 说 明

2017年2月11日，商务印书馆迎来120岁的生日。120年前，商务印书馆前贤怀揣文化救国的理想，抱持“昌明教育，开启民智”的使命，立足本土，放眼寰宇，以出版为津梁，沟通中西，为中国、为世界提供最富智慧的思想文化成果。无论世事白云苍狗，潮流左右激荡，甚至战火硝烟弥漫，始终践行学术报国之志，无改初心。

迻译世界各国学术名著，即其一端。早在20世纪初年便出版《原富》《天演论》等影响至今的代表性著作，1950年代后更致力于外国哲学和社会科学经典的译介，及至1980年代，辑为“汉译世界学术名著丛书”，汇涓为流，蔚为大观。丛书自1981年开始出版，历时三十余年，迄今已推出七百种，是我国现代出版史上规模最大、最为重要的学术翻译工程。

丛书所选之书，立场观点不囿于一派，学科领域不限于一门，皆为文明开启以来，各时代、各国家、各民族的思想与文化精粹，代表着人类已经到达过的精神境界。丛书系统译介世界学术经典，引领时代思想,为本土原创学术的发展提供丰富的文化滋养,为推动中国现代学术和现代化进程做出了突出的贡献。

为纪念商务印书馆成立120周年,我们整体推出"汉译世界学术名著丛书"120年纪念版的珍藏本,寄望既利于文化积累,又便于研读查考,同时向长期支持丛书出版的译者、编者和读者致以敬意。

两甲子后的今天,商务印书馆又站在了一个新的历史时间节点上。我们不仅要铭记先辈的身影和足迹,更须让我们的步伐充满新的时代精神。这是商务人代代相传的事业,更是与国家和民族的命运始终紧密相连的事业。我们责无旁贷,必须做好我们这代人的传承与创造,让我们的努力和成果不仅凝聚成民族文化的记忆,还能成为后来人可以接续的事业。唯此,才能不负前贤,无愧来者。

商务印书馆编辑部

2017年10月

出版说明

本书是由两部为女权辩护的著作组成的，其中一部是十八世纪英国女作家、以争取妇女教育平等和社会平等而闻名的玛丽·沃斯通克拉夫特撰著的《女权辩护》；另一部是十九世纪英国杰出的政治学家、经济学家和哲学家约翰·斯图尔特·穆勒著述的《妇女的屈从地位》。这两部著作虽然出版的年代不同，前者为1792年，后者为1869年，相隔半个多世纪，但是它们论述的中心思想是一致的，即从资产阶级的民主主义立场出发，为当时英国妇女所处的无权地位大声疾呼，批评和抨击政治制度和社会制度，要求给予妇女同男人平等的受教育权、工作权和选举权。因此，本书编者乔治·卡特林教授于1929年为它们出版了这个合订本，并加了《序言》（中译本从略）。

玛丽·沃斯通克拉夫特（1759—1797）出身于一个普通市民家庭，她的家庭生活很不幸福，父亲酗酒成性，母亲愚蠢无能，不仅使她生活困苦，而且使她得不到家庭温暖和良好家庭教育。她在受过一些初等教育之后，不得不离开家庭自谋生路。她先后做过小学教师、护理工作和家庭女教师。不愉快的家庭生活和谋生的艰辛，不仅磨炼了她的意志，促使她勤奋学习，而且为她走上写作道路创造了条件。1786年，她从撰写《对女儿教育的意见》开始，以后陆续发表的著作有:小说《玛丽》、《实际生活中的原始故事》、《男权辩护》、《女权辩护》等等。尤其值得提出的是,她在法国资产阶级革命爆发后为反驳英国反动政论家柏克攻击法国革命的论著——《论法国革命》,通过到巴黎实地考察而写成的《从历史和道德观点看法国革命的起源和发展及其在欧洲所产生的影响》第一集,对于批驳柏克对法国革命的攻击,打击欧洲各国君主的反法气焰,颂扬法国革命,有着重要的意义。

与沃斯通克拉夫特相比,约翰·穆勒(1806—1873)的条件要优越得多。他出身于学者家庭,其父詹姆斯·穆勒(1773—1836,通常又称老穆勒)是十九世纪英国著名的哲学家、历史学家和经济学家,也是当时激进主义(亦称功利主义)思潮的重要代表。他在父亲的严格指导下,从小受到良好的家庭教育和学校的系统教育。由于他聪明好学,奋发努力,结果成了著名的经济学家和哲学家。他的著作颇丰,主要有《逻辑学体系》、《政治经济学原理》(两卷本)、《论自由》和《代议制政府》(全名为《代议制政府的研究》)等。其中如《逻辑学体系》、《论自由》和《代议制政府》,我馆已出中译本,为我国读者所熟悉。关于女权问题,他曾写过三部著作,即《承认妇女的选举权》、《妇女的屈从地位》和《妇女的参政权》。他是世界上第一个妇女参政促进会的创办人之一。

恩格斯在称颂傅立叶巧妙地批判了两性关系的资产阶级形式和妇女在资产阶级社会中的地位时,指出"他第一个表明了这样的思想:在任何社会中,妇女解放的程度是衡量普遍解放的天然尺度"[①]。英国

① 《马克思恩格斯选集》,第3卷,第300页。

资产阶级革命虽然已有一个多世纪，建立了资产阶级君主立宪制度，但是占英国人口一半的广大妇女的社会地位和政治地位并没有得到真正提高，因此妇女权利问题就成了进步政论家关注的一个社会问题，并逐步发展成社会运动。《女权辩护》和《妇女的屈从地位》就是在英国两个不同历史时期的妇女运动中反映妇女要求的两部重要著作。沃斯通克拉夫特所处的时期正是英国产业革命时期。在这个时期，莫说广大无产阶级妇女深受压迫和剥削，处于社会的最底层，就是其他阶级的妇女处境也很困难，她们在经济上不能独立，政治上没有丝毫权利，处处受到男人的虐待，合法权益根本得不到保护。这些情况不能不引起具有激进民主主义思想的沃斯通克拉夫特的注意和愤懑，促使她提出女权问题。到了十九世纪中叶，英国女权运动已发展到一个新的时期，当时已不只是要求受教育权的平等，而是进而要求政治上的平等，要求选举权和参政权。所以，约翰·穆勒的著作侧重反映了妇女的政治权利的要求。

由于两位作者所处的时代不同，经历各异，因而他们各自在著作中论述女权的出发点、写作方法和分析问题的深度也互有差异。沃斯通克拉夫特是从实际生活出发，以她自己的切身感受，愤愤不平地谴责了束缚妇女、造成男女不平等的各种陈规陋习。她主张给予妇女同男人平等的受教育权和其他社会权利，培养她们的理性，使她们能够真正履行贤妻良母的社会职责。约翰·穆勒则是从社会进步的需要出发提出解决女权问题的。他说："我认为，规范两性之间的社会关系的原则——一个性别法定地从属于另一性别——其本身是错误的，而且现在成了人类进步的主要障碍之一。"他主张应从法律上维护女权，赋予妇女选举权和参政权，提高妇女素质，接纳妇女“进入迄今为男人独占的一切职务和职业”。他认为这样做的结果，整个人类关系将得到普遍的整顿，人类的天性将得到极大的好处。

当然，这两部早期为女权辩护的著作，主要反映的是中产阶级妇女，而不是无产阶级妇女的要求。无产阶级妇女运动是在无产阶级登上历史舞台时才开始的。尽管如此，它们仍不失为具有重要参考意义的古典名著。

1992 年 5 月

目　　录

女权辩护

妇女的屈从地位

女 权 辩 护

〔英〕玛丽·沃斯通克拉夫特

作者前言

我以不安和关切的心情研究历史记载和观察世界现状以后，一种最忧郁的悲愤感使我十分沮丧。当我不得不承认造化使人与人之间有了巨大的差别，或者不得不承认到目前为止世界上所产生的文明非常不公平的时候，我只有为之一叹。我曾经阅读各种讨论教育问题的书籍，耐心地观察过父母的行为和学校的管理情况；得出的结论是什么呢？——我深信忽视对于我的同胞们的教育乃是造成我为之悲叹的那种不幸状况的重大原因，还深信特别是妇女，她们由于一种草率的结论产生出来的种种综合原因而陷于懦弱和可怜的境地。事实上，妇女的行为和态度显然证明了她们的思想是不健康的；像培植在过于肥沃的土壤中的花草一样，力量和用途都为"美"而牺牲了；而那些绚丽的花朵，在使好品评的观众感到赏心悦目以后，远在它们应该达到成熟的季节以前，就在枝干上凋谢，不受人们重视了。我把这种华而不实的原因之一归之于一种从论述教育问题的书籍得来的错误教育体系，与其说这些书籍的作者把女性看作是人，不如说他们把女性看作是妇女。他们更渴望把她们变成迷人的情妇，而不是变成深情的妻子和有理性的母亲；由于遵从这种似是而非的论调，女性的理智受到了蛊惑，以致现代的文明妇女，除了少数而外，在她们应该怀有一种更高尚的抱负并用她们的才能和美德争得尊敬的时候，却一心一意想激起别人的爱怜。

因此，在讨论有关妇女的权利和行为的论著中，那些专为改善妇女权利和行为而写的著作是不容忽视的，特别是有些著作直言不讳地指出：虚伪的优雅已使妇女意志薄弱；优秀的作家所写的含有教育意义的教科书和那些比较无聊的作品一样都有同样的倾向；按照真正伊斯兰教的风尚，妇女被看成是一种附属品，而不是人类的一部分，同时人们容许不够充分的理由成为夸大差别的根据，这种被夸大了的差别把男人抬高到芸芸众生之上，并把一支自然的权杖放在软弱无力的手中。

然而，我身为妇女，所以我不想引导读者认为我有意热烈讨论关于女性品质或者女性低劣这类有争论的问题；但是问题已摆在我的面前，我不能把它忽略过去，否则我的主要论点会遭到曲解，因此我要用一点时间简单谈一谈我的意见。在自然界的支配下，很明显女性在体力上一般不如男性。这是自然法则；看来这个法则并没有因为有利于妇女而暂时废除或被取消。因此男人在体质上具有某种程度的优越性是不能否认的，这是一种高贵的天赋特权！但是男人还不满足于这种优越性，他们竭力要把我们妇女贬得更低，其目的不过是要把我们变成一时的玩物；而妇女由于受到男人在肉欲支配下对她们的崇拜而陶醉，也就不再想在他们的心中取得永久地位，或者成为他们乐于交往的同胞朋友。

我注意到一种明显的论调。我从各处都能听到反对男性化的妇女的呼声，但是到哪里去找这样的妇女呢？假如男人使用这种称呼旨在攻击妇女热心于打猎、射击和赌博，我将十分热忱地同男人们一起呐喊；但是假如是为了反对她们模仿男性品德，或者更正确地说，为了反对她们获得男性才能和品德，运用这些才能和品德去提高人类品格并使女性成为更高尚的动物，从而她们被广泛地称为人，那么我想凡是以哲理的眼光来看待她们的人，一定会和我一样，希望她们能够日益男性化。

这样讨论，自然要把这个问题分成两方面。首先我将把妇女当作高贵的人来考虑，她们和男人一样，是被安置在这个世界上来表现她们的才能的；然后我要更详细地指出她们特有的任务。

我还希望避开许多可尊敬的作家所犯过的一种错误；因为在《桑福德和默顿》* 一书中，如果把散见的少量间接劝告除外，对妇女所作的教导直到目前可以说都是适用于贵妇人的；但是，我以更坚定的语气对女同胞们说，我特别注意中间等级的妇女，因为她们似乎最具本色。也许那些浮华、不道德和虚荣的种子一直是由大人物撒下的。软弱、矫揉造作的人们超越了她们同胞的正常的需要和感情，以一种早熟的不自然方式，败坏了唯一的道德基础，并且在整个社会群众中散布了堕落的风气！作为人类的一个等级，她们是最有权利受到怜悯的：富有者的教育趋向于把她们教育成空虚无用的人，正在发展中的心灵没有尽到提高人类性格的尊严的职责，因而不能健壮起来。她们只是为行乐而生活，根据在自然界一定会产生某些后果的这一法则，她们不久就只能承担无益的行乐的后果了。

* 英国作家托马斯·戴（Thomas Day，1748—1789）所著关于儿童教育的小说。桑福德和默顿是书中两个主要人物。——译者注

但是我的目的是对于社会上各阶层的人和各阶层中的妇女的道德品质分别进行考察，所以上述的提示暂且是足够的了。我谈到了这个问题，只是因为在我看来，一篇前言的要义就是对这前言所介绍的作品的内容作一个大略的说明。

我希望我的女同胞们会原谅我，如果我把她们当作有理性的人来看待，既不恭维她们的妩媚风姿，也不把她们看作好似永久处在不能独自站立的幼稚状态。我诚恳地想说明什么是真正的尊严和人类的幸福。我希望说服妇女努力取得身心两方面的力量，并且使她们确信：那些缠绵的软语、敏感的心灵、细致的感情和优雅的趣味几乎都是形容软弱的辞藻的同义语。我还希望她们相信：那些仅仅作为怜悯的对象的人以及那种被称为和怜悯是姊妹的爱情，不久就会成为被轻视的对象。

因此，我不愿意使用男人们殷勤地用来养成我们奴化依赖性的那些华丽、温柔的词句，我蔑视那种被设想为女性特征的软弱优雅的心灵、细致微妙的敏感和温柔驯顺的风度，我只希望指出品德比优美更重要，指出可钦佩的抱负的首要目的是养成人的品格，不考虑男女的差别，其他次要的目的都应该用这个简单的标准加以衡量。

这是我的计划的一个梗概；如果我一想到这个问题就会产生一种强烈的感情并以此来表达我的信念的话，有些读者将感觉到那是经验和思索驱使我那样做的。我为这样一个巨大目标所鼓舞，也就不屑于再来选择词句或修饰文字了。我的目的是使本书发生作用，真挚的感情不容许我矫揉造作；我希望以论证的力量来说服人，而不以优美的辞藻来炫人眼目；我将不在雕琢文字上浪费时间或杜撰一些言不由衷的出于矫情的夸张之辞。我是就事论事，而不是做文章！并且，我渴望能使女性成为更可尊敬的社会成员，所以我将尽力避免那些已经渐渐由散文进入小说、又由小说进入日常书信和谈话中的华丽词句。

那些信口说来的华丽夸张的词句有损于是非的鉴别，造成一种背离简单纯朴的真理的病态美；那些滔滔不绝的虚伪感想和过分夸大的情调窒息了内心的自然感情，使家庭之乐枯燥无味，家庭乐趣原本应是在履行严肃责任后的一种调剂，这些责任是为了教育有理性的、不朽的生灵去从事一种更崇高的事业。

近来妇女教育已经比以前受到重视；然而妇女仍然被看作是微不足道的人，那些试图以讽刺或教训来提高她们的作家仍然嘲笑她们或怜悯她们。大家都知道，妇女在年轻的时候把大部分时间都消耗在获取一知半解的才艺上；同时因有关于美的放荡观念和用婚姻来提高自己地位（妇女在社会上抬高地位的唯一方法）的欲望而牺牲了身心的力量。这种欲望使她们完全变成了畜牲，当她们结婚时她们像儿童可能做的那样，修饰打扮，涂脂抹粉，被人称作“天使”。这些软弱的人，无疑地只适于做丈夫的玩物！能够期望她们精明地管理家庭吗？能够期望她们仔细照顾她们所生下来的可怜的婴儿吗？

现今流行的享乐癖好代替了雄心壮志，代替了那些启发和开阔心灵的崇高激情，如果我们从女性目前的行为，从流行的享乐癖好能够公正地得出这样的结论：妇女们在此以前所受的教育和文明社会的制度只是促使她们成为无足轻重的欲望对象（只不过是个蠢人的繁殖者！）；如果我们能够证明：指望妇女有成就却不去培养她们的理智，这样做将使她们置身于她们职责范围之外，使她们在短暂的青春消逝之后成为可笑的无用之人[①]；那么，我认为有理性的人就会原谅我努力去说服妇女要变得更加男性化、更加令人尊敬。

实际上“男性化”只不过是个吓人的字眼，不必害怕妇女会有过分的勇气或坚强的精神，因为她们在体力上明显的低劣必然使她们在各种生活关系中在某种程度上依靠男人；但是为什么要用那些主张德行有性别之分并把简单真理与肉欲妄想混淆起来的偏见使得妇女更加低劣呢？

事实上妇女被有关女性优点的错误观念贬得太低了，因此我认为人为的女性软弱会产生压制他人的倾向，并且引起狡猾的行为（这是自然对抗强力的手段），从而使她们装出那些可鄙的孩子相，因此损害尊严，甚至有时能刺激情欲，我这样说也并不是故作怪论。让男人变得更贞洁、更谦虚些吧，假如妇女还不能同等地变得更聪明些，那么将来她们的理智显然会更加薄弱。似乎没有必要解释说我现在谈的是一般女性。有许多妇女要比她们的男性亲属更懂得道理；在经常为均势而斗争的情况下难分高低，没有这种斗争自然就会更加偏重一侧，还有一些妇女支配着丈夫，并没有降低自己的人格，这是因为智力将永远处于支配的地位。

① 一位有风趣的作家（我记不起他的名字了）说，他不明白妇女年过四十以后，还有什么事可做。

致前奥顿主教塔列朗—佩里戈*的信

先生：

我很高兴地读过您最近发表的那本小册子以后，谨以本书奉献给您——这是我为了请您仔细阅读本书而写的生平第一篇献词，因为我认为您会了解我，至于那些傲慢武断、自作聪明的人，我认为他们不但不会了解，而且对于他们所不能辩驳的论证还会加以嘲笑。但是，先生，我对于您的理智的尊敬还不止此，我深信您不会因为您本人对这个问题有不同的看法而把拙著扔在一边，并且匆忙地下结论说我是错误的。请原谅我的率直，但是我一定要这样说：您论述这个问题时的态度过于草率了，满足于像以前那样的研究这个问题的方式；在那时候，不用说妇女的权利，就是男人的权利也是被当作空想而被践踏了，所以我请求您现在衡量一下我所提出的关于妇女权利和国家教育的问题；我以坚定的人道精神来呼吁，先生，因为我的论证是为一种无私的精神所支配着的——我所作的辩护不是为了我自己，而是为了我的女性同胞。

* 塔列朗—佩里戈(1754—1838)是法国贵族，在旧政权下曾任奥顿主教，1790 年任国民议会主席。后来又先后任执政府、拿破仑一世政府和路易十八执政初期的外交部长。1830—1834 年任伦敦大使。他是一个狡猾的外交家，一个沉迷酒色的人。——译者注

我久已认为独立乃是人生的最大幸福，是一切美德的基础；即使我生活在一片不毛的荒地上，我也要减低我的需求以取得独立。

正是出于对整个人类的爱，我奋笔疾书来支持我认为是美德本源的事物；同样的动机引导我热烈地希望看到妇女处于这样一种境地，她们在那里会促进而不是阻碍那些赋予道德以实质的崇高原则的发展。的确，我对妇女的权利和义务的意见似乎是从这些简单的原则出发十分自然地产生出来的，所以我认为草拟你们的可敬佩的宪法的那些心胸开阔的人士不可能不和我有同样的意见。

毫无疑问，知识在法国比在欧洲其他任何部分都更为普及，我认为这一点在很大程度上应当归功于那久已存在于两性之间的社交活动。我直率地说出我的意见，诚然在法国已经取得肉欲的真义，以使纵欲的人心满意足，多愁善感的色情一直广为流行，还有法国政府和民间团体的整个趋向所教导成的一套尔虞我诈的行为方式，这些结合在一起，就使法国人特别具有一种令人望而生畏的机智。他们恰如其分地把这种机智叫做手腕。有了这种手腕自然会产生一种虚有其表的风度，它把真诚逐出社会之外，从而损害了彬彬有礼的实质。端庄贤淑（德行的最美丽的外衣！）在法国甚至比在英国受到了更粗暴的嘲弄，以致法国把妇女行止有分寸竟看成是假作正经，而这种有分寸是动物靠本能保持的。

行为举止和道德的关系十分密切，因此往往被人混淆；其实前者只应是后者的自然反映，可是人们由于种种原因很早就习染上弄虚作假、腐化堕落的行为，道德就变成空有其名了。克己自重以及非常注意家庭生活中的清洁和雅致，乃是端庄贤淑这一美德的重要的支柱，但是法国妇女对此几乎完全加以鄙视。假如她们的胸中燃烧起纯洁的爱国火焰，那她们就不会鄙视它们，而要努力提高她们同胞的道德。教育男人们不仅要尊重妇女的端庄贤淑，而且自己也要谦虚谨慎，才能取得她们的尊敬。

为妇女权利而斗争，我的主要论点是建立在这样一个简单原则之上的，这就是假如教育没有使妇女准备好去做男人的伴侣，那么她们的知识和德行将停止发展；因为真理必须是适用于每一个人的，否则它在普遍实践方面就不会产生有效的影响。如果妇女不明白自己为什么应该具有美德，我们怎么能期望她们合作呢？除非自由使妇女的理性加强，直到她们了解到自己的责任并且看到责任是怎样和自己真正的幸福有关联。要把子女教育成懂得爱国主义的真义的人，他们的母亲必须是一个爱国者；而一系列的美德所由之产生的对人类的爱，只能从对人类的道德上和生活上的利益加以考虑，才能养成；但是现在妇女的教育和处境都使她们得不到进行这种考察的机会。

在拙著中我提出了很多对我来说是结论性的论点，用以证明目前流行的关于性的观念是有损于道德的，并且我曾经认为，要使人的身心更健全，必须使贞操更普遍地受到重视，而在妇女的容貌不再受到可以说是崇拜以前，当她们没有美德和理智来使她们的容貌具有心灵美的高贵痕迹或者含有感动人的淳朴感情时，贞操在男性社会中是永远不会受到尊重的。

先生，请平心静气地考虑一下这些意见，因为当你说："看着人类的半数受到另外一半的排斥而不能参与政府的管理，按抽象的原则来讲是一个不可解释的政治现象"的时候，似乎你已经瞥见了这个真理。如果是这样，你们的宪法是用什么作为根据呢？假如抽象的男人权利能经得住讨论和辩解，那么基于同样的理由，妇女权利也不会害怕同样的考验；虽然与此不同的意见在我们国家中占着上风，那种意见的根据也正是您用来替受压迫妇女辩护的理由——成规惯例。

既然您坚决认为您是按照最宜于增进妇女幸福的方式行事的，那么我把您当作一位立法者来向您呼吁，请考虑一下，当男人争取他们的自由，在有关自己的幸福问题上可以自作判断时，压制妇女是不是自相矛盾和不公平的呢？假使妇女和男人是分享天赋的理性的话，是谁使男人成为唯一的审判者的呢？

各种不同的暴君，从昏庸的国王到昏庸的家长，都是使用这样论调的辩论者；他们全都渴望扼杀理性，然而他们却总是说他们窃据理性的宝座是为了于人有利。当您否认妇女享有公民权利和政治权利、强迫一切妇女幽居家庭、在黑暗中摸索的时候，您不是扮演着同样的角色么？先生，因为您不会主张一种不以理性为基础的责任能有约束力，是吧？如果说她们的命运果真就是这样，那么我们也可以根据理性来进行论证。我们庄严地主张：妇女越有理智，就越会尽她们的责任，越会理解这种责任，因为如果她们不理解责任、如果她们的道德不像男人的道德那样用同样不变的原则规定的话，那么也就没有任何权威能使她们以贤德的态度去履行责任。她们可能是得力的奴隶，但是奴隶制度将产生一贯的后果，即主人和贱奴同趋于堕落。

但是假如不许妇女分享天赋人权，不许她们有发言权，那么为了抵赖自相矛盾和不公平的罪名，首先就必须证明她们缺乏理性，否则你们的新宪法中的这个缺点，将永远说明：男人一定会以某种形式像暴君那样行动，而暴君专制无论在社会的哪一部分显示其厚颜无耻，都会破坏道德。

我曾一再主张，并且提出了在我看来是从事实中得出来的无可争辩的论据来证明我的主张，那就是妇女是不能被强迫限制在家务上的，因为她们不管怎样无知，也会干预更为重要的事务，她们忽视个人职责，就是为了以狡猾的手段去扰乱那些非她们所能理解的有次序的合理计划。

此外，妇女只能在个人才艺上取得成就，而男人却变换各种花样地寻欢作乐，于是，不忠实的丈夫就会造成不忠实的妻子。这样的无知妇女企图以报复的手段为自己申冤时，确是应该得到宽恕的，因为人们既不教育她们尊重公众利益，又不准许她们有任何公民权利。

这样，在社会上就出现了许多各种各样的危害，拿什么来维护个人道德，把它作为公众自由与普遍幸福的唯一保障呢？

因此，不要在社会上建立高压制度，如果平常的重心规律占优势，两性就会各安其本分。现在为你们的公民制定的法律越平等，婚姻就变得越神圣；你们的男青年就可以从爱情的动机来选择妻子，而你们的少女也因有爱情而根除虚荣。

因此，家庭中做父亲的就不会到妓院去追欢买笑，以致损害他的身体，败坏他的情感，也不会在服从情欲的召唤时忘掉人之所以有情欲的意义。做母亲的在理智和贤淑为她取得丈夫的好感时，将不会忽视她的子女而一味地卖弄风情。

但是在男人不关心做父亲的责任时，期待妇女把时间用在教育她们子女上则是句空话，她们“识时务”，情愿把这部分时间用在对镜化妆上；因为运用这种狡猾手段只不过是自然的本能，可使她们间接地得到一点人们不公平地不让她们分享的那份权利；因为假如不准许妇女享受合法的权利，她们将使男人和她们自己一同流于邪恶以获得非法的特权。

先生，我希望在法国引起有关上述问题的一些调查研究；如果在你们修改宪法的时候，这些调查研究能够导致确认我的主张，那么妇女权利就可以受到尊重，只要能够充分证明理性要求这种尊重并大声疾呼为人类的半数要求公平的待遇。

此致

敬意

玛丽·沃斯通克拉夫特

第一章　论人类的权利和有关义务

在目前的社会情况下，看来有必要回到根本的原则上来寻求最简单的真理，并对某些流行的偏见展开毫不留情的斗争。为了扫清我的道路，必须让我提出一些简单的问题。这些问题的答案，看起来可能和作为推理依据的公理一样地明确；虽然在和人们的各种行为动机牵扯到一起时，这些答案正遭到人们在言论上或行动上的公然的反对。

为什么人比禽兽优越呢？因为人是有理性的。这个答案好像一半小于整体那样清楚。

什么条件使一个人高于另一个人呢？人们自然而然地会回答：德行。

为什么在人的身上埋下情欲呢？经验告诉我们：由于向情欲作斗争，人可以得到一定程度的为禽兽所不能有的知识。

因此，我们必须根据理性、德行和知识的程度，来判断我们的天性是否完美以及我们是否有能力获得幸福；这些条件既表明人与人之间的差别，同时也指导着约束社会的法律，况且由于运用理性的缘故，知识和德行也就相应而生；如果把人类作为一个集体来看，这个道理也是同样不可否认的。

对人的权利和义务既然作了这样简单明了的分析，如果打算对这些看来无可争辩的真理再作说明，那就未免有唐突读者之嫌了；但是一些根深蒂固的偏见仍然使理性蒙上了一层云雾，一些弄虚作假的品质仍然冒称为种种美德，所以我们有必要去追寻为形形色色的偶然情况所困惑并已陷入错误之中的理性进程，同时把简单的公理和那些一时的差错做一番比较。

人们已经习染了许多偏见，至于这些偏见是怎样习染上的，连他们自己也无从追溯。一般地说，他们不但不用他们的理性去消除这些偏见，反而为它们辩护。凡是能坚决地判定他自己的原则的人，一定是意志坚强的人；因为有一种胆怯思想在盛行，使许多人在消除偏见的任务面前退缩不前，或是半途而废。然而这样所得到的偏颇不全的结论，却常常使人觉得表面上很有道理，因为它们都是建筑在片面的经验上的，而且是建筑在虽是正当的，但是狭隘的观点上的。

再回到根本的原则上来，恶行是逃避责任的，利用它所固有的一切变换形式，避开缜密的调查。但是一批肤浅的理论家总是叫嚷这些论断太过分了，并且认为恶劣透顶的措施可能是权宜之计。因此权宜之计就不断地被人用来作为简单原则的对立物，直到真理消失在一片故弄玄虚的言辞中，德行流为形式，而知识则被冒称知识的偏见弄得有名无实了。

社会是根据最明智的方式建立的，它的构成是以人类的天性为基础的，这种说法在理论上如此有力地打动了每一个有思想的人，以致看起来再努力提出证明好像就是妄自尊大；然而必须提出证明，否则理性就永远不能打倒成规惯例的强大势力；但是把成规惯例当作替剥夺人类（包括男人和妇女）的自然权利做辩护的理由，却是我们天天接触到的一种违背常识的荒谬诡辩。

欧洲大部分人的文明是很片面的。不仅如此，这种文明还构成这样一个问题，即欧洲人是否以天真换来了任何美德，而且这些美德足以抵得过旨在掩饰丑陋无知的种种恶行所产生的苦难、足以抵得过为了换取壮观的奴隶制度而放弃的自由？发财致富（一个人所能取得的最可靠的卓越成就）所炫耀的欲望，身居高位听受恭维奉承的乐趣以及其他形形色色的卑鄙的极端利己打算，所有这些都促使大多数人沉溺不返，使自由成了假爱国主义的便利工具。品级和头衔被视为最为重要的东西，而命世天才则"失势退隐"，在这种情况下，一个有才干而无地位或无财产的人拼命地使自己出人头地，这对于一个民族（除了少数例外）来说，是很不幸的。一个无名的阴谋冒险分子企图同王公贵人分庭抗礼，或企图夺取三重王冠凌驾于他们之上，为了这个人获得一顶红衣主教的帽子，成千上万的人遭受了前所未闻的苦难啊！

实际上，这就是世袭的荣华富贵和君权所造成的悲惨结果。因此许多敏感的人在证明天道完全合理时，几乎都曾发表过亵渎神灵的言论，他们说造物主创造了人，现在人独立了，不受造物主的支配；或者像一颗不循躔次的行星，飞离轨道去偷天上理性的火焰；上天的愤怒就隐藏在这微妙的火焰中，好比潘多拉*在宝箱中藏着的种种灾害，把邪恶散布到人间，足以用此惩罚人类的胆大妄为。

* 潘多拉（Pandora）是希腊神话中宙斯神命火神所造的美女的名字。在潘多拉下凡时，宙斯赐她一只宝箱，箱中藏着人生的灾害罪恶。等她打开箱子，所有灾害罪恶就散布到人间，只有希望还留在里面。——译者注

卢梭感到社会上布满了痛苦与混乱，倦于同矫揉造作的愚人们周旋往返，所以变得喜欢孤独，同时他是一个乐观主义者，于是就用他的非凡的辩才来证明人生来就是一种孤独的动物。卢梭尊敬上帝的善良——上帝自然是为了使人幸福才给人以生命的，有理性、有感觉的人谁能怀疑这一点！——这种敬意使他认为邪恶确实存在，而且是由人造成的；可是他没有注意到，因为他过于推崇神的属性而忽略了人的属性，而这两种属性同样是神赐的完美所不可缺少的。

卢梭根据错误的假设所作出的赞扬自然状态的议论虽然很动听，但是不合理。我说不合理，是因为主张自然状态在一切方面都尽善尽美，比文明状态要优越，这无异于责难最高的智慧。先说上帝原来把万物都安排妥当，又说一切错误都是人造出来的，而人又是上帝所造成的，并且上帝知道他所造的是什么样的人，这种自相矛盾的论调，既不合乎哲理，又不尊敬上帝。

聪明的上帝把我们创造出来并安置在这里，有一个美好打算，他决定并安排让情欲来启发我们的理性，因为他知道现在的恶可以产生未来的善。上帝从虚无中创造出来的茕茕无助的人，假如没有上帝的准许，能够摆脱天命、胆敢行恶以知善么？不能。那个竭力为永生不灭做辩护的人，怎能发出那样自相矛盾的议论呢？假使人类永远保持在野蛮的自然状态——即使卢梭的生花妙笔也不能描绘成能够产生任何道德的一种状态，那么除了只图感官享受、不肯深思的叛道者看不清楚以外，大家都会明白，人生在世就是为了经历从生到死这一周期，并为了某种与上帝的属性不易调和的目的作为上帝园地中的点缀品而已。

但是，再进一层来说，假使上帝创造了具有理性的人，给他们以超群绝伦的能力，并容许他们运用这种能力去达到出类拔萃的地步；假使仁慈本身意味着应该创造出一种高于禽兽[①]、能够思考和改善自身的人，那么为什么要把这种宝贵的恩赐（如果上帝把人创造得有能力超出那种全靠感觉产生兽性自由自在的状态，那当然是一种恩赐）公然称为一种祸害呢？如果我们人类整个的生存只限于在当今世界中继续下去，那么未尝不可以把这种恩赐视为祸害；因为，为什么仁慈的生命之源给了我们情欲和思维能力，结果只是使我们天天生活在苦痛中，给我们灌输错误的尊严观念呢？如果由于发现上帝的智慧和仁慈而激发起来的崇高感情，不是用来改善我们的天性（这些感情是我们天性的一个组成部分）[②]，不是用来使我们能够享受在性质上更接近于上帝的幸福，那么为什么上帝把我们从爱自己引导到具有这种崇高的感情呢？我坚决相信，世上存在的每一种恶，都是上帝要它产生才产生出来的，我的信仰是以上帝至善这一概念为基础的。

卢梭竭力证明最初一切都是好的；一些著述家竭力证明现在

① 卢梭反对解剖学家根据人与其他动物的牙齿和肠胃的构造有相似之处所提出来的意见，他否认人是食肉动物。而且他由于热衷于身体方面而迷失于本性，他争论人究竟是不是群居动物，虽然人类那一段漫长而无助的幼年时期似乎已经对他说明人类特别需要配偶，这就是走向群居的第一步。

② 假使你请一个钟表匠为你做一只表，只是为了看时间，而他为了显示他的技能却加上几个齿轮，做成了一只自鸣表，或加上诸如此类别的花样，因之把这简单的机械表做得复杂了，这时候你将会对他怎样表示呢？如果他为自己申辩，力说你如不触动报时发条，你就不会听到打点声，还说，他原可以做这个“实验”来消遣，对你毫无妨害，那么，你可以坚持说，若不是他在这只表上加上多余的齿轮和发条，何至于发生这件意外的事情，难道你不愿意这样有理由地反驳他吗？

一切都是好的;而我却竭力证明将来一切都会是好的。

但是,卢梭恪守他的最初立场,在赞扬自然状态之后,又赞扬野蛮;他有意不谈法布利西乌斯*的阴暗面,忘掉了罗马人在征服世界时,从来没有想到怎样把他们自己的自由建立在一个坚实的基础之上,也没有想到怎样扩大道德的领域。卢梭基于支持自己的学说,不惜对于天才卓荦之士的每一种努力都加上不道德的罪名;在推崇野蛮道德时,他把那些我们很难称之为人的野蛮人,即凶悍的斯巴达人,尊之为半神。斯巴达人既无公道又无感激之情,曾经残忍地使那些为拯救他们的压迫者而表现出英雄气概的奴隶们丧生。

这位日内瓦公民厌恶虚伪的行为和道德,他没有恰当地分析论题,不先问一问他那灼热的心所深恶痛绝的种种罪恶,究竟是文明的结果,还是野蛮的遗存,就像麦子和麸皮一起倒掉那样,不论好坏,一概抛弃。他看到邪恶在蹂躏着道德,善良以假代真;他看到权势迫使有才能的人为它的奸险目的服务,可是他从来不想把巨大祸害的根底,追溯到专横的权势和世袭的显荣上;世袭的荣华富贵和那种自然会使一个人出类拔萃的智力优越是互不相容的。他没有看到,王权在世袭的少数几代内就会把孱弱低能的种子传入高贵的血统里,并且诱使成千上万的人懒惰腐化,败德丧行。

王室的品质可鄙可弃的表现莫过于把人们提升到至尊地位的各种犯罪行为了。卑鄙的阴谋诡计、伤天害理的罪行和一切使我

---

* 法布利西乌斯(Gaias Fabricius Luscinus)是公元前3世纪罗马的执政官,在几次战争中都获得极大胜利。——译者注

们人性堕落的恶行，都是达到这种至尊地位的阶梯；然而，千百万人仍然因循苟安地容忍这些贪得无厌的掠夺者的子孙委靡不振、安稳地坐在他们的沾满鲜血的宝座上。①

如果社会的主要指导者，只在捏造罪行或愚蠢幼稚的例行繁文缛节中受到教育，那么社会上除了布满有害的气氛之外还能有什么呢？难道人们永远不能变得聪明吗？　难道他们永远希望从稗糠中得到谷粒，从荆棘中得到花果吗？

即使一切最有利的条件都汇合在一起，任何一个人都不可能获得充分的知识和精神力量，用来履行具有无限权力的国王职责；那么当国王的崇高地位对于获得智慧和德行来说成为一种不可克服的障碍时，当阿谀奉承窒息了人的一切感情而声色之娱阻塞了他的思路时，国王的职责必定会遭到什么样的破坏啊！把千万人的命运交给一个软弱无能的人（他所处的地位必然会使他堕落到还不如他的最卑贱的臣民），由他去任意摆布，这当然是疯狂！但是我们不能用推翻某一种权势来抬高另一种权势——因为无论哪一种权势都会使软弱的人执迷不悟；从权势的滥用，可以证明人与人之间越平等，社会上越能有道德和幸福。但是这一条原理以及任何由简单的理性所演绎出来的类似的原理，使得某些人大惊小怪：他们说假使人们并不绝对相信古圣先贤的智慧，教会和国家就岌岌可危。那些由于目击人间灾难而敢于奋起攻击人间权威的

① 当一个幼儿变成可恶的杜布瓦（Dubois）的工具时，还有什么能比法国的议会御座更侮辱人权呢？（译者按：杜布瓦是路易十五时代的红衣主教。路易十五即位时只有五岁，由他叔父摄政，实权则操在杜布瓦手中。杜布瓦揽权纳贿，卖官鬻爵，无恶不作。议会御座指法国议会中法王的席位。）

人，就被谩骂为蔑视上帝、敌视人类的人。这些都是恶毒的诽谤，然而竟加在一位最善良的人*的身上；他虽已逝世，他的遗骨仍在宣扬和平；我们在讨论到他所关心的问题时，应该向他的令名静默致敬。

我抨击了君王的神圣尊严后，进而申述这样一种信念，想来不至于引起读者的惊讶：我坚信任何一种用森严的等级服从来维系其权威的职业，都是十分有害于道德的。

例如常备军就是与自由不能相容的；因为服从和强制正是军纪的支柱，要使一个人所指挥的冒险事业强大有力，专制是必要的。由浪漫的荣誉概念激发出来的精神，即一种以当代时尚为基础的道德，只有少数几个军官才能具备；大部分人像海浪一样，必须用命令来推动；当权者的暴风把成群的部下推向前进；横冲直撞，至于为了什么，这些部下并不知道，而且也不想知道。

此外，一群游手好闲的浅薄青年在临时到乡间驻扎时期，对于村镇居民的道德为害最大，他们唯一的事情就是卖弄风流，他们文雅的举止把邪恶的丑行隐藏在漂亮的衣饰之下，使他们的邪恶更具危险性。所谓时髦的风度不过是奴性的标志，证明他们的灵魂没有坚强的个性；这种风度使淳朴的村民凛然敬畏，竞相效尤，因为他们不能识破这种彬彬有礼的浮华的外表。任何一支军队都是专制君王手中的一条锁链。军队从不运用理性，一味顺从君王，蹂躏人民，成为社会上的邪恶愚蠢的沉重负担。一个有地位或有财

---

* 指理查德·普赖斯博士。普赖斯（Richard Price，1723—1791）是一个反对殖民主义颂扬民主的作家，曾因歌颂法国革命受到当时英国的反动政论家柏克的抨击。——译者注

产的、凭借势力定会飞黄腾达的人，除了追求一些不轨行为以外，就没有任何其他事情可做；反之，打算依仗自己的本领来求得升迁的贫寒正人君子，却成了奴颜婢膝的寄生虫或恬不知耻的坏蛋。

水兵，这些海军绅士们，也是属于同一种类的人，只不过他们的邪恶具有另一种更粗野的特征。在执行本岗位例行公事以外的时间里，他们更是十足地懒惰，而陆军士兵的毫无意义的浮躁好动则可以称之为好动的懒惰。前者所接触的人以男子居多，他们喜欢诙谐并干些恶作剧的勾当；而后者则常常与受过良好教育的妇女们来往，会说一种多情的时髦话。但是他们无论是纵声大笑还是斯文地假笑，都是同样地没有头脑。

可否让我把这种比较推而广之，用于较有思想性的职业上去呢？——因为传教士有较多的机会来提高自己，虽然从属关系几乎同样地压制了他们的天赋才能。在学院里所受到的盲目服从信仰仪式的教育，对于下级牧师来说是见习时期的教育，他如果打算在这行事业上有所发展，就必须对教区长或他的保护人卑躬屈节，唯命是从。可怜的下级牧师在阿谀奉承时的奴才相和主教的华贵风采之间的对比也许是世间最鲜明的对比了。他们所引起的蔑视和敬重，同样地使他们执行各自的职务时收不到实效。

很有必要指出，每个人的性格在一定程度上是由他的职业形成的。一个通情达理的人也许只是虚有其表，在你对他深入了解时，他的通情达理的外表立即消失了；而懦弱、平凡的人除了身体特征外，几乎就没有任何性格可言；至少，他的一切个人主见都已完全浸没在当权者奉为神圣的酒桶中，无从分辨出他自己的葡萄所酿出的淡酒。

因此，社会愈趋文明，就要特别注意禁止成立那些由于职业性质而必然使其成员变成蠢人或恶棍的团体。

在社会的幼年时期，人们刚刚脱离野蛮状态，那时的酋长和祭司，掌握着野蛮行为的最强大的原动力，即希望和恐惧，一定具有无限的支配权威。最初的政体自然是贵族政治，但是由于利益冲突，很快就失去了均势。于是在野心家互相斗争的混乱情势下，出现了君主政体和教士政治；它们都是以封建的土地所有制为基础的。这似乎是君权和教权的起源，似乎是文明的开始。可是这种容易燃烧的东西是不可能长期被封闭起来的。人民在遇到对外战争或国内叛乱时，就显示出他们的力量，在这种动荡的状态下，人民获得一些权力，因而使统治者不得不装出仁义道德的姿态来掩饰他们对人民的压迫。这样，在战争、农业、商业和文学开阔人们心胸的同时，专制暴君也不得不以隐蔽的卑鄙手段来抓紧以前用公开的暴力攫取来的权力①，这种隐伏的恶疤，通过奢侈和迷信——野心所必然产生的渣滓，飞快地传播开来。宫廷中一个怠惰的傀儡，首先变成了一个穷奢极欲的怪物，或者变成挑三拣四的酒色之徒，然后把他的反常状态所传播的歪风邪气作为暴政的手段。

这种遗祸无穷的王权，使文明的进步变成了祸害，使人头脑不清，是非不明，直到敏感的人对于才智增长的后果究竟是乐多苦少还是乐少苦多发生了怀疑。但是毒害的性质指示出解毒方法。假

① 有才干的人播下了种子，种子渐渐成长起来，对于正在形成的舆论起了重大的影响；一旦舆论因理性的力量而占优势的时候，推翻专制政权的日子就不远了。

使卢梭的研究再提高一步，或者假使他的眼光能穿透他几乎不屑呼吸的混浊迷雾，他一定会运用他的敏捷思维去考虑如何在建立真正的文明中求得人类的尽善尽美，而不是悍然逃回到纵欲无知的黑暗中去。

第二章　关于两性品格的流行意见的讨论

为了要替男人的专横找出理由和辩解，人们提出许多巧妙的论点，用来证明两性在道德修养方面应该以培养完全不同的品格为目的，明确地说，就是不许妇女有足够的智力，以获得名副其实的美德。然而看来上帝给人类指定的走向美德或幸福的道路只有一条，就是要承认妇女有灵魂。

既然妇女不是一群寿命短促、微不足道的人，为什么要使她们保持无知的状态而美其名曰天真呢？男人不是尖刻地挖苦妇女任性放纵的情欲和卑躬屈节的恶习，就是满有理由地埋怨妇女的愚蠢和善变。我的答复是：这些都是无知的自然结果！仅仅建立在偏见基础上的思想意识总是不稳定的；偏见的思潮在没有遇到阻碍时，必将到处流行，贻害匪浅。女人从小就受到教导并且由于母亲做示范而领悟到只要懂得一些人类的弱点，恰当地说就是做事狡猾、性情温和、表面服从以及谨守凡庸礼节，她们就可以得到男人的保护；假如她们长得漂亮，其余的一切就无所谓了，至少在她们一生的二十年中可以得到男人的保护。

弥尔顿*就是这样描写我们原始的、脆弱的母亲**的；可是我不能理解他所说的女人生来就是为了要她们温柔可爱这句话的意思，除非他用真正穆罕默德的口气，企图剥夺我们的灵魂，并暗示说：我们生来就是温柔可爱、盲目顺从的人，为的是使男人在倦于玄思幻想时得到感官上的满足。

这样劝告我们，要我们仅仅成为文雅的家畜的人，把我们侮辱得多么厉害啊！例如他们十分热心而又经常地劝告我们：要有迷人的温柔，要用服从来取得支配权。这是多么幼稚的说法；一个堕落到用这种阴险方式取得支配权的人是多么不足取啊！她还能是永生的人么？培根勋爵***说过："肯定地说，人在肉体方面同兽类相近；如果他在精神方面不与上帝相近，那他就是一个低级的卑鄙无耻的家伙！"男人打算使妇女永远处于幼稚状态，用这种方法来使她们循规蹈矩，这样做依我看来是非常不明智的。卢梭希望男人和女人的理性都停止发展，他这个想法倒比较合乎情理，因为如果男人吃了分辨善恶的树上的果子****，女人自然也要来尝一尝；但是由于妇女的理智现在受到不健全的培养，她们只能得到一种有害的知识。

我承认孩子们应该是天真的；但是这个形容词加在成年男女的身上，那就成了软弱一词的客气说法。这是因为假使人们承认

* 弥尔顿(John Milton，1608—1674)英国杰出的诗人和政论家，17世纪英国资产阶级革命的参加者。——译者注

** 指夏娃。——译者注

*** 培根(Francis Bacon，1561—1626)，英国杰出的哲学家，英国唯物主义的创始人；自然科学家，历史学家。——译者注

**** 参见《旧约全书·创世记》第二、三章。——译者注

妇女由上帝指定要获得人类的种种美德，并且要运用她们的理智来养成作为我们未来希望的最牢固的基础的那种坚贞品质，那么人们就必须容许她们转向光明的源泉，而不是强迫她们在稀微的星光下摸索她们的道路。我认为，弥尔顿的看法与我的看法是大相径庭的；因为他只倾心于美貌的不可取消的权利，虽然在他的两段诗（我把它们摘录下来做对比）中人们可能很难看出思想一致。不过大人物的认识常常出现类似的矛盾。

于是那打扮得十分美丽的夏娃这样回答：*

“你是我的主人，我受你的指使，

凡是你的吩咐，我都服从不予置辩。

上帝原是这样安排的：

上帝是你的法律，你是我的规范。

不求甚解就是女人最美妙的知识，并因此而受到称赞。”

这正是我对孩子们说过的论调；只是我还对孩子们说：你们的理智正在逐渐增强，你们必须尊重我的意见，直到你们的理智成熟到一定程度的时候，你们就该自己思考，就该完全依靠上帝。

但是在下面的几行诗句里，当弥尔顿使亚当向他的主争辩时，他的意见似乎又与我吻合。

你不是把我造出来作为你的替身

高居在人类始祖的地位上了吗？

但在不平等的后裔中间，能够形成一个什么样的社会呢？

又有什么和谐或真正的快乐可言呢？

---

* 这是夏娃对亚当说的话。——译者注

和谐与快乐必须是互相的，
给予和接受的分量应该相称，但如今很悬殊，
一些人劳心费力，另一些人疏忽怠惰，
这对双方都不适宜，不久就会证明，
双方都会感到同样的厌烦。
我所说的是伙伴关系，这是我所寻求的，
这样才适合于所有的人共享一切合理的快乐——

因此在讨论妇女的举止行为时，我们不要去注意那些属于感官方面的论据，而是要探索如何努力使她们成为怎样的人，才能与上帝合作——假设这种说法不算过分大胆的话。

我认为个人教育——这个词现在还没有严格的定义——是这样一种教育：它十分注意儿童逐渐提高认识，养成气质，节制萌动情欲，并在他的身体成熟以前使他锻炼理智去工作；这样到了成年以后，他就可以继续进行学习，运用思考和推理，承担重要任务，而不是从头开始。

为了避免任何误解，我必须说，某些乐观的作者认为私人教育能够产生奇迹，我是不相信这种说法的。无论男女，一定会从他们所生活的那个社会的舆论和风俗习惯中受到很深的教育。每个时代都有一种处处占优势的舆论趋向，好像是赋予那个时代以一种共同的特征。因此我们可以恰当地得出结论说：在社会组成方式变更以前，不能对教育期望过高。不过，为了达到我的当前目的，我只要说明一点就够了：不论环境对个人的才能有什么影响，每一个人都可以运用自己的理性，成为一个品德良好的人；因为只要有一个人生来就具有邪恶的倾向，确实是个坏人，那么，有什么理由

能使我们不信无神论呢？或者假使我们所崇拜的是个神，那么这位神岂不是个魔鬼吗？

因此，按照我的意见，最完善的教育，就是筹划得最好、最能增强身体和培养心灵的理智锻炼。换句话说，就是要使个人能够养成独立自主的良好的品德习惯。事实上，如果一个人的品德不是从运用自己的理性得来的，要把他称为有良好品德的人，那是笑谈。卢梭关于男人的说法就是这样的；我把它引用到妇女方面，并自信地认为她们之所以有越轨行为，是由于错误的教养，而不是因为她们竭力取得男性品质。可是她们受到的帝王般的崇拜是如此地使人陶醉，因而在时代的风貌已经改变并在比较合理的原则上形成以前，大概不可能使她们相信她们用降低身份的方法获得的不合理的特权是一种可诅咒的东西，也不可能使她们相信她们如果希望保持那纯真的爱情所带来的心满意足，就必须恢复本性并和男人平等。不过我们必须等待这个时代的到来，也许要等到君王和贵族受到理性的启发，认识到真正人的尊严胜于这种幼稚状态，从而抛弃他们用来炫耀自己的世袭的尊荣；到那时假如女人仍不能放弃依靠美貌得来的为所欲为的特权，那么她们将证明她们在智力上不如男人。

可能有人会斥责我狂妄自大；但我仍然必须申明，我坚信从卢梭到格雷戈里博士*所有那些写过文章、论述过妇女教育和举止行为的作家都曾促使女人的性格更加虚伪、更加懦弱，否则她们就

* 格雷戈里博士(Dr. Gregory，1724—1773)是苏格兰的有名的医学家，写有许多医学著作和一篇《给女儿的赠言》。——译者注

不会是这样的；结果是她们成为社会上更无用的成员。我本可以用比较缓和的语气来说出我的这个信念，但是，我担心那样会成为装模作样的发牢骚，而不是忠实地表达我的心情和根据经验和思考归纳出来的明确结论。我在论述这一部分问题时，将谈到上述几位作家的作品中我最不赞成的几段文字；但是首先有必要说明：凡是依我看来旨在贬低人类的半数，使妇女牺牲所有坚贞的美德来取悦于人的那些著作，我对于它们的整个意图都要反对。

按照卢梭的理解，假如男人在身体成熟以后，心智已经达到了完善的程度，为了使夫妇结为一体，做妻子的就应一切都倚靠丈夫的理智；好像优美的常春藤盘附在支撑它的橡树上，形成一个整体，力和美相得益彰。可是，天哪！做丈夫的和他们的终身伴侣一样，往往只是些大孩子！——不仅如此，他们由于早年荒唐，即从外表来看，也很难称得上男子汉大丈夫——盲人牵着盲人走，结果如何，任何人都可以预料得到。

在目前腐朽的社会状态下，束缚妇女的理智、同时折磨她们的感官机能，从而奴役她们的原因是多种多样的。其中为害最甚的，莫过于妇女做事情没有条理。

做任何事情都要有条不紊，这是一条十分重要的准则。男人自幼就在做事情的方法上受过训练，一般地说，只受过杂乱无章教育的妇女们，却很少像男人那样认真注意这个问题。这种漫不经心的瞎摸做法（对这种从未经过理性检验的、随便运用凭借本能而得来的常识的做法，我们能用什么别的词来形容呢？）使她们不能把多件事物概括起来；她们今天瞎摸着做昨天做过的事情，只是因为她们昨天曾经这样做过。

一个人在早年就这样蔑视理智，所造成的恶果是超出一般想象之上的；因为意志坚强的妇女所得到的那一点点知识，由于各种原因，不如男人的知识有条理，况且她们这点知识多半是从单纯对实际生活的观察中得到的，她们很少能把个人观察到的东西同通过思考和概括经验所得出来的结果做一番比较。她们多半是由于从属的地位和处理家务才和人们交往，因此她们所学到的可以说都是零碎得来的点滴知识；一般地说，学习只是她们的次要的事，所以她们也就不能以百折不挠的热情去钻研任何一门学问，而这种热情是使人才智焕发、头脑清醒的不可缺少的要素。在目前的社会情况下，一个绅士需要一点学识来维持他的身份，男孩子也不得不受几年的训练。但在妇女教育方面，智力的培养和某种体态美的培养比起来永远是次要的。甚至当对她们的约束限制和有关端庄的错误观念使她们的体力衰弱时，还要妨碍她们的身体达到她们的发育不良的懒散肢体所永远表现不出来的优美。此外，在她们年轻的时候，她们的才智也没有通过竞赛而得到发展，而且她们没有从事过严肃认真的科学研究，所以即使她们天资聪颖，这种聪颖也过早地用在生活和举止容貌上了。她们只注意效果和改进，而不去追溯它们的本原；用一些纠正行为的烦琐规矩来代替简单的原则，当然是没有力量的。

为了证明教育把妇女造成这种软弱的样子，我们可以举军人为例：他们和妇女一样，在头脑中还没有积累起知识或者还没有固守某些原则的时候就被送到社会上，结果也是一样的；士兵从混乱的谈话中获得一点肤浅的知识，就不断地在社会上厮混，多少见到一些世面，而这种对于风俗习惯的认识常常同对于人类情感的认识混淆起来。但是从偶然的观察中得到的不成熟的结论，即从来没有经过判断力的检验、从来不是把理论和经验做一番比较所得出来的那种结论，能够被称作是对于人类情感的认识吗？士兵和妇女一样，以刻板的礼貌来表现他们的次要的品德。当男女所受过的教育相同的时候，他们之间会有什么区别呢？我现在所能看到的一切区别都是由于男人有更多的自由去多见一些世面而已。

在这里做政治性的评论也许会离开我现在讨论的主题，但是政治评论是从我一系列的思考中自然产生的，所以我不能默默地把它放过。

在常备军中永远不可能有坚定强壮的士兵；军队可以成为训练有素的机器，可是其中很少有热情奔放或才能出众的人；至于谈到任何高深的理解力，我敢断言在军队中和在妇女中一样，是极为罕见的。我认为造成这种情况的原因是相同的。我还可以进一步说：军官们也特别注意他们的外表，他们喜欢跳舞，喜欢热闹场所，喜欢冒险和嘲弄。[①] 他们像女人一样，把殷勤献媚当作他们生活中的正事；他们被教导成取悦于人的人，他们活着只是为了取悦于人。然而在两性差别中他们并未丧失优越的地位，因为他们仍然被认为比妇女优越，虽然除去我适才所说的以外，难以看到他们的优越性表现在哪里。

最不幸的是：他们不但在尚未进行道德修养的时候，就学会了一套表面规矩，而且在未经深思熟虑、对于人性的宏伟设想的轮廓

① 为什么女性因为据称她们爱好军官的红色军服就应该遭到愤怒的恶毒谴责呢？难道不是她们所受的教育使她们和军人比其他任何等级的人更处于同等地位吗？

尚无任何认识的时候，就懂得了一些世故。结果是很自然的：他们满足于一般的人性，成为偏见的牺牲品。他们都是人云亦云，盲目地服从权威。所以即使他们有点理智，那也不过是一种一知半解的、本能的见识，以及有关生活方式作出的判断，但是要深入地追溯论据或分析见解时，这一点理智就不中用了。

同样的评论是否可以适用于妇女呢？不但适用，而且可以把这个论点更引申一步，因为建立在文明生活里的不合理的差别，使士兵和妇女都失去了有用的地位。财富和世袭的荣誉，使人们把女性看得一文不值而只重视金钱和收入的多少；游手好闲的生活在社会上产生一种一面殷勤献媚一面专制暴虐的混合物，这就是那些一方面充当他们情妇的奴隶，一方面骑在他们的姐妹、妻子和女儿的头上作威作福的男人。诚然这只是要她们各守本分。开阔妇女的心胸，使她们意志坚强起来，盲目服从就会停止；但是有权势的人无论何时都在寻求盲目服从，所以暴君和肉欲主义者竭力把妇女保持在无知状态中的做法是理所当然的，因为暴君只需要奴隶，而肉欲主义者只需要玩物。其实，肉欲主义者是为害最大的暴君；女人像年幼君王为大臣所欺一样，受她们情人的欺骗，同时却像做梦似地认为自己还统治着他们哩。

现在我主要谈一谈卢梭，因为他所写的苏菲*的性格毫无疑问是非常动人的，虽然在我看来却极不自然。但我现在所要抨击的，不是她的性格的上层结构，而是她的性格的基础，即她所受的教育据以建立的原则。不仅如此，虽然我极为钦佩这位有才华的作者的

* 苏菲(Sophia)是卢梭名著《爱弥儿》中女主人公。——译者注

天才，并且时常引证他的见解，可是，每当我读到他那纵情于声色的奇谈怪论时，我总是感到愤怒而不是感到钦佩，他对美德的侮辱，使我疾首蹙眉而不能像在一般的情况下对他的流利文笔露出满意的微笑。这就是热心提倡美德、主张摒除一切温和的和平手段，简直要把我们带回到古代去受那斯巴达式的训练的那位作家吗？这就是喜欢描写情欲方面的有益斗争、善良气质的胜利以及光辉心灵的豪迈奇想的那位作家吗？当他描写他的那位小受宠者的美丽双脚和迷人风姿时，这些伟大的情操堕落得多么厉害啊！但是现在我暂且不谈这个问题，我不想严厉谴责那种偶然流露出来的自负感，我只想说：任何以仁慈的眼光来观察社会的人都一定会因为看到那种卑微的男女相爱而常常感到满意，而且这种爱情并没有因为丰富的感情而变得高贵，也没有因为双方在追求知识方面志同道合的结合而得到巩固。日常的家庭琐事提供了愉快的谈话资料，天真的抚爱减轻了那些不需要充分智力培养或过分花费脑力的工作所带来的疲劳；但是这种平常的幸福景象在我们心里所引起的情感岂不是爱怜多于尊敬吗？——这种情感与我们看到儿童游戏或动物戏耍[①]时所产生的情感相似，可是当我们想到具有功德而受到压抑的人所做的崇高斗争时，我们却不能不肃然起敬，我们的思绪总是被引到感性被理性代替了的境界里去。

① 弥尔顿描绘天堂幸福的那幅令人喜悦的图画，也曾在我的心里引起同样的情感；然而我并不羡慕这一对可爱的伴侣，而是带着故作尊贵的神气或魔鬼似的骄傲到地狱去寻求更崇高的东西。本着同样的态度去观看某处非常著名的人类艺术奇迹时，我曾按我所称赞的顺序探索来自上帝的美妙，直到我由令人眩晕的顶点降落下来，才发现我所沉思冥想的是一切人类名胜中最宏大的景象；因为幻想很快就把一个摒弃在幸运之门以外的人安置在孤独的隐居处，使他超脱了激情和不满。

所以，要么把妇女看作是有道德的人，要么就把她们看作是非常软弱而必须完全受男人的优越才能支配的人。

我们来研究一下这个问题。卢梭宣称妇女永远不应该认为自己是独立自主的，她必须在恐惧心理的支配下发挥她天生的狡猾的才能，她必须变成一个风骚的奴隶，这样才能成为一个更迷人的情欲对象，每当男人想要让自己松弛一下的时候，她可以成为他的一个更亲密的伴侣。卢梭把这些他自认为从天性的表现中得出来的论据更向前引申一步，他暗示：人类一切美德的基础，即真理和坚强意志，应该有限制地加以培养，因为从妇女的性格来看，服从才是她们应该严格地一丝不苟地铭记在心的首要的一课。

真是胡说！几时才能有一位伟大人物以其坚强的意志把骄傲和肉欲所散播在这个问题上的乌烟瘴气一扫而光呢？如果妇女在体力上不如男人，那么她们的品德，即使在程度上和男人有差别，在性质上一定还是相同的（否则品德将成为一种相对的观念），因此她们的行为应当以同样的原则为基础并具有同样的目的。

妇女作为女儿、妻子、母亲和男人有父女、夫妻和母子的关系，她们的道德品质可以根据她们履行这些简单责任的态度来衡量；但是她们努力达到的目标，即她们伟大的目标，应当是表现她们自己的才能，树立她们自觉的美德的尊严。她们可以努力使自己的道路变得平坦愉快；但是和男人一样，她们应该永远记住：生活不会给人以那种能使不朽的灵魂得到满足的幸福。我这样说并不是暗示男人或妇女应该沉迷于抽象的思考或模糊的观点中，以致忘记了爱和责任，它们实际上是摆在他们面前取得生产生命果实的手段；恰恰相反，我要热情地推崇爱和责任，甚至我还主张，只有严肃认真地对待它们，才能从它们那里得到最大的满足。

认为妇女是为男人而创造的这一流行的看法，可能是起源于摩西的富有诗意的故事；但是认真考虑过这个问题的人中只有极少数（我们这样假定）认为夏娃真是亚当的一根肋骨，所以我们必须承认这个看法是不能成立的，充其量也只能承认，这个看法证明：自从远古时候起，男人就觉得使用他的实力来征服他的终身伴侣对他有利，并且用捏造的事实来说明她应该甘受压迫，因为整个宇宙都是为了他的便利和享乐而创造的。

不要根据我以上所说的话断定我希望把万物的秩序颠倒过来。我已经承认，从体质来看，男人似乎注定要具备较大程度的美德。我是就男性的整体而言；但是我不能找到丝毫理由来断定，男人的各种美德在性质上应该是不同的。如果美德实际上只有一个永恒不变的标准，男人的各种美德怎么能有不同的性质呢？所以，如果我顺理成章地推论，我一定要坚决主张：男人的各种美德只有同样的简单方向，如同我主张只有一个上帝一样。

这样说来，我们就不应该把狡猾和智慧对立起来，把琐细的操劳和重大的努力对立起来；或者把美其名曰文雅的愚昧温柔和只有伟大目标才能鼓舞起来的坚强意志对立起来。

有人会对我说，那样妇女就会失去许多她们特有的美德，并且还可能引证一位著名诗人的意见来反驳我的坚决主张。蒲伯* 曾经代表全体男性说：

当她接触到我们所憎恨的一切事物的边缘时，

* 蒲伯（Alexander Pope，1688—1744）是英国启蒙主义诗人。——译者注

那真无法预料我们的愤怒将造成什么样的结果。

这个警句以什么观点安排男人和女人的地位,我留待公正的人士去判断。现在我只想说明,我不能了解为什么女人应该服从爱情或淫欲,而永远处于屈辱的地位,除非她们都是些要下地狱的人。

我知道,以不敬的态度来谈论爱情,是对于情操和美好感情的重大背叛;但是我希望说出简单的真理,希望诉之于理智而不是诉之于感情。力图说服世人抛弃爱情,那就像从塞万提斯*的作品中取消堂·吉诃德一样,是同样违反常识的;但是努力约束这种激动的情欲,并且证明不应该让这种情欲破坏比它更优越的力量或者不应该让它篡夺理智的地位,以便理智十分冷静地支配行为——这样做,看来就不那么荒唐了。

青年时代是男女谈情说爱的时期;但是在这种无忧无虑的享乐日子里,应当为人生更重要的岁月做好准备,在那时深沉的思考将代替激动的感情。但是卢梭以及大部分步其后尘的男作家们都热心地谆谆教导说:整个妇女教育只应趋向一个目标——要使她们取悦于人。

让我来同支持这个主张并懂得一点人性的人辩论一下。他们是否想到结婚能够消除生活上的常态呢?一生所受的教育只是要取悦于人的女人不久就会发现她的魅力只不过是夕阳残照,一旦过了壮年,青春消逝,在她和丈夫朝夕相处时,她的魅力就不能在丈夫心上发生多大效力。到那时她还能有足够的天赋精力来自寻

* 塞万提斯(Miguel de Cervantes Saavedre, 1547—1616)是西班牙伟大作家。堂·吉诃德是他的不朽名著《堂·吉诃德》中的主人公。——译者注

安慰和培养她潜在的才能吗？她将试图取得其他男人的欢心，因期望获得新欢而引起激情，在此间尽力忘却她的爱情或骄傲所受到的屈辱，这样的推测不是更合乎情理吗？当丈夫已不再是情人的时候——这个时候是必然要到来的——她那取悦于人的欲望就会衰退，或者变成痛苦的源泉；那时，爱情（它也许是最容易消逝的一种情欲）就会让位给妒忌或虚荣心了。

我现在谈一谈那些受到原则或偏见的约束的妇女。这类妇女虽然会深恶痛绝地避免与男人发生不正当的关系，可是仍然希望别人对她们献殷勤，以此证明她们遭到了丈夫的残忍的冷淡；不然她们就长年累月地梦想情投意合的夫妻的幸福生活，弄得满腹牢骚，身体衰弱，精神颓废。由此看来，取悦于人的绝妙技巧，怎么能是一种非学不可的东西呢？它只是对情妇有用的东西罢了。贞节的妻子和严肃的母亲只应把她的取悦于人的能力看作修饰她的美德的手段，把丈夫的爱情看作减轻她的工作困难、增进她的生活幸福的一种安慰。但是无论她的丈夫是爱她还是冷淡她，她的首要愿望应该是使自己值得敬重，而不是把她的一切幸福寄托在一个与她有同样缺点的人的身上。

可敬的格雷戈里博士也犯了同样的错误。我尊重他的用心，但是绝不赞同他那篇著名的《给女儿的赠言》。

他劝她们培养对打扮的爱好，因为他认为打扮是她们的天然的爱好。他和卢梭都常常使用“天然”这个含义不清的词，我无法理解他们的意思。假如他们对我们说，先身体而存在的灵魂本来就是爱好打扮的，它带着这种爱好一同进入一个新的肉体，那么我就会似笑非笑地听着，正如人们侈谈所谓天生的文雅时我常常是似笑非笑地听着一样。但是假如他的意思只是说运用天赋的能力就会产生这种爱好，我就要否认他的说法。对打扮的爱好不是天然的，它和男人的狂妄的野心一样，都是由权力欲产生出来的。

格雷戈里的主张还远远不止于此；他实际上建议她们弄虚作假，劝天真无邪的女孩子把她的真实感情隐藏起来，劝她不要兴高采烈地跳舞，这时她的脚步可以表现出她的欢心，同时身体动作不失于检点。按道理和常识来说，为什么一个女人不应该承认她能比另一个人多做一种锻炼呢？或者，换句话说，不应该承认她有一个健全的体质呢？为什么抑制她的天真活泼，暗地里告诉她说男人们会从她的一举一动中得出她意想不到的结论呢？让那些浪荡公子随便去做任何结论好了，但是我希望有头脑的母亲都不要对她的女儿提出这种不合理的警告，以此抑制她们在青年时代应有的坦率。“言为心声”，一点也不错；一个比所罗门更聪明的人曾经说过，人的心地必须纯洁而不要拘泥于小节；内心里充满了邪恶的人，如果谨慎小心，也不难严格遵守这些小节。

妇女应该努力使她们心灵保持纯洁。但是，她们的理智没有经过培养，使得她们完全凭她们的感觉来做事和娱乐；她们没有高尚的追求使她们放弃日常的无足轻重的虚荣，或使她们抑制住强烈的感情激动，这种感情就像一根芦苇，稍有微风掠过就可以使它动摇，在这样的情况之下，她们的心灵能够纯洁吗？取得一个有道德的男人的爱情，有必要弄虚作假吗？上天赋予女人的体质固然弱于男人；但是为了确保丈夫的爱情，一个做妻子的，当她在履行女儿、妻子和母亲的责任时，由于身心两方面的锻炼而保持了天生的体力和精神的健全，难道她还必须（我是说她此时还必须）降低身份使用巧妙的手段和伪装病态的文雅来巩固丈夫对她的爱情吗？软弱可能引起爱怜和满足男人妄自尊大的骄傲感；但是一个保护者的傲慢的抚爱是不会满足一个渴望而且理应得到尊敬的心灵的。抚爱并不能代替夫妻之间的友情。

我同意在帝王的后宫是需要这一切卖弄风情的巧妙手段的；因为一个享乐主义者的味觉必须受到刺激，否则他就会情绪消沉，表现冷淡；但是难道妇女的抱负就是这样的低微，以至于以这种情况为满足吗？她们这样因循苟安地在极端的享乐中或郁闷厌倦的生活中虚度她们的岁月，而不要求享受合理的快乐吗？难道她们不想表现出使人类感到尊严的那些美德以使她们自己受到重视吗？一个女人能够白白地把生命消磨在装饰她的形体上，以此安慰一个男人的无聊和解除他的忧虑，可以肯定，这样的女人是没有不朽的灵魂的。她的伴侣在完成生活上的严肃工作以后，当然愿意从她的微笑和狡猾中取得轻松愉快。

此外，一个身体强壮精神健全的女人由于管理家务和修养各种美德，就可以成为她丈夫的朋友，而不是他的卑贱的仆从，假使她因为具有这种真正的品质而得到丈夫的尊敬，她就会发现没有必要隐瞒她的热情，也不必伪装出不自然的冷淡性格，以激起她丈夫的情欲。事实上假使我们翻开历史来看看，我们将看到那些有名的妇女既不是最美的也不是女性当中最温柔的。

造物主，或者十分恰当地说是上帝，把一切都安排得很合适；但是男人却自己捏造出许多事情，破坏了上帝的成绩。我现在指的是格雷戈里博士的那一段文章而言，在这段文章里，他劝做妻子的永远不要使她的丈夫知道她的感受或爱情的深度。这种刺激肉欲的警戒手段是既无益而又荒谬的。爱情从它的本质说来，必然是短暂的。要想找出一个秘诀，使爱情变成永恒的，就一定会像寻找点金石或万应灵药那样荒唐；即便寻找到这个诀窍，对人类说来也同样毫无用处，或者更恰当地说是有害的。社会上维系人与人的关系的最神圣的纽带是友情。一位刻薄的讽刺家说得好："真正的爱情固然少有，真正的友情则更为罕见。"

这是很明显的真理，没有什么深文奥义，略加研究即可明了它的原因。

爱情是一种人人皆有的情欲，在这种情欲中偶然的机遇和感性认识取代了审慎选择和理性认识。人类中绝大多数的人在一定程度上都体会过爱情；现在没有必要来谈那些能使爱情高尚或低微的情操。这种情欲因悬虑不决和遇到困难而自然增强，并使心理失去常态，更激发出热情；但是婚姻的保障能使爱情的狂热渐渐平息下去，只有那些没有充分的理智足以用冷静温和的友谊和互相尊敬的信任来代替盲目赞美和色情爱好的人，才会把正常的温暖，看成索然寡味。

这是，而且也必然是自然的趋势。继爱情之后必定是友情或者是冷淡。这种规律似乎是与精神世界中普遍适用的支配规律完全和谐一致。情欲可以刺激行动和启发心灵；但是等到目的达到以后，以满足的心情去尽情享乐的时候，这种情欲就沦为单纯的欲望，变成了个人的、瞬息的满足感。一个人在为夺取王冠而斗争的时候，尚具有一定的品德，但当这顶王冠戴到他头上时，就往往变成了荒淫的暴君；假如做丈夫的在衰老以后还像一个情人似的来对待妻子，这个老髦昏聩的人就是被幼稚的任性和溺爱的嫉妒所俘虏；他放弃人生的严肃责任，把应该施诸于他的子女以取得他们的信任的抚爱浪费在他的大孩子——妻子的身上。

为了完成人生的责任，应当精力充沛地从事各种能够培养品德的活动，一家之中的男主人和主妇就不应该再继续以激情来彼此相爱，我的意思是说不应当沉溺于那种违反社会常规的感情之中，不应当把应该用在其他方面的精力灌注在彼此相爱上。一个人的心灵从来不会被一件事情所独占，它需要充沛精力；如果心灵长久被一件事情独占，那就是软弱。

错误的教育、狭隘而没有经过培养的心灵和许多性别方面的偏见，都趋向于使妇女比男人更忠贞不渝；但是这里，我暂不讨论这个问题。我要更进一层提出我的意见，但这并非故作怪论，我认为不愉快的婚姻往往是对于家庭很有利的，被冷淡的妻子一般说来也都是最贤良的母亲。如果妇女的心胸再开阔一点，那么这一论断就几乎永远是必然的结果；因为这好像是上帝一般的安排：凡是我们在目前的享乐中得到的东西，都必须从生活的宝库——经验——中去掉；假使我们采下鲜花，恣情享乐，那么就不可能同时再得到辛勤劳动和智慧的果实。道路摆在我们面前，我们必须向左或者向右；把一生都消磨在各种享乐中的人，假如他得不到智慧，也得不到可尊敬的品格，他是不应该有所抱怨的。

我们暂时设想灵魂不是永生的，并且人只是为了活在现世而创造的，那么我想我们可以有理由埋怨爱情像孩子们的爱好一样，总要渐渐爱得索然乏味，以至扫兴厌烦。“我们先来吃喝玩乐，谈情说爱吧，因为明天我们就会死的”这句话，在事实上一定是合理的，也是人生的大道理。除了傻子，谁肯放弃现实生活而去追求那转瞬即逝的幻影呢？但是，假如我们由于看到心灵的不可思议的力量而感到敬畏，不屑于把希望和思想限制在比较庸俗的活动范围之内，而这些活动只有在它们和无限的远景和崇高的希望结合起来时才显得出是伟大和重要的，那么我们还有什么必要在持身处己中掺杂着虚伪？为什么要破坏神圣的真理尊严来保持那种摧毁道德基础的骗人的幸福呢？为什么要女人被那套卖弄风情的技巧败坏了心灵去满足好色之徒呢？为什么要阻止爱情蜕变为友情，或者在没有建立友情的根本条件时，蜕变为亲切的同情呢？让最真诚的心表露出来吧，让理性来教导情欲，使它服从必然的规律；或者让崇高的品德和学识的追求把心灵从感情中解脱出来，如果不把这些感情约束在适当的范围之内，它们将使人的一生多受痛苦而少有甘甜。

我的意思并非指与天才相伴而生的浪漫式的爱情而言。谁能把这种爱情压制下去呢？但是这种伟大的爱情与生活中居于次要地位的享乐是不能相比的，伟大的爱情只忠实于感情，而且是自生自长的。那些因其持久性而著称的爱情往往是不幸的。它们因缺少感情和固有的忧郁而获得力量。它们对于朦朦胧胧中看到的一种“美”抱着幻想；但是一经到手和熟悉了之后，就可能使爱慕变为厌烦，或者至少变为冷淡，并容许想象力有余闲来开始一种新的追求。根据这种观点，卢梭十分恰当地使他精神上的情妇爱洛漪丝*

---

* 1761年卢梭的《尤丽》又名《新爱洛漪丝》书信体小说出版，描写贵族姑娘尤丽和她的家庭教师圣·普乐相爱的故事。卢梭之所以把它称新爱洛漪丝，是因为小说中的这对爱人与中世纪法国哲学家阿贝拉尔和他的女学生爱洛漪丝一样，都有一段悲剧性的恋爱史。——译者注

在她感到生活日渐乏味的情况下去爱圣·普乐，但是这并不能作为爱情不朽的证明。

格雷戈里博士关于美好感情的忠告也出于同样的复杂心理。他忠告妇女假如她已经决定结婚，就不要有这种感情。但是他把这种决定（与他以前的忠告是相符的）看作是不美好的，他恳切地劝诫他的女儿们把这种感情隐藏起来，虽然它可能支配她们的行为，好像具有人性的一般情欲就是不美好的。

真是高尚的道德教训！这是符合一个不能把自己的眼界扩展到当前狭窄的生活圈子以外的渺小而谨慎的灵魂的。如果培养一个女人心灵方面的一切能力，只是因为这些能力与她的依赖男人有关；如果她一旦得到一个丈夫，就认为目的已经达到并且不知耻地引以为荣，满足于这项没有价值的王冠，那就让她从事于不使她超出动物界以外的活动，而甘心去向男人摇尾乞怜吧；但是，如果她是为她的崇高事业的奖赏而斗争，并且能够高瞻远瞩，那就应该让她培养她的理智，不必停下来考虑她注定要嫁的丈夫会具有什么样的性格。让她不要过于渴望眼前的快乐，要有决心去取得那种能提高一个有理性的人的人格的品质；一个粗野庸俗的丈夫可以打击她的趣味，但不能破坏她的平静的心灵。她不会为了适应她丈夫那些缺点来塑造她的灵魂，她不过是对那些缺点容忍而已；她丈夫的性格对她可能是一种磨难，但不是对于她的美德的一种障碍。

如果格雷戈里博士的话只限于不切实际地期望着永恒的爱情和意气相投的感情，那么他应该想到，当想象力十分活跃以牺牲理性为代价的时候，经验会驱逐掉他的忠告所永远不能阻止我们去追求的东西。

我承认常常会出现这样情形：有一些抱过一种浪漫的不自然的美好感情的妇女，曾把她们[①]的生活消耗在幻想之中，幻想假如她们的丈夫能够终朝每日以日益加深的火热般的爱情来爱她们，那该是多么幸福。但是，她们结婚或独身可能同样地郁郁寡欢，与一个坏丈夫共处也未必比盼望有一个好丈夫更为不快乐。我承认一种合理的教育，或者更确切地说，一个充分培养过的心灵，可以使一个女人过一种尊严的独身生活，但是说她不应培养她个人的情趣，以免有时遭到她丈夫的破坏，这个说法就是舍本逐末了。说实在的，假使一个人不能对人生的不如意处之泰然，或者单靠个人的心灵活动开辟不出新的快乐的源泉，我就不知道培养高尚的情趣还有什么用处。懂得情趣的人，不论是结婚或独身，同样都会憎恶各种不能触痛没有洞察力的人的事物。我们的论点当然不能根据这个结论；但是就享乐的整体来说，情趣可以称之为一种幸福吗？

这个问题要看它取得的大部分是痛苦还是快乐？这个问题的答案可以确定格雷戈里的劝告是否妥当，并且还可以证明他这样规定一种奴隶制度，或是企图用任何其他法则而不是用从纯粹理性演绎出来的适用于全人类的法则来教育出有道德的人来，是如何地荒诞而专制。

温柔和蔼、宽容忍耐和长期忍受等，都是非常可爱的神圣品质，这些在崇高的诗篇中都被赞颂为上帝的德性；或者也可以说没

① 例如那一群小说家们。

有一种上帝德性的表现能够像代表他的那些仁慈怜悯和欣然宽恕之爱那样有力地维系着人类的爱。从这个观点来看,“温柔和蔼”确是表现了一切伟大和谦逊屈就相结合的特征,但是它表现出各种不同的形式,当它是一种依赖式的屈从态度时,它就是作为软弱爱情的支持,因为后者需要保护;而当它表现为宽容忍耐时,是因为软弱的爱情必须默默地忍受伤害;虽在鞭打之下,它还要笑脸相向,不敢反唇相讥。这样一种卑贱的描绘,就是一个所谓有修养的女人的肖像,而这是以一般社会公认的女性卓越表现为根据的,那些虚有其名的理论家们竟把这种女性卓越表现从人类的卓越表现中区分开来。或者,他们[1]最好还是把那根肋骨归还原主,重新另造一个既是男人又是女人的有道德的人;并且不要忘记赋予这样的人全部“顺从的美德”。

我们没有听说,在没有婚嫁的情况下,妇女是怎样生存的。因为虽然道德学家们同意,生命的进程似乎证明**男人**为未来前途而受着各种条件的锻炼,可是他们却经常地一致劝说**女人**只为眼前着想。根据这个理由,所以就一贯主张温柔、驯顺和像叭儿狗似的那样可爱是女性最重要的美德;并且有一位作家不顾不可违抗的自然法则,认为妇女如果有忧郁愁闷,就是男性化表现:她生来就是男人的玩物,是男人的拨浪鼓,任何时候,只要男人抛开理性想要消愁解闷,它就必须在他的耳边当啷当啷地响。

一般说来,劝人温柔和蔼是极为明智的。一个脆弱而不坚定的人是应该力求温柔的。但是当“宽容忍耐”到颠倒是非的程度

① 参看卢梭和史韦登伯格的著作。

时，它就不再是一种美德了；虽然在一个伴侣身上看到这种美德是很便当的——这样的伴侣将永远被看作是地位低下的人，只能使人感到一种索然寡味的幼弱，并且这种幼弱很容易一变而为受人轻视。再有，如果忠告真能使一个天性不容许刮垢磨光的那类人变得温柔和蔼，那么一些秩序一定就会得到某种改进；但是，如果像我们很快就会证明的那样，这种不分青红皂白的忠告只能造成虚伪做作，在逐渐提高的道路上设置了一层障碍，影响了性情的真正改进，那么女人牺牲真正的品德去换取表面的淑娴贞静实在并没有多大好处，虽然她们可能在短短几年中为个人取得声势煊赫的支配地位。

作为一个哲学家，我以愤怒的心情阅读了男人用来掩饰他们侮辱女性的那些花言巧语；作为一个伦理学家，我要问一问，这些异质的联想，例如"美好的残废"、"可爱的软弱"等等，究竟是什么意思呢？假如只有一个道德标准，只有一种男人的原型的话，那么按照关于穆罕默德的尸床的世俗传说*，妇女似乎命中注定是介于人兽之间的；她们既没有禽兽的那种万无一失的本能，而又不被容许以理性的眼光来注视一个完美无缺的典型。她们生来就是为了被人爱，而不应该以得到尊敬为目的，否则她们就会因为有男子气，而被驱逐于社会之外。

但是，试从另一个角度来看一看这个问题。消极的、懒惰的女人能够成为最好的妻子吗？把我们的讨论限制在目前的情况下来说，我们看一看这些软弱的人是怎样完成她们的任务的。这些取

* 或系指伊斯兰教徒死后，送葬时不准女人扶柩的风俗。——译者注

得一些表面教养因而加深了流行的偏见的妇女，仅仅为增加丈夫的幸福吗？她们表现出她们的妩媚可爱仅仅为使丈夫高兴吗？从幼年就受到消极服从观念熏陶的妇女，能具备相当健全的性格来管理家务和教育子女吗？远不是这样，翻开妇女的历史来看一看，我不得不同意那位最尖刻的讽刺家的意见，认为女人是全人类当中最软弱的和最受压迫的一半。历史所揭露的除了女人低劣的特点外，还有什么呢？能够从握有主权的男人的折磨压迫下解脱出来的妇女是如何之少啊！极少数的例外，使我想起了关于牛顿的一个巧妙的猜想：说他大概是一个超人精灵，偶然投入人身。根据同样的想法，我曾经想象那几位越出了为女性规定的常轨的非凡妇女，是男性的精灵，错投了女身。假如认为既然谈到灵魂而还要区分性别是不合理的，那么女人之所以地位低下，必定是因器官构造所致；或者是抟土造人时，上天所施加的火候是不平均的。

我可以像我以前那样，避免集体地把两性作任何直接的比较，或者根据目前所看到的情况坦率地承认女性低劣，但是，我只是想说：男人使妇女更加低劣，直到她们几乎下降到有理性的生物标准以下。让她们的才能有发挥的场所，让她们的美德得到力量，然后再确定整个女性在智慧的尺度上应占有的地位。但是要记住，我并不是为那些少数杰出的女人要求地位。

我们这种愚钝的凡人难以预料：在那种使我们步步坎坷的专制阴云消退以后，人类的发现和进步会达到什么样的高度；但是，当道德被建立在一个更为坚实的基础上时，然后我不必有天赋的先知神明，就可以大胆预言女人那时或是男人的朋友，或是男人的奴隶。我们将不会像现在这样，怀疑她究竟是一个有道德的人呢，还是一个界于人与禽兽之间的动物。但是，假设那时看来她们和禽兽一样，主要是为供男人使用而创造的，那么他也会让她们安处于鞍辔嚼环之下，而不再以空洞的赞颂来嘲笑她们了；或者，假设那时证明她们是有理性的，那么男人也就不会仅仅为了满足他的肉欲而阻碍她们的发展。他不会再用各种花言巧语来劝她们让她们的理智盲目地服从于男人的指导。在讨论妇女教育时他也不会主张妇女永远不应该自由运用她们的理智；他也不会劝那些像他自己一样取得人类道德品质的人去矫揉造作和狡猾欺骗。

假如道德有一种永久不变的基础，真理就必然只能有一条。凡是牺牲真正的品德以图眼前方便，或者把这样做当作义务的人，都只是为今世而生活，他们不会成为一个负责任的人。

那么，当诗人写到“假如软弱的女人走入歧途，那么名人所负的责任要多于她们自己的责任”时，也应该放弃他的冷嘲热讽了。因为：假如妇女永远不运用她们自己的理性，永远不能独立，永远不能超出于别人的见解，她们也永远感觉不到一种理性意志的尊严（理性意志只顺从于上帝，并且常常忘记宇宙中间除了它自己和它所热烈注视的完美典范以外还包括任何东西），永远不去敬仰那些融化成为美德、可以同样模仿的属性，虽然它在程度上将压倒那个对之欢喜赞叹的心灵，假如这些都能够得到证明，那么妇女被束缚于牢不可破的命运的枷锁就是十分肯定的了。

如果我说当理智能给她以清醒的见解时，是因为我不愿意给人以雄辩的印象，如果她们确实能像有理性的人那样行动，就不要像对待奴隶那样来对待她们；或者像对待牲畜那样，在它们与人交往的时候，要它们听从男人的理智的支配；而是应该培养她们的心灵，给她们以有益的崇高的原则性的拘束，使她们能感觉到上帝是她们唯一的依靠，从而取得自觉的尊严。要像教导男人一样地教导她们服从必然的规律，而不是为了使她们更为可爱因而使道德标准有男女之分。

进一步说，假使经验证明她们在智力、坚忍和刚毅等方面都不能达到同等程度，那么也应该让她们的品德在性质上是相同的，虽然她们努力争取达到同等程度可能是徒劳的；而男人的优越性即使不会更明显，至少也将是同样地明显。真理是简单的原则而且不容许加以任何改变，它对男女两性一定是共同的。像现在所规定的那种社会秩序也不会被推翻，因为那时女性具有的地位仅仅是理性给她们指定的地位，男女平等是不能靠技巧取得的，更不用说让男人受制于妇女了。

这些理论可能被称之为乌托邦的幻想，感谢上帝，他把这些幻想灌输到我的灵魂中来，赋予我十分坚强的意志，使我敢于发挥我自己的理性，直到我只靠上帝来支持我的品德。我以愤怒的心情来对待那些想要奴役女性的错误观念。

我喜欢把男人当作我的同伴看待；但是他那枝权杖，不管是实有的或是僭取的，却不能伸展到我的头上来，除非那个人的理智是值得我尊敬的；就是那样，我也是服从于理性而不是服从于人。事实上，一个负责任的人的行为，必须受他自己的理性活动的支配，否则上帝的权能建立在什么基础之上呢？

我认为有必要来讨论一下这些明显的真理，因为妇女似乎已经被孤立起来；她们被剥夺了应该装饰人类的真正美德，却用各种人工的文雅来点缀她们，使她们维持一时的统治。爱情在她们的心里代替了一切更高贵的感情，她们唯一的愿望就是使自己的美貌引起男人对她的热爱，而不是引起尊敬。这个卑鄙的欲望，如同在君主专制国家里边的奴隶性一样，毁灭了一切品格的力量。自由是美德的基础，假使妇女因为她本身的性格而成为奴隶，不准许她们呼吸振奋人心的自由空气，那么她们就必然会永远像一个侨居异地的人那样苦闷，并且被看作是天然的美好的残废。

一直约束女性，使女性驯服的论点反过来也适合于男人自己。多数男人永远为少数男人所奴役；那些一点也辨别不出人类优点的怪物残暴地统治着成千累万的他们的同胞。为什么具有卓越才能的人要受这样的屈辱呢？那些国王们，从整体上来看，在能力上和品德上都低于从人类当中挑出同样数目的普通人，这不是被普遍承认的吗？然而他们不是过去一直受到而且现在仍然受到相当尊敬吗？这种尊敬简直是对理性的侮辱。把一个活人尊为神的不只是中国一个国家。男人为了安享眼前的快乐而服从一种优势的力量；妇女不过也是做了同样的事情，因此直至证明了奴颜婢膝地放弃一个人与生俱来的权利的廷臣不配称之为人的时候，我们才能说明因为妇女过去一直是被征服的，所以她根本是低于男人的。

暴力一直在统治着世界，政治科学尚在幼稚阶段，这一论点从哲学家们在阐述对人类最有益的、决定两性区别的知识上都有所顾忌的事实就可以得到证明。

对于这个问题我无意深入讨论，我只是要认定一个明显的结论，就是在合理的政治给我们带来自由的时候，整个人类，包括妇女在内，将变得更聪明和更有道德。

第三章　再论关于两性品格的流行的意见

身体强壮本来是英雄的特色，它现在已遭到如此不应该遭到的轻视，以至于无论男人或女人似乎都认为它是不必要的；女人认为它减少了女性优美和可爱的娇弱，而这种娇弱却正是她们不该有的权力的根源；男人则觉得它有伤于一个上流绅士的品格。

男女两性全都从一个极端走向了另一个极端，这是很容易证明的。但是似乎应当首先指出的是：有一种世俗的谬见已经得到人们一定程度的相信，它造成了一种错误的结论，从而把结果错当成了原因。

天资颖异的人常常由于苦思钻研或者因为不注意健康，损伤了自己的身体，这些人才智超群，一定会有与之相应的强烈的感情，以致"剑身毁了剑鞘"，这几乎是尽人皆知的事情，于是肤浅的观察家，就由此推论说：天资颖异的人一般都是体质脆弱的，或者用一句更流行的话来说，他们一般都是体质文弱的。但是我认为事实看来恰好相反；因为经过仔细的研究，我发现在大多数情况下，高深的智力总是和强壮的体力分不开的。这里所说的体力，是指健全的体质，而不是指精神粗野和肌肉发达；这些是从体力劳动中产生的，在这种情况下，头脑若不是呆滞就是仅仅用来支配双手。

普里斯特利博士[*]在他的传记图表的序言中曾经指出，多数伟人的寿命都在四十五岁以上。想到这些人在钻研一种他所喜爱的学问时，不顾一切地随意使用他们的精力，他们中宵不寐，夜以继日地消耗了生命的火焰；或者想到当他们沉没在诗一般的梦境之中，充满了幻想，灵魂受到了激动，直到沉思所引起的激情影响了身体——作为他们的对象，幻想中的空中楼阁，消失在他们的疲惫不堪的眼睛之前——只要想到这些就可以知道他们一定都是具有钢铁一般的体格的。莎士比亚从来不是用一只颤颤巍巍的手握着设想中的匕首的；弥尔顿引导魔鬼远逃出他的阴森的牢狱时，也没有因此而颤抖。这些不是愚蠢的胡言乱语，不健康思想的病态发泄，而是精神饱满的幻想，这种幻想在做一种"美好的疯狂"的漫游时，不是常常想到它所受到的身体方面的限制的。

我知道这论据会把我带到比人们设想我要谈的更远的地方去；但我遵循真理，仍然采取我最初的立场，我可以承认在体力方面男人比女人似乎具有一种天然的优越性；而这也就是男性优越的唯一的有力证据。但我仍坚持说，不仅男女两性的德行，而且两性的知识在性质上也应该是相同的，即使在程度上不相等；女人不仅被看作是有道德的人，而且是有理性的人，她们应该采取和男人一样的方法，来努力取得人类的美德（或者说是完美），而不应当像

* 普里斯特利博士（Dr. Priestley，1733—1804）是英国科学家、哲学家、当时进步组织"革命协会"的领袖。——译者注

一个幻想中的半个人，即卢梭笔下的一个没有人性的怪物[①]那样来受教育。

但是，果真体力是男人似乎有些理由来自夸的东西，那么女人为什么那样糊涂，竟至以自己的缺点为骄傲呢？卢梭曾为她们提供了一个似是而非的辩解（只有异想天开的人、在美好的感觉所得的印象之上特意加工，才会提出这样的辩解），使她们可以真正能有一个借口，在不破坏浪漫式的端庄的条件下屈服于一种自然欲

① “探求抽象的和纯理论上的真理，以及探求科学上的原理和定理——简单说就是一切趋向于概括我们的观念的那些事情——不是女人分内的事情；她们应该研究实际事物。她们的职责是去应用男子已发现的原理。她们应当发表意见，以便使男子去创立一般原理。女子应该把一切同她们的责任没有直接关系的思想，放在对男子的研究上，放在以趣味为目的的美好的才艺的取得上；因为天才的工作是她们的能力所不及的，而且她们也没有足够的精细头脑和注意力以在严密的科学上取得成就；至于自然界的知识，那是仅属于最灵活最富有研究精神，能够理解最多的不同的对象的人们，也就是说属于那些具有最强大力量并且最能运用它们来判断感知的事物和自然法则之间的关系的人们研究的事情。天生懦弱、思想范围狭窄的女性，知道怎样对于她所引起的那些活动作出判断和正确的估计以帮助她们的软弱，而这种活动就是男人的情欲。她所运用的巧妙手段远比我们男性的有力量，因为她的一切手段都能打动人心。她必须有一种巧妙的办法使我们愿意做每一件她自己不能做而又是她必须做或喜欢做的事情；所以她必须彻底研究男人的心；不是抽象地研究一般男人的心，而是研究那些她因国家法律或因舆论力量而从属于其下的男子的心。她必须从他们的谈话、动作、眼色和手势中去洞悉他们的真正的情感。她们还应该具有这种巧妙手段：用她自己的谈话、动作、眼色和手势去传达那些使男性愉快的感情，而看来又似乎是无意的。男性善于从哲理上讨论人心，但是女性则比男性更了解人心。所以形成实验伦理学的是女性——假如允许我这样说的话——她们把对于人的研究系统地归纳成为一种理论。女性富有机智，男性富有天才；女性观察，男性推理。由于双方协作，我们就会探索出人心自然而然能获得的最透彻的了解和最完全的知识。简单来说，从这里我们就能够得到我们的天性上所能够获得的一种对于我们自己和别人最为亲切的知识；因此艺术之所以能不断地使大自然赋予的天资臻于完善，其道理就在于此。妇女周围的人是她们必读的书。”——见卢梭《爱弥儿》。我希望读者们还记得我对女性和军官所作的比较。

望，以此来满足男人的自高自大和放荡纵欲。

女人受到这种意见的欺骗、迷惑，有的时候就以她的柔弱而自豪；并利用男人的软弱来狡猾地取得权力；她们很可以在她们用不正当的办法得来的权势上夸耀一番；因为像土耳其的帕夏一样，比他们的君主更具有实权；但这样就为了暂时的满足而牺牲了美德，为了片刻的胜利而牺牲了一生的尊严。

如果这个分成许多王国、王国又分成许多家庭的世界是受着从运用理性中得来的法则的支配，那么女人和暴君就一定不会有像现在这样多的权力。但是再做进一步的比较就会发现，她们的品格在取得这种权力的过程中陷于堕落，并且在整个社会中散布了放荡的风气。多数人被践踏在少数人的脚下。因此，我要冒昧地断言，在女人受到更合理的教育以前，人类品德的提高和知识的进步，必然还会继续受到挫折。假如承认女人不是仅仅为了满足男人的欲望而创造的，也不是为了作为照顾他们饮食起居的高级仆人而创造的，那么，那些真正关心女性教育的父母们首先注意到的问题，即使不是怎样来增强女孩子的体力，至少也万不可以用"美"和"女性优点"等错误观念来摧残她们的体质；也不可以使女孩子习染上这样一种含有毒素的观念：认为一种缺陷，经过任何一种推理的质变过程，就能变为一种优点。在这方面，我很高兴能看到有一位作者(他的作品是我们国家为孩子们出版的一种最有教育意义的书籍)的意见和我的完全符合。我将引证他的一些恰当的说法，用他的可贵的权威性的意见来加强推理。①

① "一位可尊敬的老人写下一段明智的记载，说明了他教育女儿时所采取的方法：

即使证明女人比男人天生软弱，但是从哪里可以得出结论说，她应该努力使自己变得比天生的软弱更软弱呢？这类的论调，对常识是有损害的，并且还含有情欲的意味。在这个开明的时代，我们希望批驳丈夫的神圣权力像批驳君主的神圣权利一样，不致会出什么危险。虽然我们的真知灼见，也许尚不能使许多吵闹的争论者平息下来，但当任何流行的偏见遭到攻击时，明白事理的人就可以从长考虑；让那些心胸狭隘的人，对革新不假思索地去大肆谩骂好了。

做母亲的人要想使自己女儿具有真正高贵的品格，一定不要去理会那些无知者的冷嘲热讽；采取与卢梭用一切骗人的动听的说法和哲理上的诡辩所推荐的办法恰好相反的办法来进行教育。

我竭力使她身心两方面都获得在女人身上很少能看到的一定程度的活力。只在她有了足够的体力，能够胜任农业和园艺的轻微劳动时，我就经常用她作为我的助手。西兰妮，我的女儿，不久就在所有这些乡村作业上取得了技巧，这使我又欢喜又赞赏。假如女性一般在身心两方面软弱的话，它来自教育的比来自天性的多。我们鼓励一种可恶的懒惰和无所事事，而还错误地称之为温柔典雅。我们不用比较严格的理性和哲学原则去增强她们的心智，反而培养她们去获得无益的技巧，结果造成她们的虚荣和放荡。在我所访问过的许多国家中，她们不是受到一种高尚的教育而只是学一些关于调节嗓音或是关于身体姿势之类的无益的事情。她们的时间都消磨在懒散和琐碎事情中，这些琐碎事成了唯一能引起她们兴趣的活动。我们似乎忘记了我们的家庭幸福和子女的教育必须靠女性的品质来决定。然而一群自幼就堕落不懂得什么是人生责任的人，能够给我们提供什么样的家庭幸福和子女教育呢？以拙笨的手法去玩弄乐器，在懒惰放荡的青年男子面前显示她们天生的或做作的美态；她们无谓地随手挥霍，荡尽丈夫的财产；这一切就是我在许多文明国家中见到的妇女所培养的本事。从这些堕落的根源产生的结果必然是个人遭不幸和公众受奴役。”“‘但是西兰妮所受的教育是根据不同的观点决定的，而且是本着比较严格的原则来进行的——假如可以把它称之为严格的话；这种严格却能够启发她的心灵，使她认识道德和宗教的责任，并且最有效地把她武装起来以防止生活当中的不可避免的罪恶。’”——见托马斯·戴所著《桑福德和默顿》第 3 卷。

因为他的雄辩使荒谬的论调听来似乎颇有道理，他的武断的结论虽不能令人信服，但是足以迷惑那些无力反驳它们的人们。

整个的动物界，每一个幼小的动物，都几乎需要继续不断的锻炼；根据这种了解，儿童在幼年时期应该在无害的跳跳蹦蹦中度过，以锻炼他们的手足，他们不需要从头管到尾的无微不至的指导，也不需要保姆的经常照顾。事实上，自卫所需要的注意，是孩子们理智的自我锻炼的第一步，正如目前玩耍中表现想象力的一些小的创造发明。可是错误的溺爱或盲目的热心把这些聪明的自然构思毁掉了。儿童，尤其是女孩子，得不到片刻自主的机会，因此就养成了她的依赖性。依赖性被认为是天性。

为了保持身体的美——女人的光荣，就用比中国人的裹脚布更坏的东西束缚四肢和官能；当男孩子在户外戏耍的时候，女孩子们却被判定要过坐定不动的生活；这样就使她们的肌肉松弛，精神衰退。至于卢梭的意见，后来又有几位作家随声附和，说女孩子天生——也就是说从生下来并且是与教育无关的——就对布娃娃、修饰、打扮和说话有一种爱好；这种说法是如此无聊以至于不值得认真一驳。一个女孩子被判定和一些无能的保姆长日厮守在一起，听她们的无聊闲谈，或是终日在化妆室里陪侍她的母亲，她尽力加入谈话，这实在是极其自然的事情；女孩子要模仿母亲或者阿姨们，像她们如何打扮她——这个可怜的天真的孩子！——那样子，来打扮她的那个无生命的布娃娃以自娱，这无疑更是一种最自然的结果。即使是最有能力的男人也很少有足够的力量摆脱周围环境的影响；如果说天才者的历史常常因时代的偏见而有污点，那么女性像皇帝一样，始终通过错误的媒介来看一切事物，就更应得到谅解。

根据这种想法，就可以很容易地说明女性为什么特别喜爱打扮，而不必假定它是希望取悦于她所依赖的男性的结果。总之，假定一个女孩子生来就喜欢卖弄风情；假定有一种与传宗接代的自然冲动有关的欲望，甚至在未经不正当的教育用煽动想象的办法过早地把这种欲望激发起来以前，它就会有所表现：这些荒谬的假定太不合理了，像卢梭这样聪明敏锐的观察家，假如不是习惯于使理性屈从于好奇的欲望，使真理屈从于所喜欢的怪论，他一定不会采用这些假定的。

但是，一个为灵魂不朽作热烈争辩而且说得头头是道的人，这样给心灵以性别的区分，是不很符合他的原则的。当真理成为一种假设的障碍的时候，真理是一个多么软弱无力的壁垒！卢梭尊重美德几乎可以说是崇拜美德，可是他放任自己，让爱情沉溺于色情。他的想象力经常使他那焚身的欲火燃烧不停；但是他为了调和他对自制、坚忍和英勇的美德等等的尊重（像他那样的人是不可能冷静地赞佩这些美德的），就竭力颠倒自然法则，并且提倡一种含有危害性的、有损于最高智慧的理论。

他根本没有注意到生活中的实例而试图证明女孩子天生就注意她们的体态，为此编造的荒诞故事是不值一笑的。他说，有一位小姑娘竟会有这种适当的趣味：仅仅因为她看到聚精会神写“o”这个字母时的姿态有欠优美，就放弃了这种愉快的乐趣，像这样的故事是应该与那博学的猪的故事选在一起的。[①]

① “我认识一个女孩子，在她认字以前就先学着写字，在她会用笔以前就开始用

我可以说比卢梭有机会观察过更多的女孩子的童年时代。我还能记起我自己的感受,并且我曾经不断地注意过我的周围;但是对于女性性格最初的表现,我和他的看法不但大不相同,而且我敢肯定,一个女孩子如果闲散没有使她的精神消沉,或者假装的害羞没有影响她的天真烂漫,总会是蹦蹦跳跳、非常顽皮的,而且布娃娃也永远不会引起她的注意,除非是闭居的生活使她别无他事可做。简单来说假如远在自然造成任何区别以前,人们不向女孩子和男孩子灌注性别观念的话,这些孩子是可以毫无妨害地在一起玩耍的。我还要再进一步肯定一个毋庸争辩的事实,就我所看到的来说,凡是那些行动合理,或者表现出任何高深智力的妇女,大多数都是偶然得到了放任的,正像某些文雅的女教育家所暗中讥讽的那样。

由于童年和青春期不注意健康所造成的有害后果,超过了我们所能想象的范围——身体方面的依赖自然会产生精神方面的依赖;当她把大部分时间都消磨在抵御或者忍受疾病痛苦的时候,她怎么能成为一个好妻子或者好母亲呢?假如一个女人在她的行为的动机中,早年就掺杂有关于美的错误观念和虚伪的多愁善感,那么我们就不能期待她坚决努力增强她的体质和避免沉溺于那些使身体衰弱的放纵行为。大多数男人有时不得不忍受身体方面的不便,并不得不忍受严寒酷暑的袭击,但是优美的女性,简直可以说已

针写字。最初她确是想到只写'o'这个字母。她经常把这个字母写成各种大大小小的形式,但总是写不好。不幸有一天正在她聚精会神地写的时候,她无意中从镜子里看见了自己,当她发现自己坐着写字时的姿势是那样难看,她就像另一个智慧的女神那样,立刻扔掉手里的笔,决心再不写'o'这个字母了。他哥哥同样也不喜欢写字,但他讨论写字的原因是那种拘束,而不是难看的姿势。"——见《爱弥儿》

成为她们身体的奴隶，而且还把这种屈服引以为荣。

我曾经认识一个身体弱的时髦女人，她对于她的纤弱和娇气还感到异乎寻常地得意。她认为挑三拣四的口味和极小的食量乃是人类完美的高度表现，从而身体力行。我看见这位虚伪做作的弱女人把一切生活上的责任放在脑后，悠然自得地躺在沙发上，夸耀着她的胃口不佳，为的是证明纤弱发展到娇气十足或者娇气十足产生了纤弱。这种可笑的莫明其妙的话，本来是难于让人理解的。然而，那时我却看见她在侮辱一位值得尊敬的年老妇人；那位老妇人，因为意外的不幸，现在不得不仰仗于她以之为夸耀的施舍，而过去老妇人生活环境好的时候，这女人曾经得到过这位老人的好处的。一个人，像西巴里特*人那样沉迷于奢侈享乐中，如果还没有丧尽一切美德，或者从未受过道德训诫的影响（这种道德训诫，虽然可以防止邪恶，但实际是代替心灵培养的一个拙劣办法），能够变成这样一个软弱堕落的人么？

这样的女人比起那些因具有法律不能约束的权力而堕落了的罗马皇帝来，并不算是一个更无理性的怪物。但是自从国王更多地受着法律的限制和荣誉的拘束（不管这种拘束是多么无力）以来，在历史的记载上愚蠢和残忍的悖乎人情的例子就不那样比比皆是了；而那种把美德和天才扼杀在萌芽状态中的专制暴政，也没有带着毁灭性的狂飙在欧洲得逞；这种狂飙曾经使土耳其变成一片荒凉，使人们无所成就，同时使土地成为不毛之地。

* 西巴里特（Sgbarite）是意大利南部的一座古城，传说古时当地居民都好奢侈，喜享乐，后来这个字就引申成为游手好闲贪图享乐者的别名。——译者注

妇女在各地都是处在这样可悲的状态下，因为要保持她们的天真(对愚昧一词的客气用语)，所以就不让她们看到真理，并且在她们的官能获得任何力量以前，就使她们装出一副不自然的性格。她们从幼年起就受这样的教导：认为“美”就是女人统治一切的手段，要心为形役，心灵只能循着它的金丝笼的周围遨游，赞美那把它牢笼起来的监狱。男人有各种不同的工作和事业来占据他们的注意力，使他们心胸开朗；但是妇女则被限制在一件事情上，经常注意她们自己的最不重要的事情，很少能看到眼前胜利以外的事情。她们由于男人的自高自大与纵欲好色，以及她们的——像暴君的统治欲望一样——目光短浅的暂时统治的欲望，而处在被奴役的状态之下，一旦她们从这种奴役中解放出来，我们再看到她们的种种软弱一定会感到惊讶。请容许我对这论据再作进一步的阐述。

圣经中的一段比喻讲到一个魔鬼到处寻找他所应该吞食的人*，假如我们承认有这种魔鬼存在，如果他要败坏人类的品格，最有效的办法或许莫过于给一个人以绝对的权力。

这个论点可以分成几方面。出身、财富和那些使人无须作智力方面的努力便可驾凌同胞之上的一切外在有利条件，实际上将使他降落到他人之下。随着他软弱的程度，他将被有心机的人玩弄于股掌之上，直到这个傲然自大的怪物丧失一切人性为止。至于那些好似一群绵羊的人们，甘心情愿地追随在这样一个领袖的后边，原是一种不合理的现象，只能用他们希求眼前快乐和理解力

* 见《新约全书》“彼得前书”第5章第8节。——译者注

狭隘来解释。受着奴性依赖的教育，精力因奢侈和懒惰变成衰弱，在这种状态下，那种敢于挺身而出坚决维护人权的人，或者那种敢于要求有道德的人应该享有特权的人（有道德的人要取得优越地位只有这一条道路），我们到哪里去找呢？人们仍然受着君主和大臣们的奴役，他们掌握着阻碍人类思想发展的极其有害的权力，世界要从这种奴役中解放出来还需要一个相当长的时期。

因此就不要让男人在以权势自豪的时候，使用那些暴君和贪财的权臣们所曾经运用过的论据，他们曾错误地主张：女人应该被征服，因为她一直是被征服的。但是，在男人为合理的法律所支配，享受到天赋自由的时候，如果女人不与他同享自由，那就让男人看不起女人吧；在这辉煌的时代到来之前，当男人攻击女性的愚蠢时，让他不要忘记了他自己的愚蠢。

妇女以不正当的手段取得权力，心怀恶意干些不道德的事，从而取得权力，这也是事实，她们显然丧失了理性所指派给她们的地位；她们不是变成下贱的奴隶，就是变成性情无常的暴君。她们在谋求权力时丧失了天真淳朴，丧失了心灵的一切尊严；她们的行为，也就变得和我们所注意到的用同样方法取得高位的男人的行为一样了。

现在已经到了对女性作风实行变革的时候了，也就是说恢复她们失去的尊严，使她们作为人类的一部分去努力改造自己，进而改造世界。现在已经到了把不可改变的道德和地方性的风尚划分清楚的时候，如果男人是半人半神，那么为什么叫我们去侍奉他们！如果女性心灵的尊严和禽兽一样尚有争辩的余地，如果她们的理性不足以作为指导她们行为的指针，而又缺乏万无一失的本能，那么她们就真正是一切生灵中最不幸的一种了！她们就只有匍匐于命运的铁掌之下，甘心承认自己是创造出来的一个美丽的残废了。但是，要证明上帝对于她们采取这种手段是正确的，从而指出这样把一大部分人类造成这种既负责任又不负责任的情形，是出于什么不容辩驳的理由，即使是最机敏的诡辩家也会感到惶惑而无从下手。

看来上帝的品质是道德的唯一的坚实基础；这种和谐的品质产生于各种属性的保持平衡，——虔诚地说，每一种属性都似乎暗示另一种属性的必然存在。因为上帝是英明的，所以也必然是公正的；因为他是全能的，所以也必然是和善的。牺牲一种同等高贵而必要的属性来抬高另一种属性，是人类理智被歪曲的表现，也就是对情欲的屈服。人类在野蛮时代习惯于屈服权势，即使在文明证实智力远比体力优越时，他们也很少能摆脱这种野蛮的偏见；即使在他想到神的时候，他的理性也为这些粗野的想法所蒙蔽。上帝的全能的属性被认为吞没了或者统辖着他的其他属性，如果有人认为上帝的全能是根据他的智慧来调整的，这些人就会被认为是不敬地限制了上帝的权力。

在仔细观察自然以后，我否认那种只对上帝才有的特殊的谦恭。与永恒同在的、至高无上的神无疑具有许多我们所想象不到的属性；但是理性告诉我，这些属性不可能和我所崇拜的那些属性相抵触；我不能不听从理性的声音。

追求优越，对人来说似乎是一种自然趋势，不管是在他所崇拜的对象中追求也好，或盲目地认为他的对象尽善尽美，好像一件外衣也好。可是后一种崇拜方式对于一个有理性的人的道德行为来说，能有什么好效果呢？他屈服于权能；他崇拜黑暗的势力，这种势力可能给他带来一线光明，可是它在他的虔诚的头顶上愤怒发威而他却不明白这是为了什么。假设上帝的行动只是出于一种不受约束的意志的一时冲动，那么人必然也会根据他自己的意志的冲动来行动，或者按照从他斥为不敬的那些原则所得出来的规则来行动。无论热心的思想家还是冷静的思想家，当他们竭力要使人类脱离上帝品质的正确概念所规定的有益于健康的节制时，都陷入了这种两难论中。

因此这里来检查一下上帝全能的属性就不能算有失恭敬：事实上，一个运用自己官能的人怎么能不这样做呢？因为敬爱上帝，把他看作是聪明、善良和权能的源泉，对于一个希望获得美德或知识的人来说，似乎是唯一的有益的崇拜方式。盲目的、不稳定的爱，可能会像欲念似的那样占据人们的思想，温暖人们的心灵，然而同时却忘了主持公正、喜好怜悯别人和谦卑地追随上帝。在后面讨论到我和格雷戈里博士对于宗教有不同的看法时，还要更进一步地来讨论这个问题。他把宗教信仰看作是一个感情问题，或者看作是趣味问题。

还是从这显然题外的话回到本题上来。我们确实希望妇女能够对她们的丈夫培养起一种爱情，并且是建立在虔诚所应该建立的那个同样的基础上面的。世界上除此以外没有其他坚固的基础，因为她们应该严防那种虚伪的感情；感情一词不过是常常用来代替肉欲的一种比较好听的说法而已。因此我想，女人从她们的幼年时代起，就必须或是照东方王子那样被关闭起来，或者是这样对她们进行教育：使她能够独立自主地思考或行动。

男人为什么总在这两种主张之间犹豫不决，并且期待不可能的事情呢？他们为什么要求一个奴隶有德行，也就是说要求一个文明社会的制度已经迫使她变为软弱的人（倘若尚未变成邪恶的人）有德行呢？

我也知道，要根除色情主义者所培植的根深蒂固的偏见，还需要一个相当长的时间；同时要想使妇女相信，当她们在娇美这个好听的名义下培养或做作出一种软弱的样子来时，她们是在极端违反她们的真正利益；或是要使世人相信，妇女的邪恶和愚蠢行为的有害根源（如果有必要按照习惯使用一些比较缓和的同义词）一直是对于美——容貌美的色情崇拜；这些都还需要相当长的时间。因为有一位德国著述家曾经机敏地看出：漂亮的女人是欲望的对象，这是各种各样的男人们所承认的；而一个由表现智慧的美而激发起别人的更为崇高情感的高尚女性，却可能遭到那些以满足肉欲为快乐的男人们的忽略或冷淡。我预料到有人会反唇相讥——如果男性今后仍将和过去一样是个有缺点的人，他就不免或多或少地成为他的欲望的奴隶；那些以满足一种主要欲望而获得最大权势的女人，她们的堕落即使不是由于道德上的必然，也是由于身体上的必然。

我承认这个反对意见是有一些力量的，但是存在一种崇高的教训，即“要像你的天父那样纯洁”，那么男人的德行似乎没有受到唯一能够限制这些德行的上帝的限制；而且他可以向前迈进，而不必考虑抱有这样崇高的志愿，是不是越出了他的范围。曾经有人对着汹涌的巨浪这样说过：“你只能跑到这么远，不许再向前进；你骄傲的波涛要停止在这里。”约束奔驰的行星使之不能离开轨道的巨大力量，也约束住了奔腾翻滚的波涛，使之不能再前进一步。物质终究是屈服在支配一切的伟大神灵之下的。但是不朽的灵魂，不受力学定律的限制，挣扎着要从物质的束缚中解放出来，当它和上帝合作，试图用支配宇宙的不变法则（在某种程度上是我们想象力所不及的）来管理自己时，它不但没有扰乱反而加强了宇宙的秩序。

此外，假设教育妇女去依赖，也就是说要她们遵照另一个容易走错路的人的意志来行动，并且无论对与不对都要屈服于威权；照这样我们到什么地步才算终了？是不是把她们看作是准许在狭小范围内统治的代理人，并且要一个高等的可能犯错误的法庭对她们的行为负责呢？

我们不难证明，这样的代理人将像那些屈服于恐惧之下的男人们一样行动，并使她们的子女、仆人忍受她们的暴虐压迫。既然她们毫无理由地屈服，她们在指导子女和仆人的行为上也就没有一定之规，她们对人和善或对人残暴，完全凭一时的任性；当我们有时看到她们不堪为沉重的桎梏所压迫，因而把它转嫁于另一个更软弱者的肩上以求恶意取乐时，我们也就无须大惊小怪了。

但是，假设一个女人已经训练得服从成性，嫁给了一个聪明懂事的男人。他支配她的判断力而不使她感觉到这种顺服的奴隶性，使她在间接获得理性的情况下，利用这种反射出来的光辉尽量把事情做得恰当周到；然而她却不能保全她的保护人的生命；他可能一朝死去，给她留下一个很大的家庭。

双重的责任落到了她的身上；要以父亲和母亲两者的身份来教育子女，要陶冶他们的性格，还要保护他们的财产。但是，哎呀！

她从来没有独立思考过，更不要说自己去行动了。她只学会了取悦于男人[①]，温柔驯顺地依赖男人；然而现在为子女所累，怎么能再找到另一个保护人——一个代替理性地位的丈夫呢？一个有理性的男人（我们现在是从实际方面谈问题），即使他认为她是个可爱的温顺女人，可是当世界上还有许许多多更为标致的女人时，他不会愿意为爱情而娶一个拖家带口的女人。那么她将要变成什么情况呢？她或是轻易地落到那个卑鄙的想找有钱的女人结婚的男子手里，骗取了她的子女所应得的父亲的遗产，使她变得悲惨可怜；或者她就变成失意不满或任意放纵的牺牲者。因为她没有能力来教育子女，又不能使他们尊敬她（如果人们本身不是可尊敬的，虽然居于重要地位也永远不会受到尊敬，这种说法并不是玩弄名词），于是她就在颓唐、追悔的痛苦中憔悴以终。即使她并不贫

① “在两性的结合中双方都追求一个共同的目的，但是追求的方式不同。由于方式不同，就在各自的道德关系之间产生了最初的具有决定性的差别。一个是积极主动和身体强壮的，而另一个是消极被动和身体软弱的；所以前者必须具有力量和意志，而后者只要稍微有一点抵抗就行了。

“如果承认这个原理，我们就可以说女性是特地为讨男人的喜欢而创造的。如果倒过来说，男性也应该讨女人的欢喜，那也只是一种不太直接的需要。他的长处在于他的体力，他讨女人欢喜只是因为他的身体强壮。我必须承认，这不是一个美好的爱情准则，但它是一个先于爱情本身而存在的自然法则。

“假如女性生来是为了取悦男人，从属于男人的话，那么无疑地她就应该使自己为男人所喜欢，而不是向男人的情欲挑战。他的欲望强烈正是由于她有动人魅力；她应该利用这些魅力迫使他运用自然所赋予他的力量。刺激这些力量的最有效的办法是对他采取抵抗，使他不能不使用这种力量；在这种情况下，欲望和自尊心结合起来的时候，一方在另一方被迫获得的胜利中取得了成功。因此在两性之间产生了各种各样的攻击和防御的方式，一方是勇敢的，另一方是胆怯的；简单来说就是弱者拿出自然所赋予她们的武器——娇媚含羞的样子征服了强者。——见《爱弥儿》。对于这段妙文我除了说它是淫荡哲学外，没有别的话可说。”

困，但毒蛇啮噬着她的心灵，青春时代放荡的恶行，使她带着悔恨，走入坟墓。

这并不是一种过于夸张的描绘，而是非常可能的，每一个留心的人一定会看到类似的情景。

我假定她一切都是顺利的，然而经验证明：瞎子就是在熟习的道路上，也很容易走到壕沟里去。但是，我们也可以这样设想（这设想不是一个完全不可能的揣测）：一个只学会取悦于人的人，一定也会在取悦于人中间取得快乐，这对于她天真无邪的女儿来说将是一个多么愚蠢（即使不是罪恶）的榜样啊！母亲在撒娇献媚中会遭到失败，这时不但不能和女儿友善相处而且还会对她们嫉视，因为女儿们成了她的竞争者。这些竞争者比任何其他竞争者更残酷，因为她们使她相形见绌，并且把这位从来没有想在理性领域中占一席地位的母亲赶下了"美"的王座。

描画这样一个主妇所散布的家庭不幸和轻微恶行，并不需要生动的笔墨或漫画式的鲜明线条。她不过是按照卢梭的理论所教养起来的那个女人的样子做她所应该做的事情罢了。她永不会被人谴责为男子气，或越出了她自己的范围；不但如此，她还可以遵守他的另外一条重要的标准，小心谨慎保护她的名誉的清白以免沾上污点，并被称为"贤良的"女人。可是在哪一方面她能够称得上贤良呢？确实，她不必经过很大的奋斗，就可以不犯重大的罪行；可是她怎样去完成她的责任呢？说实在的，仅仅是修饰打扮和保护一个虚弱的身体就已经使她应付不暇了。哪里有责任可言呢！

关于宗教，她从来不敢自己去做出判断，只是按照一个依赖于别人的人的本分来信守她在其中长大的那个教堂的礼节，她虔诚地相信那些比她聪明的人已经作好安排，不作怀疑是她的最大优点，所以她就缴纳她所应纳的十分之一的薄荷和小茴香*，并且感谢她的上帝她不像其他的女人那样。这就是一种所谓良好教育的可喜的结果！这就是作为男人伴侣的美德！①

我必须描述一个不同的形象，以使我自己舒畅一些。

让我们想象，有这样一个女性，她具有差强人意的理解力（我这样说是因为不愿意把平常的人除外），她的身体由于经常锻炼而获得了饱满的精力；同时她的思想也逐渐发展，理解什么是人生的道德责任，领悟了人的品德和尊严的意义。

她由于履行与她所处的地位有关的义务而形成了这样的品质。她由于爱情而结婚，但并未忘却深思远虑；并且她的眼光能看到夫妇幸福生活以外的事情，她得到了丈夫的尊敬，她没有必要用卑鄙的手段博取丈夫的欢心，以煽起垂死的爱情火焰。当友情和节制代替了狂热的爱情的时候，当对象已变为司空见惯了的时候，这种火焰注定是要熄灭的。这是爱情的自然的死亡，家庭的宁静并没有为那种防止爱情泯灭的挣扎所扰乱。我同时也假设这个丈夫是有品德的；否则她一定需要更多的独立的品格。

---

* 纳于教堂之年赋。——译者注

① 卢梭谈到苏菲时喊道："瞧，她的无知是多么可爱啊，命中注定去教导她的那个男人是多么幸福啊！她永远不会妄想作她丈夫的教师，而是甘心做她的学生。她无意要丈夫屈从她的趣味，而是使她自己去迎合丈夫的趣味。倘若她有学问的话，她还不如现在这个样子较多地受到丈夫的重视，他将在教导她的过程中得到一种快乐。"——《爱弥儿》。我只想简单地问一句：当爱情消失以后，友情怎样能在师生之间继续维持下去呢？

但是，命运破坏了这段姻缘。她变成了寡妇，甚至还没有足够的生活保障；但是，她并不凄凉！她自然会感到痛苦，但是当时间把悲伤冲淡，使她意气消沉地服从于命运以后，她会加倍地喜爱她的子女，渴望把他们抚养成人，这种热情在她的做母亲的责任上涂了一层神圣的、英雄的色彩。她认为不仅现在作为她一切慰藉源泉的子女（他们对她的赞颂就是她的生命）看见了她的辛勤劳苦的美德，而且她因为悲哀而变得茫然出神和激发出来的想象力，会使她抱有一种不大可能实现的希望，希望曾用她颤动的手使之闭合起来的那双眼睛，仍然可以看到她怎样克制了她的一切动心的情欲，来完成她对于子女的母兼父职的双重责任。不幸的遭遇激起的英雄主义，使她能在爱情尚未成熟的时候，便压制住自然性爱的第一次萌动，使她在她生命的黄金时代忘记了她的性别——忘记了那可能重新激发起来的一种觉醒了的爱情的快乐。她不再想到讨别人的欢心，自觉的尊严使她不因为她的行为所得到的称赞而感到骄傲。她的子女占据了她的爱情，她的最光明的希望并非是她在幻想时常去徘徊的那个坟墓。

我想我看到了她的子女在她的周围报答她的关心爱护。孩子们的聪明目光和她的目光遇到了一起，在他们圆圆的面颊上呈现着健康天真的微笑，到他们渐渐长成时，他们出于感恩之心的体贴减轻了她的生活上的操劳。她亲自看见她根据原则所竭力培植起来的各种美德已成为固定的习惯，她目睹她的子女获得了坚强的性格，使他们在忍受艰难困苦时，不忘记他们母亲的榜样。

她这样完成了人生的艰巨任务以后静静地等待着长眠的死亡。她由坟墓中上升天堂时可以对上帝说："看啊！你给了我一千银子,现在这里是五千银子!”*

我希望用短短的几句话对我适才所谈到的做一个总结。我在这里已经提出挑战:我否认美德有性别之分,就连端庄谦逊也不例外。真理,按我理解这个词的意义来说,对男女应该是同样的;然而在诗人和小说家的美丽描绘下的幻想中的女性美德,却要求牺牲真理和诚实,使美德变成了一种只有建筑在功利基础上的相对的概念,而以功利为基础的男人却自认为只要功利对自己有好处,他们就可以随意作出判断。

我承认,女性可能有各种不同的责任要她们去完成;但那都是人的责任,而且我坚决主张,用来指导完成这些责任的原则必须是相同的。

要使她们成为可尊敬的人,就必须运用她们的理智,此外没有其他东西可以作为独立性格的基础;我的意思直截了当地说,就是她们只应该向理性的权威低头,而不能成为舆论的谦卑的奴隶。

在上流社会中,我们要遇见一个具有超级才干,或遇见即使有一般成就的人,是多么困难啊?依我看来这个原因很明显,就是他们的生活环境是个不合理的环境。人类的性格一直是由个人或阶级所从事的活动形成的;并且人的才能如果不是因需要而得到磨炼,那就必然始终停留在愚笨状态。这个论点也可以公平地应用到妇女身上,由于女性难得专心致志地做正经的事情,由于追求享乐,就造成了她们的委琐的性格,而所谓的贵妇人的社交场所之所以索然寡味,其原因也正在此。由于同样的原因造成的缺乏坚定

* 见《新约全书》“马太福音”第25章第14—30节。——译者注

意志，迫使她们全都奔向喧嚣的享乐和弄虚作假的情欲，直到虚荣完全代替了一切交往上的热情，很难令人辨别出人性的特征。目前组织起来的那些市民政权的纵容如此之甚，以致财富和女性温柔同样地趋向于使人类品行堕落，而且是出于同一个原因。但是如果承认妇女是有理性的人，就应该鼓励她们去获取那些可以称为她们自己所有的美德，因为一个有理性的人，怎么能用不是**自己**努力取得的东西来提高自己的身份呢？

第四章　使妇女沦为堕落状态的各种原因的探讨

妇女究竟是天生软弱，还是由于各种客观原因的共同作用而堕落，我想现在是很清楚了。但是我只是要把这种主张和我时常从那些对维护贵族政体敏感的人们的口中听到的结论对照一下。他们说：不要把广大群众看得了不起，否则那些甘供驱使、善于奉承的奴隶们就会目空一切，自高自大，而甩掉他们的枷锁。他们进一步说，当男人只要仰起头来就可以摆脱掉束缚的时候，他们却处处屈服于压力；他们不要求他们与生俱来的权利，而是默默地跪在地上屈服并且说"我们吃吧，喝吧，因为明天我们要死了"。* 我以此类推，证明妇女的堕落也出于同样的习性，她们尽情享受眼前的快乐，最后轻视她们没有足够的德行来争取的自由。但是我必须说得更明确一些。

谈到心灵的培养，大家一致承认这里不存在性别的问题；但是女性在智力方面较差这种区别却永远没有被忽略过。① 女人只是

---

* 见《圣经旧约》"以赛亚"书第 22 章第 13 节。——译者注

① 当男人不根据原则来辩论的时候，他们会陷入什么样的矛盾啊。他们把女人、软弱的女人比作天使，但是却设想优越的人必须比男人具有更多的才智，否则这种优越性是从什么地方来的呢？根据同样的论调，他们放弃冷嘲热讽，承认妇女具有更多的善良感情、虔诚和仁慈。虽然这种提法很有礼貌，可是我怀疑这是真实的，除非承认愚昧是虔诚的本源；因为我坚信，一般说来品德和知识之间的平衡比人们平常所设想的更为相称。

“绝对的可爱”，所给她们的理性是微乎其微的；因为既然不承认她们的天才和判断力，当然也就难于看出还有什么其他能够代表理智的东西了。

灵魂不灭的精义（假如允许我这样说）就在于人类理性的日臻完美；因为，倘或一个人天生就是完美的，或者当他年届成熟时，知识之潮一拥而致使他豁然贯通，不犯任何错误，那么我就要怀疑在他的肉体腐烂以后，他的灵魂是否还存在。但是在目前的情况下，凡是人们讨论不出结果来的、而且渊博的思想家和目光如炬的天才也无法解答的每一个人类道德上的难题，都是我建立灵魂不灭的信仰的依据。因此理性归根结蒂是一种纯粹的进步力量；或者说得更确切一些，是一种辨识真理的力量。在理性方面，每个人各有自己的天地。某个人可能比另一个人或多或少突出一些，但理性如果是来自神的力量，是联系人与造物主的纽带，那么所有人的理性的性质就一定是完全一样的；因为一个人不能运用自己的理性来使自己日臻完美，又怎么能体现神的影像呢？* 可是在外表上被精心装饰起来的女性，打扮得使男人赏心悦目，“他可以和她体体面面地讲爱情”[①]，却不准许她的灵魂有理性特征，男人永远被安置在她和理性的中间，她总是被认为天生就是要通过一个巨大的媒介来看一切事物的，她只能信而不疑。丢开这些离奇的理论不谈，把妇女当作一个整体来看，不管她是什么但却不是男人的

* 蒙博杜勋爵说：“禽兽除非由于我们对它们进行训练而提高天然的本能，否则将永远停留在造化给它们安排的状态中。”蒙博杜（1714—1799）是苏格兰人类学家。——译者注

① 参看弥尔顿的著作。

一部分，那么我们所要问的是，她究竟有没有理性？如果她有理性(暂时我这样假定)，她就不是仅仅为了安慰男人而创造的，而女性也不应破坏人类的品格。

男人犯有这种错误，可能是因为他们对教育抱有一种错误的看法；他们不把教育看作是培养一个人逐渐走向完美[①]的第一步，而仅仅把它看作是一种生活的准备。在这种感觉论的错误(我必须这样称谓这种错误)基础上，建立起来一种关于女性作风的错误理论，它剥夺了全体女性的尊严，不分美丑，把她们都归入到只能点缀这个世界的鲜花之列。这一直是男人们的论调，甚至于具有超人智慧的妇女，也因为怕失去这种假定的女性品格而采取了同样的说法。[②]

① 完美一词用得不十分恰当，但我找不到一个更好的词。

② “享乐是那些下等动物的本分；

上天指定给人类的是荣誉和美德。”

在巴鲍德夫人写出这两行诗句以后，她怎么又能写出下面这段不体面的比喻！

“赠某夫人花卉一幅

花儿赠美人：对您我特意献上这些花朵，
向您致敬，我带来了早春的消息。
花儿香甜艳丽，正如您的柔媚；
它们象征天真，它们也象征美。
格雷丝女神们用鲜花束住她们的金发，
美丽的花环戴在两心相印的情人的头上。
鲜花是大自然所熟悉的唯一华丽服饰，
曾在纯洁无罪的伊甸园中生长。
较高大的树木承担的任务更艰巨；
荫蔽的橡树挡住了狂风暴雨的侵袭；
顽强的紫杉抗拒了敌军入侵的进击，
高耸的苍松为了未来一片常青打下根基；
但是，唯有这娇弱的鲜花不知道忧虑，
仅仅是为了享乐和欢愉而生息。

因此，严格说来，就是否认妇女有理智；并且为了生活的目的，妇女用升华成为机智和狡猾的本能来代替理智。

概括多种思想的能力，即从个别的观察中引申出全面的结论的能力，对一个不朽的人来说，是真正值得称为知识的唯一学到手的本领。对事物只观察而不做任何解释，也许可以（以一种极不完全的方式）作为一种生活的常识，可是当灵魂脱离肉体以后还有什么储存下来的东西可以作为灵魂的表现呢？

他们不仅否认妇女有这种能力，而且那些作家，除少数例外，还都坚持认为这种能力与女性的性格是不相容的。男人如能证实这个说法，我也可以承认妇女只是为了男人而生存的。可是我必须预先说明，在相当大的程度上概括多种思想的能力，在男人或妇女当中都不是很常见的，但是这种能力的锻炼是对于理智的真正培养；而一切事情凑在一起使得在女性当中培养理智比在男性当中培养理智更为困难。

这个论断自然而然地把我引向目前这一章的主要内容，现在我想指出一些使妇女堕落和阻碍她们对观察的事物进行概括的原因。

我不必回到遥远的古代记载中去探索妇女的历史；只要承认

快乐而没有劳苦，可爱而没有心机，
它们开放是为使人赏心悦目。
美人啊，不要害羞，承认你是它们的化身吧！
讨人欢喜就是你的最好的最甜蜜的统治手段。”

男人也对我们说这样的话；但理性对我们说：唯有艰苦的劳动和与世间的忧虑做有益的斗争，才能获得美德。

〔巴鲍德夫人（1743—1825）是英国女诗人和散文家。——译者注〕

她一直是奴隶或者是暴君并且说明这两种处境都同样地阻碍了她的理性的发展就足够了。我始终认为女性愚蠢和恶行的主要根源,是产生于她们的心胸狭隘;而市民政府的规章制度,在培养女性理智的道路上,也设置下了几乎难以克服的障碍;可是德行却又不能建立在其他基础之上。在富人的道路上也有同样的障碍,从而产生了同样的结果。

"需要乃发明之母"是尽人皆知的,这个格言也可以应用到德行方面。德行是后天取得的,并且必须以牺牲享乐去取得它;一个人如果没有经过艰难困苦的磨炼从而心胸不开阔、意志不坚强,或者没有需要驱使他追求学问,这个人肯牺牲那举手可得的快乐吗?为生活上的必要而做斗争的人,是幸福的,因为这些斗争可以防止他们不致因怠惰而牺牲在耗损精力的恶行之下。但是,假使男女从出生起就被安置在热带地方,中午快活的阳光直射在他们的身上,他们怎么能有足够的力量振奋他们的精神去履行人生的责任,甚至于去领略那种使他们发狂的爱情呢?

按照目前的社会风气来说,享乐已成了妇女生活中的正事,假如情况长此不变,我们就不能期望这样软弱的人有多大作为,她们既然从最初一位女性那里直接继承了天然的缺陷,即凭美貌来统治,她们为了维持她们的权力,于是放弃了那种运用理性所能为她们取得的自然权利,宁可作短时期的女皇,也不愿意费气力去取得产生于平等的真正快乐。她们由于地位低下而洋洋得意(这听起来似乎矛盾),经常以女性的身份要求别人拜倒在她们的脚下,虽然她们应该从经验中懂得:那些以无懈可击的真正态度,任意对女性表示傲慢的敬意并以此自豪的男人,往往也就是最倾向于作践和藐视具有他们所喜爱的那种弱点的人。他们常常表现出与休谟*相同的看法。休谟在比较法兰西人和雅典人的性格时，提到女性说："我对雅典人说，这个古怪的民族有一件较为奇怪的事情是：你们在农神节期间主人服侍奴隶的那种玩笑竟被他们经年累月地和在整个一生中认真地继续着，另外还加上了一些条件，因而显得更为荒诞可笑。你们的玩笑仅仅把那些不幸的人们抬高几天，而这些人由于幸运之神的游戏也可以真正永远爬到你们的头上去。但是这个民族却把那些根据天赋应该处在他们之下的，并且有绝对不可救药的低劣品质和缺点的人，严肃认真地捧得高高在上。女人虽然没有品德，但却是他们的主人和统治者。"

我以十分关切的心情这样写道，啊！女人为什么要屈身接受陌生人的这种殷勤和尊敬？这种殷勤和尊敬，并不是出于人与人之间的由人情和文明礼貌所规定的礼尚往来。为什么她们不明白在"年轻貌美的鼎盛时期"之所以被尊若王后，只是因为她们会被空洞的尊敬迷惑，直到她们放弃或不再想掌握她们天赋的权利？此后，她就要像一只金丝雀一样被关在笼子里，除了舒翎剔毛，装模作样地在笼子里跳来跳去外，再也没有其他的事情可做。固然她们不需要劳动就可以丰衣足食，但是这都是用她们的健康、自由和德行作代价换取来的。在世人中，到哪里去找具有坚强意志，肯放弃这些非分的特权的人呢？到哪里去找这样一个具有冷静的理性的尊严，不受世俗意见的影响，敢于以人的天赋权利而自豪的人

* 休谟(David Hume，1711—1776)是英国著名的哲学家，历史学家和经济学家。曾著有《英国史》、《人性论》、《人类理智研究》等。——译者注

呢？当传统的力量扼制着性情并把理性消灭在萌芽状态时，这种希望是无从实现的。

男人的情欲就这样地把妇女安置在宝座之上，在人类没有变得比较更有理性以前，我担心妇女仍会利用她们这种不费丝毫力气就得到手的并且是无可争议的权力。她们会欣然微笑——是的，她们会微笑的，虽然有人要告诉她们说：

> “美丽”的统治是没有中间道路的，
> 女人，不是奴隶就是女皇，
> 在不被崇拜时，会立即遭到侮辱。

但是首先受到的是崇拜，事前并没有想到侮辱。

特别是路易十四，他树立了弄虚作假的风气，并且以冠冕堂皇的方式，使整个民族陷入他的圈套；他建立起一条巧妙的专制枷锁，使一般人民各自为了自己的利益，去尊敬他的地位和支持他的权力。他奉承所有女性，表现一种无聊的殷勤，使妇女在他统治期内得到贵如王侯的荣耀，而这种荣耀却是理性和品德的致命伤。

国王永远是国王，女人永远是女人[①]。国王的权威和女人的色情，永远是双方之间正常合理的交换物。我承认，对于情人她可以有这种交往，她的敏感自然会使她力求激发起感情，以满足她的爱情，而不是为了满足她的虚荣。我不认为这是卖弄风情；这是自然的加矫饰的冲动。在爱情的问题发生时，我只是反对那种没有爱情的性的征服欲。

① 还可以再加上一句：机智永远是机智，因为靠机智和美貌来引人注意和取得胜利的那种愚蠢行动几乎是相等的。

这种征服欲也不限于女人才有，切斯特菲尔德勋爵*曾经说过："我对于她们的容貌毫不介意的二十个女子，曾尽一切力量去博得她们的真情。"一个放荡的人可能一时热情奔放，诱取异性毫无疑心的温情，这样的人和这个冷酷的流氓（我喜欢用这类有分量的词语）比起来几乎可说是一个圣人了。然而妇女只受到如何去取悦于人的教育，当然她们就永远找机会去取悦丁人，以真正的奋不顾身的热情致力于取得不止一人的真情，其目的不过是等到胜利已经肯定或明显之时，再放弃或拒绝它们。

我必须详细地谈一谈这个问题。

我对于妇女因接受琐屑的殷勤而一步一步地堕落下去，实在感到痛心。因为男人认为这种殷勤最适合于他们献给女性，而这种殷勤举动事实上正是带有侮辱别人意味地支撑他们自己的优越地位。对于 个地位低丁自己的人表示敬意，并不是恩赐。当我看到一个男人热心地和认真关切地站起来替妇女拾起手帕或关门时（这些事情只要那位**女士**挪上一两步自己就可以办到），这些礼节在我看来是如此滑稽可笑，以至于使我几乎忍俊不禁。

写到这里，从我的心底涌现一种强烈的愿望，掠过我的脑海，虽然这个愿望可能引起一阵狂笑，但是我仍不能忍住不说。我诚恳希望除了为爱情所激起的行为以外，在社会上看不到男女之间的区别；我坚决相信这种区别是妇女性格软弱的根源，也是使女性

* 切斯特菲尔德（Philip Dormer Stanhope Chesterfield 1694—1773）是英国作家、国务活动家。他把规矩礼仪看作是生活的主要目的，他代表当时一种肤浅的实验哲学，只注意那些直接刺激感官的事物而不探求事物的本源。在他的名著《给儿子的信》中充分表现出"形式完美"的观念。——译者注

孜孜于取得才艺而忽略培养理智的原因;而且同一原因也可以说明为什么她们偏重于娴雅优美,而忽视坚强勇敢。

人类包括各色各样的人在内,都希望凭借某些条件得到别人的爱或尊敬,而普通人将永远采取最简捷的途径来实现他们的愿望。对于财富和美色的尊敬是最可靠的和最无疑问的,因此也自然最容易引起常人的世俗的注意。男人要想由中等地位上升到显要地位,才干和品德是绝对不可缺少的,人所共知的自然结果是中等阶级最富有德行和才干。男人因此至少有在某一个岗位上体面地为自己努力的机会,有靠着这种努力上升的机会,而这种努力是真可以使一个有理性的人真正有所提高的。但是所有女性,在她们的品格形成以前,都和富人的情况一样,因为她们生来(我是指文明社会情况来说)就具有某种性别上的特权;在她们可以无代价地享受这些特权时,当然也就很少有人会再想到以分外的事情来取得少数上等人物的尊敬了。

我们几时听说过,有哪个出身微贱的女人,敢于凭自己的伟大才干和勇敢的品德来要求人们的尊敬的?哪里有这样的妇女呢?"这些人所寻求的只不过就是被人注意,受人侍奉和让别人表示同情、满意和赞扬。"男性读者们看到这段文字,可能喊道:"对极啦!"但是在他们作出任何结论之前请他们记住,这段文字当初并不是为描写女人而写的,乃是指有钱的人说的。在亚当·斯密博士所著《道德情操论》* 中,我看到了有地位的财主们的一般性格,我认

* 亚当·斯密(Adam Smith,1723—1790)是英国资产阶级古典政治经济学最杰出的代表人物。《道德情操论》是他在1759年所发表的名著。——译者注

为它可以非常恰当地应用到女性身上。我希望聪明的读者做一番全面的比较，但是必须先让我引一段文字，以加强我所坚持的论点，作为反对女性品格的最具决定性的论据。因为如果说在贵族中除武士外没有出现过任何一类的伟大人物，那么难道我们不能恰当地推论说：这是因为他们的局限性的处境把他们埋没了以至于产生出类似妇女的性格吗？妇女被有礼貌地放在了她们的地位上因而受到了局限（假使允许我这样说）。对于一般所谓上流社会的妇女，你绝不可当众反驳她们，不能让她们做任何体力活动；如果希望她们具有任何品德，也只能是消极的品德——忍耐、温驯、好脾气和柔顺等。这些品德与任何智力的有力发挥都是不相容的。再者，因为大部分时间都是彼此在一起生活，很少有绝对独处的时候，所以更多地受别人情感的影响而不是出于自己的热情。要使愿望具有热情的力量，使想象力能够扩大对象，把这个对象变成为所最希望的东西，那么幽居和沉思就是必不可少的。这番话，对富人来说也是一样，他们不能充分考虑从热情的思考或冷静的研究中得出来的远大理想使他们获得坚强的性格以作为重大决定的基础。请听一听一个敏锐的观察家对于富贵人物是怎么说的：

> “那些富贵人物对于他们借以取得社会称赞和羡慕的低廉代价是否无所感觉？他们是否想到这种羡慕对于他像对于别人一样必须以血汗来换取呢？年轻的贵族由于祖先的德行使他们高踞于众人之上，他们懂得依靠什么重要的成就，来维持他们地位的尊严，来使他们无愧高踞于众人之上的优越地位吗？它是由于学识、勤劳、忍耐、自制或任何其他品德而得到的吗？由于他的言谈举止一切都被人注意，因之他就养成

了对于自己的每一种日常行为的细节都留意的习惯，并且研究怎样可以十分恰当地完成所有那些琐屑的责任。由于他感到别人对他是多么注意，人们怎样倾向于赞同他的一切嗜好，他在一般场合下的行动也就表现出了这种思想自然会引起来的随随便便和昂首阔步。他的风度、仪表，一举一动全都标志着他有高雅的优越感，这些都是那些生来地位卑下的人所望尘莫及的。他仗着这些手段，使人们更容易地屈服在他的权威之下，以便随心所欲地支配他们的好恶；而且在这方面他很少失望过。由地位和优越感所支持的这些手段，在通常的情况下是足以统治世界的。路易十四在他统治时期的大部分年代里，不仅在法国，而且在全欧洲都被认为是一个伟大君主的最完美的典型。他获得这样高的声誉，究竟他有什么天才和品德呢？是因为他的一切措施都是十分慎重和坚持正义吗？是因为这些措施遇到数不清的危险和困难吗？或是因为他贯彻措施时具有孜孜不倦和不屈不挠的精神吗？还是因为他有渊博的学识、正确的判断力或是英勇的胆量呢？这些品质他一点也没有！但是他首先是欧洲最有权势的君主，因而在各国国王当中占据最高的地位；其次，照他的史官所说，'他在雍容华贵的风度上和优美庄严的容貌上超过了他的所有廷臣。他的嗓音高贵而动人，使他深得在他威严之下的那些人的倾心，他有一种只能与他和他的地位相称的步法和姿态，同样的步法和姿态如果表现在任何其他人身上就会显得滑稽可笑。那些和他谈话的人所感到的局促不安，更增加了他的暗中自满，而感到自己的优越。'这些无足轻重的成就，加之他的地位，此外无疑还有一定程度的其他才能和德行（不过不见得远远超过一般常人），这些似乎就使这位君主受到了他那个时代的重视，甚至还得到了后代人很大的敬仰。在他的时代，在他的面前，一切其他的德行与上面所说的一切比起来，似乎都毫无可取。学识、勤勉、豪迈气概和慈善施舍等等美德在它们面前都拜倒在地，受尽羞辱，而完全丧失了尊严。”

妇女也是由于具有所有这些微不足道的成就而自认为“完人”，因而改变了万物的本性：

她所要做的或想说的似乎都是最聪明的，最善良的，最周到的和最美好的；
一切较高深的学识在她面前要拜倒而降低身份。
智慧在与她谈论时，
也会赧然词穷显得那么愚蠢；
权威和理性对她的差遣，
也都是奉命唯谨。

所有这些都是建立在她的可爱动人之上的！

继续比较下去，我们看到：在中等社会里，男人在青年时代是为了未来的事业而受教育的，并且不把结婚看作是生活中的大事；而妇女则正相反，没有其他计划来增加她们的才能。使她们念念不忘的，不是事业、伟大的计划或远大的抱负；不是的，她们的思想并没有用在建立这些宏伟的整体结构上。要想青云直上并且能任意尽情享乐，她们就必须为了有利可图而结婚；她们为达到这个目的牺牲了她们的光阴并合法地出卖了她们的身体。男人一旦就业，就一直把目光集中在某些未来的利益上（因为把全部精力集中在一个目标上，意志也就坚强起来），并且因为整个时间都用在事业上，所以享乐只被看成是暂时的休息；而妇女却把追求享乐作为生活的主要目的。事实上，由于她们从社会中受到的教育，爱好享乐可以说支配了所有女性，但是这就能证明灵魂有性别之分吗？如果是这样的话，我们说在摧毁人性的专制制度下形成其性格的法国廷臣，不能算是男人，也将同样成为合理的了，因为自由、德行和人性都因爱好享乐和虚荣而被牺牲了。爱好享乐和虚荣一直是统治整个人类的致命的欲望！

按照她们的整个教育方针所培养起来的爱好享乐，在多数情况下，使她们的行为趋向于琐碎的事物；例如，她们总是关心那些次要的事情；并且总是注意那些稀奇的事情而不去尽自己的责任。

男人当他开始踏上他的旅程时，一般地说是有目标的；妇女则多注意偶然的遭际，在途程中可能发生的新鲜事；她注意她可能给她的旅伴造成的印象；尤其重要的是，她专心致志于她的服饰。每当她出现在一个新的场合时，或是按法国人惯用的说法，当她意欲轰动一时的时候，服饰就更成了她的身体的一部分。只是留心这些琐细事物的人，还能有精神上的尊严么？

总而言之，一般的妇女和富有的男女一样，她们获得了文明社会的一切愚蠢和邪恶，却丢掉了文明社会的有益成果。我无须时时表明：我是指整个女性而言，至于例外则不在本问题范围之内。一般的女性，感官受到了刺激，智力遭到了忽视，结果她们成为她们感官的俘虏，并且美其名曰敏感；每逢偶然的感情激动，就可以使她们不由自主。因此文明社会的妇女由于错误的教养而变得如此软弱，以至于在道德方面，她们的情况还远不如听其自然所能达到的程度。她们永远是那么心神不定，坐立不安，她们的过度的敏感不但使她们自己不舒服，而且也使别人——说得轻一点——感到讨厌。当她们应该运用理智的时候，她们整个思想都集中到那些能够刺激起感情的事物上去。她们的行为是不坚定的，她们的意见是摇摆不定的——不是从慎重考虑或进步观点产生的摇摆不定，而是从矛盾的感情产生的摇摆不定。她们由于一时高兴和冲动，对许多事情都具有热情；然而这种热情绝不会集中成为坚忍不拔的力量，很快地就会冷下来；等到热情自行消散，或遇到其他在理性上绝不予以重视的、一瞥即逝的感情时，就产生了无所谓的态度。培养一个人的心灵只在于激起感情，肯定是一种真正的不幸！激起感情和使感情坚强之间是应该有区别的。这样放纵感情而不养成判断力，还能期望有什么结果呢？毫无疑问，结果是一种疯狂和愚蠢的混合物！

这种看法不应只限于对女性适用，不过在目前，我只把它用在女人身上而已。

小说、音乐、诗歌和风流韵事都有助于使妇女成为有感性的人；因此在她们正在获取成就的期间，她们就被培养成了一种痴情的性格；这是她们的社会地位刺激她们所取得的唯一的进步。过分偏重感情当然会削弱心灵方面的其他力量，并且妨碍了智力发展到统治一切的程度。一个有理性的人要想有益于人和满足于自己的地位，智力是应该达到这种程度的。随着生命的发展，运用理智是克制情欲的唯一方法，这是自然的道理。

享乐过度就会造成另外一种后果，我曾经常常因为看到对于精神毁灭的一段有力的描写而深受感动，所说的是一个人在精神上连续不断地渴望享受，但身体已经受伤，除感觉器官外，对于任何事物都不能感到乐趣。然而，妇女却变成了她们的感官的奴隶，因为她们就是靠着敏感来取得她们现在的权力的。

道德学家是不是想要主张：这就是应该鼓励人类半数——女人——以一种无动于衷和愚蠢默认的态度所处的状态呢？仁慈的导师们！创造我们是为了什么呢？也许说是为了保持天真；他们的意思是说保持一种幼稚状态。除非创造我们的必要是能够使男性获得理性的高贵权利，分辨善恶的能力，而我们却躺在来自于其中的尘土里永远不再翻身，否则我们倒不如根本不生到这个世界上来。

妇女由于一种流行的意见陷入各种各样的卑贱、忧虑和悲哀之中，要想叙述这些情形是一言难尽的，这种意见认为妇女与其说生来是运用理智的，不如说生来就是凭感受的，认为她们要取得一切权力必须靠她们的魅力和软弱，即：缺陷美和可爱的软弱！由于可爱的软弱，除了用不正当的统治取得的一些东西而外，她们完全依赖于男人，不仅要他们保护，而且还要听他们的忠告。那么她们不能尽到只由理性才能指出的责任，经受不住旨在加强她们的心智的考验而退缩不前，只是费尽心思在自己的缺点上面披上一层美丽的外衣，以便在酒色之徒的心目中加强自己的诱惑力，也就不足惊奇了，尽管这样使她们降低到不道德的地步。

她们是不折不扣的脆弱，她们不得不仰望男人来取得一切可能的慰藉。即使是遇到最微小的“惊险”，也纠缠着他们来保护，像个寄生虫似的粘住男人，可怜地要求援助；于是她们的当然保护者伸出臂膀或高声呼喊来保护这些可爱的吓得发抖的人，保护她们免遭什么危险呢？也许是老牛的一声吼叫，也许是老鼠的一窜；一只大老鼠可能被看做是个严重危险。纵使她们是柔媚漂亮的；就理性或甚至常识来说，怎么能使这些人不受到轻视呢？

这些恐惧若不是装腔作势的话，可能产生一些讨人喜欢的姿态；但是这些姿态表现了一定程度的低能，妇女在这方面不知不觉地降低了一个有理性的人的身份，——因为爱情和尊重是极不相同的两件事。

如果允许女孩子受到足够的锻炼，不把她们关闭在不透气的屋子中，直到她们的筋肉变得松弛无力、消化机能遭到破坏的话，我坚决相信我们绝不会看到这些幼稚的现象。进一步说，假使女孩子的胆小不受到培养，或者说不被制造出来，而是像对待男孩子的怯懦那样来对待它，我想很快我们就会看到妇女具有更为尊严的形象。不错，那时她们不再同样适合于被称作在男人生活道路上微笑的鲜花；但是她们一定是社会上更受尊敬的成员，并在她们自己理性的光照之下，来完成人生的重要责任。卢梭说："照教育男性那样来教育女性，她们和我们男性越相像，她们支配我们的力量就会越小。"这点也正是我的目的。我不希望她们有支配男人的力量，而是希望她们有力量支配自己。

我还听见人们持有同样歪曲的论调来反对穷人受教育；因为许多论调是以贵族阶级设想的各种不同的形式出现的。他们说："教穷人读书写字就是你让他们脱离上天所给他们安排的地位。"有一个善于辞令的法国人曾经反驳了他们，我要借用他的意见："但是他们不知道，如果他们使一个人成为一只野兽，那么他们每时每刻都有可能看到这个人会变成一头凶恶的猛兽。没有知识就不能有道德。”

无知是德行的脆弱基础！然而，无知是女性本身必备的条件，这样的论点一直是那些最热烈主张男人优越的著述家们所坚持着的。男人的优越不是程度上的优越，而是他们胡作非为上的优越；虽然，为了使别人不反对这个论点，他们以骑士般的宽大胸怀，竭力证明不应该对男女两性做比较；男人生来是运用理智的，女人生来是凭感觉的：灵魂和肉体合起来，由于可喜地把理性与感觉掺和为一个性格，而造成了一个最完美的整体。

敏感究竟是什么？“感受快，知觉快，敏锐的感觉。”这是约翰逊博士*给敏感下的定义；可是这个定义所给我的概念，只不过是最精致简练的直觉概念。不论在感觉上或在实质上，我都看不出有一点神的表象痕迹。无论经过多少次推敲，它仍然属于官能的；这里没有理智存在；火永远不能把铅炼成金子！

我再回到我的旧论点上来：如果承认妇女有不灭的灵魂，那么作为人生的任务，她一定有一种有待发展的理智。当她们为了使现状更加美好（虽然一切事物都证明现状不过是庞大总体的极小一部分），为了眼前的满足而忘却伟大目标时，她们就破坏了天性；不然她生下来就只是为了繁殖和腐朽，再不然就是承认种类繁多的禽兽都具有灵魂（虽然不是有理性的），它们运用本能和感觉可能是在今世采取的一个步骤，以准备在来世取得理性。因此它们将永远落在人类的后边，而人类为什么从生存一开始就有取得理

---

* 塞缪尔·约翰逊（Sumuel Johuson，1709—1784）是英国文学家，《英文字典》（*Dictionary of the English Language*）的编纂人。——译者注

性的能力，则是我们说不出来的。

当我也像讨论一个公民或者一个做父亲的特殊责任那样来讨论妇女的特殊责任时，人们将看到我并无意暗示她们（就多数人来说）应该脱离家庭生活。培根说："有妻子儿女的人就等于给命运作了抵押；因为他们是伟大事业的障碍，不论这种事业是美好的或是有害的，最美好的事业和对社会最伟大的贡献无疑地都出于那些独身的或没有子女的人。"我对于妇女也有同样的看法。但是社会的福利并不是建立在出类拔萃的人们的努力上；假使社会组织得比较合理，那么就更不需要伟大才能或崇高的美德。

在管理家庭和教育子女方面，特别需要理智，在真正意义上的理智，——身心两方面都坚强有力：然而那些通过其著述处心积虑地主张把妇女豢养在家中的男人们，却采用了由粗俗的欲望（这种欲望已使餍足变成挑三拣四）支配的论点，竭力使妇女的身体软弱无力并且束缚她们的思想。但是，即使他们使用这些有害的方法，果真能够利用她们的感情**说服**了她们，使她们安居家中完成母亲和主妇的责任，那么我一定会慎重地反对这样的主张，即主张说服妇女使她们认识到完成这些重要责任是人生的目的，借此把妇女的行为引上正路，这种主张有损于理性。可是，根据经验，如果由于忽略了理智，她们却能够非常认真地追求知识并且同样地或更多地放弃这些家务，虽然人类中绝大多数人永远不会孜孜不倦地追求知识[1]，那么我就可以作出结论说：理性乃是妇女正确地完成任何责任所绝对不可缺少的，并且我还要重复说一遍，敏感并不是

① 广大的群众与其说他们是情欲的奴隶倒不如说他们是食欲的奴隶。

理性。

我仍想把妇女和富人做比较，因为当男人忽视人类的责任时，妇女也会照样模仿；两者不假深思地被共同的潮流带着前进。财富和荣誉妨碍男人开阔他的理智，并且由于颠倒了先苦后乐的自然法则，削弱了他的一切能力。这个法则是从劳动中获得真正的快乐。同样，妇女也可以不费力气地得到享乐——消磨精力的享乐。但是，在世袭的财产没有挥霍殆尽以前，我们如何能希望男人以品德为荣？此时女性仍会以最简便的方法去支配男人，忽视她们的乏味的家务，去尽情享乐，虚度年华。

有位作家说："女人的力量在于她的敏感"；而男人没有注意到由此产生的后果，就竭力使这种力量盖过一切其他的力量。那些经常运用自己的敏感的人最富于敏感，例如诗人、画家、作曲家等。[①] 但是在这样牺牲理性，甚至于牺牲想象力而增加了敏感之后，明哲的男人为什么对她们的善变还要不满呢？男性对女性的注意，对女性的敏感特别起作用，她们由幼年时代起即开始训练这种感应了。丈夫不可能长期地以必要的热情献殷勤去刺激活跃的情感，因此，她那已习惯于活跃的情感的心就转向了新情人，或是默默地枯萎下去，成为美德或谨慎的掳获品。我的意思是说，当她的心真正已经变成那样敏感的时候，她的趣味也就形成了；因为我在时髦的社交生活中所见到的一切，使我能这样下结论：现在的教育方式和我所反对的两性交往方式所培养起来的常常是虚荣心而

① 这一类男人把他们的敏感完全灌注在他们的作品中，使敏感与那些粗糙的材料混合，并用热情来熔铸它们，同时给这个没有生气的铸体以灵魂；但是，在女人的想象之中只有爱情才能聚集这些灵光。

不是敏感；而女人的卖弄风情也往往是出于虚荣心，而不是出于因过分的敏感自然会造成的善变。

另外一个对我说来很有分量的论点，我想对于每一个相当仁慈的人都会有些说服力。那些没有受到良好教育的女孩子，往往被父母残酷地抛弃而没有丝毫生活物资，因而当然就不仅要依靠理性，而且也要依靠弟兄的供养。这些弟兄，从最好的方面设想，都是些善良的人，他们把同一父母所生的子女应该有同样权利的东西当作一种恩赐给了她们。在这种不明显的屈辱处境中，一个驯顺的女性可能相当舒适地维持一个时期。但是一旦弟兄结了婚，——这是可能的情形——她就不再被看作是家庭的女主人而是一个讨厌的侵入者，成为男主人和他的新伴侣的慈善事业的一种不必要的负担。

那许多在身心两方面都同样孱弱的不幸生灵，在这样的情况下既不能工作，又耻于乞讨，谁能说出她所遭受的痛苦呢？那位妻子，一位冷淡无情、心胸狭隘的女人——这个假设不能视为不正当，因为目前的教育方式并不打算使妇女心胸开阔和理智豁达——看到丈夫对他的亲属表现一点仁慈，就要产生嫉妒；她的敏感还没有达到合乎人情的地步，所以看到她的子女的财产，浪费在一个无依无靠的姐妹身上，就满心感到不快。

这些都是实际情况，它们一再出现在我的眼前。其结果是很明显的：妻子用狡猾的手段暗中去破坏她所不敢公然反对的平常的手足之情；她不惜利用她的泪水和抚爱，直到这个“奸细”被逐出她的家门之外，毫无准备地面对世道艰难，被抛到社会上去；或者这位妻子表示一种极大的仁慈——也许出于某种惯例的考虑，送给这个女人一笔勉强能够维持生活的款项，于是她带着这笔钱和未经培养的心灵去过一种郁郁不乐的孤独生活。

这两个女人在理性和人情两方面可能是半斤八两，如果调换一下位置的话，她们可能扮演同样的自私的角色；但是，假如她们所受到的是另外一种教育的话，情况也就会迥然不同。做妻子的不致再有那种自我中心的感觉，理性会教导她不要希冀丈夫的爱情，更不要以这种爱情为骄傲，假使那种爱情使他破坏了他的重要的责任，她也不会仅仅因丈夫爱她，她才爱她的丈夫，而是因为他的德行；那个做姐妹的也可能自己去奋斗，而不至寄人篱下，依人为生。

我的确相信感情和理智一样是靠培养和靠官能的加强（这一点可能不太明显）来启发的。我现在不是在谈瞬间即逝的敏感，而在谈爱情。在两性教育中最困难的一件工作，也许就是安排这样一种教导，那就是既不限制他们的理智，同时也使他们的心里充满了由青春时期应该激发起来的活力所温暖的感情，也不要因为把思想用在离开生活较远的研究上而使感情陷于冷淡。

在妇女方面，当她们接受了经过周密考虑过的教育以后，她或是成为高雅的，充满离奇幻想的，多愁善感的贵妇，或者仅仅是个会当家的主妇。后者常常是亲切、诚实的人，有聪敏的良好理性和世俗的谨慎，她们虽然缺乏远大志向和风趣，但是和那些文雅多愁善感的贵妇人比起来往往是社会上更有用的成员。知识界的门对她们是关闭的。离开家庭生活和四周的环境她们就无事可做；精神找不到寄托，因为文学虽然是丰富的消遣资料，但是她们从来没有想到去欣赏它，并且还往往加以蔑视。那些受到更多教养的女性的感情和趣味在她们看来是非常可笑的，即使对于那些由于机会和家庭关系使她们热爱的人也是如此；至于那些仅仅相识的人们，她们就认为那是装腔作势。

一个有见识的男人之所以爱这种妇女，只是因为她是女性；之所以尊敬她，是因为她是个可靠的仆人。为了自己图清静，就任凭她去责骂仆婢，让她穿上等材料缝制的衣服到教堂去。一个与她的智力相等的男人，大概就不会同她和美相处，因为他可能希望侵犯她的特权，并由他自己来管理一些家务；然而妇女由于她们的心胸未被培养得广阔，她们固有的自私自利的感觉没有由于深思而变得宽宏大量，是极不适合于管理家庭的，因为由于她们权力的过分扩张，往往采用专断的方式来维持只凭豪富建立起来的优越地位。这种恶行，有时更为严重，仆人得不到丝毫自由，她为了盛宴款待高贵的女宾或为了在邻里之间夸耀她的服饰和排场，不惜使仆人们做力所不及的工作。她照管子女的时候，一般是极尽奢华地来打扮他们；这种爱护无论是出于虚荣或是出于溺爱，都同样是有害的。

此外，有多少妇女整天都郁郁不乐地过日子，或者至少在她们的晚上都郁郁不乐。她们的丈夫承认她们是精干的管家人和忠贞的妻子，但是却离开家去寻找更有趣的——请允许我用一个意味深长的法国字——富有刺激性的(piquant)交际；这个有耐性的苦人儿，就像磨房中蒙了眼睛的驴子一样，完成了她的工作，但是她应得的报酬却落了空，她应得的工资就是她丈夫的爱抚；自身具有极少资本的妇女，绝不能忍受这种剥夺自然权利的行为。

高雅的贵妇人正相反，对她们的教导是用蔑视的眼光来对待日常的生活琐事，虽然她自己只不过稍具一点在程度上略胜于常识的才能；因为严格地说来，即使是体力方面的才能，除非她的智力因锻炼而加强，否则也不可能达到任何精确的程度。趣味没有原则作为基础，不免是肤浅的；美质必须从比模仿更为深刻的东西中产生出来。但是，一旦幻想被刺激起来，感情即使没有失去天真，也就变得过于苛求，或者心地虽然仍保持着纯洁，却不能取得恰当的判断，尽管它变得非常温和。

这些妇女往往都是可爱的，和那个手胼足胝的家庭苦工比起来，实际上在她们心里对于一般的仁慈更加敏感，对于生活文明化的感情有更多的感受；但是，由于缺乏适当分量的深思和自制力，她们只能唤起爱情，在她们得到丈夫的爱情时，成为他们的情妇，并且成为丈夫的男性相识的精神恋爱的朋友。这些都是造化方面的美好缺陷；她们被创造出来，似乎不是为了享有异性的友谊，而是为了把男人从正在堕落到绝对的兽性中解救出来，解救的办法是磨去他性格上粗鄙的棱角，并且尽量调情嬉戏使他的亲近女性的欲念不失体面。全人类的仁慈创造者啊！你创造出女人这样一种生物，她能在你的造物中探索到你的智慧，并且感觉到由于你的品质高于她的之上，你是独一无二的，难道她就没有其他更好的目的吗？她能够相信她被创造出来，只是为了必须向与她相等的男人——和她一样被送到这个世界上来以取得美德的生灵——表示屈服吗？当她的灵魂能够上升到你的身边时，她能够同意她的生存仅仅是为了取悦于男人，作为世界上的点缀品吗？当她应该与男人一同登上知识的险峻峭壁时，她能够就那样无所事事地待在那里，依靠男人运用他的理性吗？

倘若爱情是一种至善的美德，那就只教育妇女去激发爱情，让她们发挥所有的魅力去麻醉人们的感官吧；但是倘若她们是有道德的人，那就应该让她们有机会变成有才智的人；让她们对男人的爱只是普遍的爱中热情洋溢的一部分，普遍的爱施于全体人类之后升华成为对上帝的感恩的崇拜。

履行家务方面的责任需要很大的决心，并且也需要真正的毅力。这种毅力是需要比感情更坚固的东西来支持的——不管那种感情是多么强烈和多么真挚。要做一个井然有序的榜样，一个有道德的人必须在行为上采取严格克己的态度，而这是一个自幼就受其感觉驱使的人所做不到的。任何人从理性上想成为一个有用的人，就必须有一个管教计划，并且在履行最简单的责任时，我们也常常不能不违背我们一时出现的慈悲心的怜悯来管教。严厉往往是热爱的最可靠的和最崇高的证明；由于缺乏控制这种感情的力量，由于缺乏崇高威严的爱（这种爱使人意识到被爱者的未来幸福比他的眼前的满足更重要），所以许多溺爱的母亲惯坏了她们的子女，从而发生了一个疑问：究竟忽视和纵容哪一种害处最大？据我想，还是后者的危害更大。

人类似乎都认为孩子在童年时期应该由母亲来管教。现在，从我所能观察到的一切情况看来，富于敏感的妇女最不适于这项工作，因为她们必然为感情所驱使，惯坏了一个儿童的性情。性格的培养是教育最初的和最重要的一部分，需要根据理性做沉着冷静的观察；管教计划既不是专横压制的，也不是溺爱纵容的，而富于敏感的人则不是陷入这个极端就是陷入那个极端，始终不能做得恰如其分。我曾经根据这种推理进一步得出结论说：一个有天才的人最不适于从事教育工作，无论是学校教育或是家庭教育。这类比较罕见的人对事物的看法过于笼统，并且难得（假如曾经有过）有好的性情。经常平心静气，我们通常所谓的好脾气，也许是难得与伟大的智力或强烈的感情相结合的。有些人以好奇和羡慕的心情追随奔放不羁的天才，或是以比较冷静的赞许心情，吸取渊博的思想家苦心为他们准备的教训，一旦他们发现天才人物暴躁易怒和思想家们愁眉苦脸，他们是不应该感到厌恶的。因为活跃的想象力和极强的理解力与有礼貌的谦恭文雅是难以相容的，这种谦恭文雅至少会使一个人屈从于别人的主张和偏见，而不是直率地对抗这些主张和偏见。

但是在讨论教育或者礼貌问题时，可以不去考虑那些智力卓越的人，可以让他们听其自然；现在需要研究的乃是广大群众，他们的能力平平，要求受教育，并且受到他们所处的环境的影响。对于这些可敬的群众，我主张无论男女都不应当在安逸、怠惰的温床中增加他们的情感而牺牲他们的理智；因为除非有智力作为基础，否则他们就永远不会成为一个有道德的人，也不会成为自由的人：一个建立在财产或者真正才能基础之上的社会上层人物，将永远使那些在情感上时而怯懦时而凶猛的奴隶在它面前屈服。

有人从另一个角度来看这个问题，提出许多似乎有道理的论点，他们认为男人在道德上和身体上常常看不起妇女是根据自然之理。我必须评介几个这样的论点。

人们在谈到女性的理智时，往往带有藐视的口吻，认为女性智力比男性智力成熟得早。关于这个问题的解答，我不准备引用考利*、弥尔顿和蒲伯[1]等人的早熟的理性和天才来证明，而只是凭经验来断定青年男子很早涉足社会（这样的例子现在很多），是否会同样有这种早熟现象。只要一提到早熟现象，就会使所有出入社交界的人想到：一群装模作样的小大人，在他们正应该转陀螺、滚铁环的时候，却被送进成人社会，因此他们的智力是有限的。这是众所周知的事实。

某些博物学家也主张男人在三十岁以前还没有充分发育成熟，而女性在二十岁时就已经成熟了。我认为他们的立论的根据是不正确的，他们被男性偏见引入迷途，认为“美”是女人的完全成熟，他们以庸俗的眼光来理解“美”这个词，认为它只是面貌和容颜的美，而男人的美，则可以和心灵有若干关系。就体力和法国人所谓面相（physionomie）的那种面貌特征而言，妇女和男人一样，三十岁前还没有发育完全。孩子们的天真顽皮确实可爱，使人高兴，然而等到少年的可爱的朝气已经消失，这些天真的表现就会成为装腔作势，并使每一个有鉴赏力的人讨厌。在女孩子的面容上，我们所要看到的是活泼愉快和羞涩腼腆；但是青春一过，我们希望在她们的脸上看到的就是比较稳重的意味和情欲的迹象，而不再是血气旺盛的笑靥；希望看到她们的个人性格——这是巩固爱情的唯一条件。[2] 这时我们希望同她们谈话而不去爱抚她们；希望我

* 考利（Abraham Cowley，1618—1667）是英国诗人。十五岁时即负有诗名，当时一般人都认为他是伟大的诗人。——译者注

① 此外还有一些其他的人。

② 爱情的力量一般来说是与所爱的对象的一般性格同等相称地潜留在个人性格中。

们有发挥想象力和表白内心感受的机会。

在二十岁时男女两性的美是相同的；但是男性的放荡使他认为有差别，而已经衰老的风流女子一般也具同样的见解；因为她们当撒娇献媚不能再刺激起爱情的时候，就在青春活力和保持青春上下工夫。法国人的美的概念中包括更多的心灵之美，所以他们认为三十岁的妇女才是最美的。我的意思是说，他们认为当青春活泼被理性和严肃认真的性格（它标志成熟或停止发育）取而代之以后，妇女才达到最完美的境界。在二十岁以前的少年时代，身体正在发育，由二十到三十岁体格渐渐达到结实的程度；柔软的肌肉一天一天地坚强起来，使面容上显出了特征；这也就是说，它们以命运的铁笔描画出内心的活动，不仅告诉我们有些什么内在的力量，而且还告诉我们这些力量是怎样被运用的。

有一点应当注意到，凡是成熟晚的动物都是生命最长的，并且是最名贵的品种。但是，男人在长寿上，却不能说有任何天赋的优越性，因为大自然并没有使男性在寿命方面有什么特殊。

多妻制是另一个贬低妇女身份的具体表现。人们从已经证明了的事实中寻找似乎有理的理由为破坏一切家庭道德的风俗习惯作辩护，这样的事实就是，凡是实行多妻制的国家，出生的孩子中女的多于男的，这看起来好像出于自然的缘故，既然是出于自然，合理的想法显然就必须对自然屈服。显而易见，进一步的结论是：多妻制是必要的，妇女必然要低劣于男人，并且是为男人而创造的。

我们对于胎儿在子宫中形成的情况是很不清楚的；但是女多于男这种现象，我以为可能出于偶然的身体上的原因，并且证明它不是出于什么自然的法则。我在福斯特所著《南海群岛游记》中看到了关于这个问题的几段恰当的评论正可以用来说明我的意见。他观察到:在动物的两性中,体质最强健和情感最热烈的往往占优势并且生产出它的同类:随后他补充说:"假使把这一观察结果应用到非洲居民身上,很显然,那里习惯于多妻制的男人们,由于在许多女人身上纵欲而衰弱,所以他们的精力就比较不足;而那里的妇女正相反是比较热情的,这不仅是因为她们有更易于受刺激的神经,更敏感的身体组织和活跃的想象力;而且同样也因为她们在结婚生活中,被剥夺了所应得的肉体之爱,在一夫一妻制的情况下,这种爱应该全部属于她们;由于以上几种原因,遂致所生的孩子女多于男。"

> "在欧洲大部分地区,最精确的死亡率记录表证明:男女的比例数几乎相等,或者,如果有差别,也是出生的男子多于女子,其比例数为105与100。"

由此可见,多妻制是没有必要的;不过,当男人诱奸了一个女人,我想这应该被称作"左手婚姻"*,那个男人在**法律上**是应该负起赡养那个女人和她的子女的责任的,除非因通奸造成的自然离异使那一条法律无效。只要由于妇女的软弱造成诱奸,而"诱奸"这个词被用来作为她们意志薄弱和缺乏原则的辩护,这条法律就应一直有效;不仅如此,在她们仍以依靠男人为生,而不用自己的体力或脑力劳动来谋生的时候;这条法律也是不应该废除的。但

* 原文为"left-handed marriage",在这种婚姻情况下,妻子没有继承丈夫遗产之权,儿子没有继嗣权。——译者注

是就这种关系的全部意义来说，这些妇女是不应该被称为妻子的，否则结婚的真正目的就要遭到破坏，而一切出自个人忠实、使男女结合圣洁并表示亲爱的感情，在既无爱情又无友情地把两个人的心连在一起的时候，一定会变成为自私利己的行为。那个对她子女的父亲表示忠诚的女子，需要受到尊敬，不应该被当作一个出卖贞操的女人看待；虽然我毫不犹豫地承认，男女为了生养后代确有同居的必要，但是男人的妻子超过一个，这绝不是自然应有之意。

虽然我十分尊重婚姻制度，把它看作是几乎一切社会道德的基础，但我仍然不能不对那些被摒弃于社会之外的不幸女性表示深切的同情；她们因为一步走错就被夺去了爱情和被断绝了亲属关系，而这些关系都是有利于心地和思想的发展的。甚至常常不应该说这是她们的"过错"；因为许多天真的女孩子由于真诚和钟情而变成受骗的傻子，而更多的是在她们还不明白美德和恶行的区别的时候，说得重一点，就被**毁灭**了；她们所受的教育使她们伤风败俗，所以她们弄得名誉扫地。收容所和救济院都不是这种弊害的正当补救办法。世界上所缺少的是公平正义，而不是慈善施舍！

已经丧失了名誉的女人想象她已经堕落到不能再堕落的地步，至于要想恢复她以前的地位那是不可能的；无论怎样努力也不会洗去这个污点。这样失去一切鼓舞的力量，而又没有其他维持生活的办法，于是卖淫就成了她唯一的出路。由于环境的关系，她的品格很快地堕落下去；除非她具有异乎寻常的理智和崇高的精神，这个可怜人对于这些环境是无能为力的。男性从无必要以出卖贞操为职业；而被迫逐步地走上这条罪恶道路的妇女则不可胜数。但这在极大程度上产生于妇女所受的好吃懒做的教育；她们经常被教导仰仗男人来维持生活，并且把她们的身体看做是男人尽力赡养她们应得的报酬。娼妓习气和整套淫荡学问与食欲或虚荣相比是一种更强有力的刺激；这种批评使一种流行的意见获得了力量，那就是妇女一旦失去贞操就失去一切可尊敬的东西。她的品格决定于遵守一种美德，虽然她心中所孕育着的唯一情欲是爱情。不仅如此，妇女的荣誉甚至于不能由她自己的意志来决定。

当理查逊*使克拉丽莎**对洛弗拉斯说他破坏了她的名誉的时候，他一定是对于荣誉和美德抱有奇怪的想法。① 因为一个能不经自己同意而被认为堕落了的人的处境是一切悲惨处境当中最悲惨的！我曾经听见有人替这种严酷的过分行为辩解，认为它是有益的错误。我要用莱布尼茨***的话来回答这个问题："错误往往是有益的；但那一般是为了纠正其他错误。"

世间许多有害的事情都是由于过分地要求眼前享受而产生的。在婚后要求妇女服从就属于这一类：心灵由于倚赖权威而自

* 塞缪尔·理查逊（Samuel Richarsson，1689—1761）是英国小说家，他的小说含有教训目的，他批评贵族道德的堕落，同时肯定那些符合于他的资产阶级清教思想的道德原则。他断言凡是败坏了道德的人，尽管他自己并无罪过而只是其他人的罪恶的牺牲品，结果他自己还是一样要灭亡。——译者注

** 克拉丽莎是塞缪尔·理查逊的名著《克拉丽莎》的女主人公，克拉丽莎出身于上流社会资产阶级家庭，是一个性格愉快、生气勃勃的女子，她虽遵守道德规范但不能容忍父母的包办婚姻，在她彷徨歧路的时候受了外表动人但本质极端腐化的年轻人洛弗拉斯的诱骗，帮助她逃出家庭。在克拉丽莎失身于洛弗拉斯以后，她忍受不了这种打击，几经折磨之后终于死去。——译者注

① 当爱德华·杨格在他的戏剧中谈到那种耻于见人的不幸的时候，他支持同样的意见。〔爱德华·杨格（Edward Young），1683—1765，是英国作家。——译者注〕

*** 莱布尼茨（Leibnitz，1646—1716）是德国哲学家、数学家。——译者注

然被削弱，从来没有发挥过力量，这样，那个顺从的妻子也就成了一个软弱、懒惰的母亲。或者，假定这不是一般常见的后果，但是在只培养她们的消极品德时，就很少考虑到她们将来的生存。因为，在讨论到道德时，特别是在指女性道德而言的时候，作家们总是在一种非常狭窄的意义上来考虑美德这个词，他们以单身一人的世俗功利作为它的基础；不仅如此，而且给这个伟大的建筑物设置了一个更为软弱的根基，也就是说把男人的反复无常、动摇不定的感觉当作美德的标准。是的，美德正如宗教一样，已经是由趣味来决定的了。

男人妄想从女性那里取得人生的重要乐趣，他们就急于使女性趋于堕落，于是男人的虚妄的荒唐可笑触目皆是，这种情形即便不使我们受感动，也会引起我们的轻蔑的讪笑。我常常十分自信地用蒲伯的讽刺来反责男人；或者坦白地说，他的那种讽刺在我看来是适用于全人类的。人类似乎不是爱权势就是爱享乐；那个在家庭的小圈子中统摄一切的丈夫只想到他个人的享乐和方便。长此下去，无节制地爱好享受，确实会使某些谨慎的男人或者那些为有个可靠的姘居者而已婚的浪荡公子陷入这样的地步，以至他们自己的妻子走入歧途。海门*赶走了廉耻，贞洁的爱情也就逃之夭夭了。

如果把爱看成是一种兽欲，它就不可能长期维持下去。这种欲火本身的熄灭，可以说就是爱情的突然死亡。但因此而变得放荡的妻子就要设法弥补由于丧失了丈夫的殷勤而遗留下来的空虚；因为在她被当作女神一般对待以后，她就不能再满足于仅仅做

* 海门（Hymcn）是希腊罗马神话中司婚姻的神。——译者注

一名高级的女仆。她仍然体态优美，她不把钟爱转移到子女身上，而只是梦想享受生命的欢快。此外，有许多丈夫非常缺乏常识和父爱，在最初的耽于淫欲的兴奋状态下，不准他们的妻子亲自哺乳子女。她们只是为打扮起来取悦丈夫而生活，因此，当一种责任的履行为纵欲而牺牲的时候，爱情即使是纯洁的爱情，不久也就沦为淫荡。

对外貌的爱恋是值得庆幸的友情基础；但是，当两个品德优秀的青年结婚以后，如果能有某种情况使他们的情欲受到阻碍，如果回忆以前的爱慕或是失去的恋情，至少能使他们一方面成为一个建立在敬重上的伴侣，那也许是可以庆幸的。在那种情况下，他们就会展望将来，并且制订一个调节友情的计划，以使整个一生成为可尊敬的，这种友情只有死神才能把它拆开。

友情是一种严肃的感情；因为它是建立在原则之上的，并且是依靠时间巩固起来的，所以是一切感情中最崇高的感情。爱情可以说正好相反。爱情和友情在很大的程度上不能在同一个人的心里存在；它们即使是由不同的若干对象所激发起来的，也要互相削弱或破坏，而对于同一个对象，则只能先后存在。对空虚的恐惧和因喜爱而造成的妒忌，一旦遇到适当时机用巧妙方法来加温，就可以煽起爱情之火焰，可是两者都不能与友情的无间信任和真诚敬重并存不悖。

天才家们的妙笔所描画的爱情，在这个世界上是不存在的，或者只存在于那些作这种危险描绘的人们之美妙热烈的幻想中。我之所以说危险，是因为这种描绘不仅为那些以多情善感之名来掩饰纯粹肉欲的好色之徒提供一种好听的借口，而且还散布弄虚作假的风气和败坏道德的尊严。按美德本身的词义来讲，即使看来不是严厉的，也是严肃的；那么要想以享乐的外衣骗取它（因为这个词常常被用来表示美丽），就无异于在流沙之上抬高它的地位。这是以表面的尊重来促使它堕落的最阴险企图。其实在现实生活中，美德和享乐并不像某些善辩的作家所努力证明的那样紧密地结合在一起。享乐为我们准备了行将凋谢的花冠和令人沉醉的旨酒；但是美德所给的果实是劳动的报酬，随着它的成熟我们逐渐看到了它，它只给我们以平静的满足；不仅如此，而且看来好像是事物发展的自然结果，却几乎不为人们所注意。面包是生活中的普通食物，它支持身体并维护健康，但很少把它看做是一种上天的恩赐；羊羔美酒使人精神振奋，大饱口福，虽然疾病甚至死亡潜伏其中，但人们还是喜欢盛宴。借用这个比喻，那种富于活泼热烈幻想的人，同样地像幻想用大胆从天上彩虹中窃取来的鲜明色彩描绘一切其他图画一样绘出一幅爱情的图画，这幅画表明一个在这个世界上遭到非难的人想要用追求一种达不到的尽善尽美来证明爱情的高贵起源，他一直在追求他承认是瞬息即逝的梦幻。具有这种强烈色彩的幻想，能使虚无缥缈的东西得以存在，使一个人因现实生活索然寡味而自然产生的虚幻梦想得以巩固。所以它能用天国的魅力来描绘爱情，并沉迷在那个伟大的理想对象的身上——它能幻想出一定程度的互相爱慕，这种爱慕使灵魂趋于优美并且在引导人们达到极乐之境后也不会消灭；同时像虔诚的信仰一样，使它吸收了一切卑劣的感情和欲望。他们在彼此拥抱中就像置身在顶端已消失在云雾中的圣殿里一样，已经与尘世隔绝，凡是不能培养纯洁爱情和持久美德的思想和愿望都消失了。啊！持久的美德！令人尊敬的幻想家，卢梭！你的乐园很快就要为不速之客的闯入所破坏。如同弥尔顿的乐园一样，里面只能容纳天使或者是已经失去了有理性的人的尊严的人。快乐不是物质，它是看不到、摸不到的！可是每一个人对“幸福”（每人依自己的幻想各有其所设想的“幸福”）的热烈追求，却宣布人类是世界上的主宰，是一个有理性的动物，他们不是接受快乐，而是要去取得快乐。因此，那些对情欲的虚幻骗人感到不满的人们，没有想到他们所反对的，正是灵魂不朽的有力的证据。

让那些优越的人去纠正他们自己，为他们的经验付出巨大的代价吧，但是必须说明，我之所以希望用锻炼理智的方式来保卫妇女的心灵，目的并不是反对她们有强烈持久的情欲，而是反对那些浪漫的动摇的感情，因为那些天堂般的冥想，常常是饱食终日游手好闲的结果，不是活泼的幻想的结果。

妇女很少有足够严肃的事情来平静她们的感情；身边的琐事或虚荣的追求使她们耗尽身心两方面的精力，自然而然地就变成了只不过是个感官的对象。简单来说，整个女性教育（社会教育）的意图是要使那些处境最好的妇女变得浪漫、轻浮，要使其余的妇女变得虚荣和卑鄙。在目前的社会情况下，我担心这种弊端是很少能够得到纠正的；假设另有一种比较远大的抱负能够取得优势的话，妇女或许可能比较接近自然和理性，并且随着她们的日趋高尚，而变得更有道德、更为有用。

但是，我还要冒昧地肯定，当人类大多数还是以在尘世上炫耀为主要愿望时，妇女的理性就永不会获得足够的力量来调节她们的行为。纯朴的爱情和最有益的美德都为这种不健康的愿望而牺牲了。女孩子结婚的目的，借用一句意味深长的俗话来说，就是为了富贵荣华，并且用全力控制住自己的感情，在一个特别有钱的男性前来求婚以前，绝不陷入情网。关于这个问题我将在下一章中详细讨论；现在只须在这里提一下年轻妇女常常遭到成年人自私自利的精明谋算，以致她们的青春热情冷了下来，从而趋于堕落。

从这同一个来源产生了一种意见：认为女孩子应该把她们的大部分光阴用在针线活计方面；然而，因为这种事情把她们的思想限制在她们的身体装束上，所以比一切其他可能为她们挑选的事务更钳制了她们的才智。男人吩咐别人为他缝制服装，交代之后，就算完事；但是妇女要自己来缝制一切必需的或是作装饰用的服装，因而就喋喋不休地来谈这个问题；她们的思想也就随着她们的双手而活动。实际上使她们意志消沉的，不是因为缝制必要的服装，而是那些衣服上的花花朵朵。生活环境较差的妇女，为她的丈夫、孩子缝制衣服，是尽她的责任，这是她家庭事务的一部分；但是对那些既要穿得漂亮但又没条件置备而只好自己缝制服装的妇女，它的害处就不仅是时间上的损失。要使贫苦阶级的妇女有道德，就必须使她们有工作，那些中等阶级的妇女如果没有模仿贵族的时髦，不想取得清闲自在，正可以雇用这些贫苦妇女，同时她们自己就可以亲自来管理家务，教导子女和锻炼自己的心灵。园艺，文学和实验哲学可以提供给她们以思考的问题和谈话的资料，这样就可以在一定程度上锻炼她们的理智。那些并没有一天到晚不动地坐在椅上织花边、结丝带的法国妇女的谈话固然往往是肤浅的，但是我认为，和英国妇女比较起来，她们的谈话绝不像那些把光阴都消磨在小帽子、大帽子以及一切装饰品的把戏（更不用说买东西、讲生意等等)上的英国妇女的谈话那样枯燥无味。由于这些事情而堕落的止是那些正派的谨慎妇女,因为她们的动机单纯为了虚荣。那个运用她的审美力,使她的情欲变成诱惑力的荒唐女人,在她的心里另有一些别的想法。

这些意见都是根据以前我提出来并且无论怎样经常强调都不为过的总的意见推论出来的,因为在谈到男人、妇女或职业的时候,都可以看出,一般的性格和个人的性格都是由运用各种思想形成的。妇女的思想始终围着她个人的容貌身体转,那么她们把身体看作是最宝贵的又有什么奇怪呢?但是,即便就是为了身体的成长,也还是需要相当程度的心灵自由的,也许这就是某些温柔的妻子除了有女性的吸引力外很少有其他吸引力的一个原因。此外,坐定不动的工作造成大多数妇女的病态——对于女性美的错误观念使她们以这种娇弱自豪,虽然这种娇弱是另一副枷锁,它使她们经常注意体态,因而束缚了心灵的活动。

有品格的妇女很少亲手裁制衣服,因而只运用她们的欣赏力,并且在她们化妆完毕以后,不再去想那些装饰品,所以她们能够安闲自在;而那些单纯为修饰而修饰的妇女,在她们的举止上就很少出现这种现象。事实上,我对最富有才智的中等阶级所表示的意见,并不适用于全体妇女;因为那些上层社会的妇女,她们至少对于文学略知一二,并且由于时常与男人谈论一般性的问题,所以比起那些一味模仿她们的时髦和缺点而又未享有她们的利益的妇女,获有较多的知识。从广义上来说的美德,我在下层社会中见到的最多。许多贫困的妇女,以她们血汗来抚养子女,维持着因做父亲的人们有败行而行将离散的家庭;但是上流社会的妇女积懒成性，不积极地去修养品德，所以与其说文化使她们变得高雅，倒不如说使她们变得软弱。的确，我在那些难得有机会接受教育然而却表现出英勇行为的贫苦妇女中，见到她们所表现的良知良能，有力地证实了我的看法：一切琐碎无聊的事情使妇女成了琐碎无聊的人。男人占有女人的身体，[①]而对她的思想却任其腐化；所以在肉体之爱损伤了男人的元气时（因为那是他所喜欢的消遣），他们就要进而奴役妇女：——谁能说出还要经过多少世代才能使这些卑贱奴隶的后代获得自由，具有生气勃勃的美德和才能？[②]

在探索那些依我看来曾经使妇女堕落的原因时，我只谈到那些普遍影响整个女性的道德和行为的原因，并且我清楚地看到，这些原因全都是因缺乏理智而产生的。缺乏理智，究竟是因为身体的机能弱点还是因为偶然的官能缺点，只能有待时间来决定；因为我不准备强调那些曾受过男子教育，获得了勇气和毅力的少数妇女的例子[③]；我只是认为男人处于同样环境下就会获得同样的品格——在这里我说的是一般的男性，至于那些才华出众的男人已从某一个阶层中产生出来，而在那个阶层中妇女却从来还没有取得地位。

---

① 兰格尔(Ranger)说过："我占有她的身体。"

② "假设妇女自愿为奴隶——任何种类的奴隶总是不利于人类幸福和进步的"，见《诺克斯文集》。

③ 萨福(Sappho)、爱洛漪丝(Eloisa)、麦考利夫人(Mrs. Macaulay)、俄国女皇、埃翁夫人(Madame d'Eon)等。这些妇女以及一些其他妇女可以作为例外；男英雄们不是也和女英雄一样，属于一般规律的例外吗？我希望看到妇女既不是女英雄也不是禽兽，而是有理性的人。〔埃翁夫人(1728—1810)， 法国间谍。在俄国和英国伪装贵妇进行活动，颇有作为。直到在伦敦死时验尸，被确认为男性。——译者注〕

第五章 驳斥某些作家把妇女看作可怜对象的近于污辱的谬论

在讨论妇女性格和教育问题的某些现代出版物中有些意见得到表面上合乎情理的支持，这就使得许多以更加轻率态度涉及女性问题的评论都带有这些意见的论调，我们现在要对这些意见做一番考查。

第一节

我将从卢梭开始，对于他关于妇女性格的看法，用他自己的话作一个简明的概括，同时加以评论并提出一些意见。的确，我的评论都是从一些简单原则出发的，并且可以从我前面所说的一些话中推论出来；但是他的那套武断的理论提得非常巧妙，因而似乎有必要更详细周到地来加以批驳，因此我亲自来担任这项工作。

卢梭说苏菲应该是一个完美的女人，正像爱弥儿*是一个完美的男人一样，要使她成为完美的女人，就必须研究自然赋予女性的性格。

---

* 卢梭名著《爱弥儿》中的男主人公。——译者注

他进一步就去证明妇女因为体力不如男人，所以应该是软弱的和被动的，从而推论说女人生来就是为取悦男人，服从男人，所以她的责任就是尽量迎合她的主人，这就是她生存的伟大目的。[①]不过，他对于色欲，还要给一点虚假的情面，因而说当男人在女人身上寻欢取乐时，他不可施加暴力，而是要凭女人的自愿。

> "因此我们从两性体质的差异上得出了第三个结论，那就是强者在表面上应该是主人，而实际上却应该依赖于弱者。其所以如此，并不是由于男人轻浮地向女人献殷勤或者由于他以保护者自居表现出的虚荣心，而是由于一种不变的自然法则；这种法则使女人很轻易地刺激男人的性欲，而她让男人满足性欲就比较困难，从而使男人要依女人的兴致为转移，迫使他反过来尽力取悦于女人，以便使她承认他是强者。[②] 在这种情况下，男人在他胜利的时候所感到最欢心的是不知道究竟是女人的软弱屈服于他的强力，还是她心甘情愿地接受他的宠爱；而女性一般也都相当狡猾，对这个问题不给肯定的回答。在这方面，女性的想法也完全符合于她们的身体情况。她们不但不以自己的软弱为羞，反而以此为荣；她们的柔嫩的肌肉是没有抵抗力的；她们承认手无缚鸡之力，如果被人认为强悍健壮就会害羞。这些都是为什么呢？不仅是为了显得窈窕，而且是为了进行巧妙的预防。她们要先给自己找一个借口，并在她们认为合适的时候能有一

① 我已引用过他的原话。见第 3 章开始的第一条附注。

② 完全是胡说！

种表示软弱的权利。”

我引用这段文字，以免读者怀疑我有意歪曲作者的推理，来支持我自己的论点。我已肯定地说过，根据这些基本原则来教育妇女，会养成她们狡猾放荡的习惯。

假定女人生来只是为取悦男人和服从男人的，那么这个结论就是正确的。为了使她自己尽量迎合男人，她应该牺牲其他一切考虑；如果证明自我保存的兽欲是她命运的铁床，为了符合它，她的性格应该有所伸缩变化而不必考虑一切精神的或肉体的差异，那就让这种兽欲成为她一切行动的主要动力吧。但是如果像我想的那样，并且可以证明，甚至现世人生的目的，从整个情况来看，也遭到了建立在兽欲这种卑劣基础上的实践原则的破坏，那么我就可以怀疑，女人究竟是不是为男人而创造的；虽然这样会引起反对，说我轻视宗教，甚至说我主张无神论，但我还是要说：即使自天而降的天使对我说，摩西的优美而具有诗意的创世说以及关于人类堕落的记载都是千真万确的，我仍不能相信我的理性对我所说的会有损于神明；我不怕魔鬼出现在我的眼前，我要大胆地说这是理性的启示，我不把我的弱点归咎于第一个引诱我们软弱女性的魔鬼的身上。

卢梭接着又说：“现已证明男人和女人在气质和性格上不是而且不应当是完全相同的，我们便可由此得出结论说，他们所受的教育也就必须有所不同。他们固然应当遵循自然的教训，在行动上互相配合，但是他们不应都做同样的事情；他们所从事的事业的目的应该相同，但他们为达到目的所采取的手段应该是不同的，因此他们的趣味和爱好也应有差异。

* * *

"我无论是考虑女性的特殊使命,还是观察她们的爱好倾向,或是评论她们的责任义务,所有一切都同样向我指出了一种最适合于她们的特殊教育方式。女人和男人天生是要彼此依赖的,但是他们互相依赖的程度是不相等的。男人依赖女人仅仅是由于情欲,而女性依赖男人则不仅由于情欲,也是由于需要。我们没有女人比女人没有我们会生存得好一些。

* * *

"因此妇女所受的教育,应该永远与男人有关系。使男人感到高兴,对我们男人有用,使我们爱她们、尊重她们,在我们幼年时期教育我们,在我们壮年时期关怀我们,劝诫和安慰我们,使我们生活舒服愉快,所有这些永远是女人的责任,也是她们从幼小时候起就应该受到的教育。只要我们不根据这个原则行事,我们就会远离目标,所有对她们的教导,既无助于她们的幸福也无助于男人的幸福。

* * *

"女孩子从很小的时候就喜欢装束,她们不满足于仅仅自己漂亮,而且还希望别人认为她们漂亮。从她们所有微露的表情上,我们就可以看出她们已经有了这种想法;等到她们能理解你对她们说的话,只要我们对她们谈到别人对她们的一举一动有什么想法,她们就会听从管束。然而,我们轻率地把同样的示意用在男孩子身上,就不能取得同样的效果。男孩子只要听凭他任性去玩耍游戏,别人对他们有什么想法他们是满不在乎的。男孩子要受这种示意的约束,必须花费很多时间和精力。

“不管女孩子从哪里得到第一次这样的教训，总之那是一个很好的教训。既然在某种意义上光有身体没有灵魂，所以我们首先应该注意培养身体；这个次序对两性来说都是一样的，但是培养的目的却不同。培养男孩子要使他体力发达，培养女孩子则要她姿态妩媚。这并不是说体力或者美姿这样的品质应该只限于为男人或女人所专有，而只是说两性在这方面的培养次序是有主次之分的。女人自然也同样地需要体力，才能使她的动作优美，男人也同样地需要灵巧，才能使他们行动容易。

*　　　　*　　　　*

“男孩子和女孩子有许多共同的游戏，而且是应该如此的；他们长大以后，不是也有许多共同的消遣吗？在这一方面，两性也各有适合于自己的特殊的爱好。男孩子喜欢喧闹和活跃的游戏，例如打鼓、抽陀螺、来回拖拉他的小车等；女孩子却喜欢展览物件和装饰品，例如镜子、小物件和布娃娃等；布娃娃是女性特别喜欢的玩具。由此我们看出她们的爱好明显地切合她们的使命。取悦于人的技艺在身上的表现，就在于打扮；这是孩子们所能学会的全部这种技艺。

*　　　　*　　　　*

“这里我们可以得到一种已经稳固建立起来的最初的癖好，对于这种癖好只要顺势利导就行了。这个小女孩当然渴望懂得怎样去打扮她的布娃娃，怎样制作它的袖结、裙边、头饰等等，要做这些东西，她不得不依靠她周围的人帮忙，以致感到这些东西完全由她自己动手来做，就更会使她高兴。因此，我们通常教给女孩子这种最初课程是很有道理的：这种课程不是我们给她们规定一项非做不可的工作，而是教给她们当前就对她们有用的一些东西，使她们得到恩惠。事实上她们几乎全都不愿意学习读书写字；但是非常喜欢掌握针线的用法。她们想象自己已经长大，并且高高兴兴地想到她们终有一天能够用这种本领打扮自己。”

这无疑仅仅是属于身体方面的教育；但是并非只有卢梭一个人这样迂回其词地说出一个年轻女人仅有身体就很可以取悦于人，不必有任何思想，除非动物精神也算做思想。为了使身体孱弱，即某些人所说的美丽，于是就忽视了理智，女孩子被迫静坐、玩布娃娃和听那些无聊的谈话；长久成了习惯，其结果被认为是一种无可怀疑的自然象征。我知道卢梭的意见是青年时代的最初几年应当用来培养身体，虽然在教育爱弥儿的时候，他违背了这个意图；然而在增强体力（智力在很大程度上要依靠这种体力）和仅仅使身体动作灵巧两者之间有很大的区别。

我们应当注意到，卢梭的意见是在这样一个国家里提出来的，在那里取悦于人的艺术精益求精，其目的不过是减少恶行的粗鄙。他没有追溯到问题的本质，或者他的主要欲望妨碍了理性的运用，否则他不会作出这种草率的论断。

在法国，对于男孩子和女孩子的教育，尤其是对于后者的教育，仅仅是使她们讨人喜欢，修饰她们的外貌和注意表面的行为，在很小的时候，她们的心灵就被那些世俗伪善的告诫所腐蚀，以防止她们放肆无礼。我说的是过去的时代。女孩子同男孩子一样还不过是儿童的时候就不得不做的忏悔，以及虔诚信神的人们对她们提出的问题（我说这些都是根据可靠的事实），就足以使她们对女性性格产生印象；而且社会教育就是训练她们卖弄风情和取悦男人的学校。在十岁或十一岁的时候，甚至更早些，女孩子就开始搔首弄姿并且不受斥责地来谈论着要以结婚来在社会上建立她们的地位。

简单说来，她们几乎从出生起就被当作成年妇女看待，她们所听到的全是恭维话而不是教训。这些都使得她们的心灵软弱；而有人设想造物主在创造后加的女人时，扮演了一个后母的角色。

但是，既然不许妇女有理智，那么使她们没有理性地屈服于权威自然就是合理的了；为了教育她们屈服，卢梭提出了下面的劝告：

> "女孩子应该活泼、勤勉，不仅如此，她们从小就应该受到管束。如果这样做对她们是一种苦楚的话，这些苦楚也同她们的性别分不开的；要是不受这种苦楚，她们日后就会遭到更痛苦的不幸。她们一生都必须顺从这种最经常、最严厉的约束，也就是礼仪的约束；所以有必要使她们很早就习惯于这种约束，以免将来付出更大的代价；还要使她们习惯于克制她们的任性，以便使她们随时都能顺从别人的意志。假使她们果真喜欢不停地工作，那么我们就必须在某些时候强迫她们把它放下来。当她们因过于迷恋最初不良的嗜好而日益变坏或走上邪路时，她们就会从中产生放荡、轻浮和反复无常等缺点。要避免这种弊病，我们就应该教育她们首先要克制自己。

一个谨慎的女人，有时由于我们的荒谬的制度，而一生陷入永远自相矛盾的境界：让女性分担一下从它给我们造成的那些危害中产生的痛苦，也绝不是不公平。”

为什么一个谨慎女人一生要永远自相矛盾呢？我的回答是这种教育制度本身造成的。谨慎、节制和自制是理性的严肃产物；但是当牺牲了理性培养起感性时，这些软弱的人们就必然遭到专横手段的限制，并感到经常不断的矛盾；如果给她们的心灵活动以更广阔的天地，那么比较高尚的热情和动机就会控制住她们的欲望和情感。

“母亲通常对女儿们的爱护和关切，不，仅仅由于日常习惯，就会使女儿对她表示敬爱，如果她没有什么事情引起她们的怨恨。做母亲的人即使管束她们，只要管得恰当，不仅不会减少反而会增加她们对母亲的爱；因为依赖既然是女性的本性，她们就会懂得她们是应该顺从别人的。”

这是以假定的证据来争论问题；因为奴役不仅败坏个人品格，而且它的影响似乎还要传给后代。只要考虑到女人依赖成性已经有了那么久的时间，那么再看到她们其中有些人在锁链下忍饥受饿像叭狗似的摇尾乞怜，还会有什么奇怪吗？有位博物家说：“这些狗起初一直竖着耳朵，但是等到习惯成自然之后，那么恐惧的表现就变成了一种美的姿态。”

“由于同样的理由”，卢梭接着又说，“女孩子只有，或只应该有很少的自由；她们都会过分地纵情于人们让她们享有的那点自由。她们在每件事上都好走极端，她们甚至在游戏时比男孩子玩得更欢喜若狂。”

回答这个问题很简单。当奴隶和暴民们一旦摆脱了权威的束缚，往往会同样过分地放纵情感。当我们突然放松拉满弓弦的手，这张弓就会猛然弹回；受周围环境影响的情感必须顺从于权威，否则就要靠理性来节制。

他又接着说："既然女性经常服从于男人或者服从于人类的意见，并且永远不许她们超越那些意见，所以在她们一生中就从习惯了的限制中产生一种驯良的性格。一个女人起码应具备的第一个最主要的条件就是性情温柔，或是说脾气好：她既然生来要服从一个常常满身恶习并且一直屡犯错误的有缺点的男人，她就应该甚至及时学会容忍不公平，并要毫无怨言地忍受丈夫对她的侮辱；她应该性情温和，并不是为了丈夫，而是为了她自己。女人的倔强和坏脾气，只会加重她们自己的不幸和丈夫的不规矩；她可以很清楚地看出，这些并不是使她获得优势的武器。"

生来要和这样有缺点的男人共同生活，她们应该从锻炼她们的才干中学会必要的容忍；但是，坚持盲目的服从却破坏了全部的神圣人权，不然就是最神圣的人权仅仅属于男人所有。

那些耐心忍受不公平、吞声忍辱的人们，很快就会变成不公正的人，或者变成不能辨别是非的人。再者，我否认这个事实，这并不是培养或磨炼性情的真正方法。作为男性来说，男人的脾气是比女人好些，因为他们所从事的事业既与他们的感情有关系，也与他们的理智有关系；而坚定的理智会使他们具有一种健康温和的性情。感情用事的人难得有好脾气。好脾气是冷静地运用理智的结果，随着年龄的增长，理性用高明的手腕把许多使人不快的事情调和了起来，我从来没有见过一个懦弱或愚昧却有好脾气的人；虽然那种生来不知愁和因恐惧而产生的听话的行为也往往被人当作了好脾气。我为什么说“行为”呢，因为除非经过深思，性情就不能变得真正温和；还有那种单纯的管束，在家庭中会造成一些病态的性情，许多敏感的男人对此都将会承认，他们发现这些温柔的易激动的女人实在是很难缠的伴侣。

他进一步论证说：“男女两性都应该各自保持独特的风格和态度；温顺的丈夫可能使妻子变得傲慢无礼；而在女人方面，性情温柔则往往可以使男人回复理性，至少只要他不是一个十足的人面兽心的人，迟早会使他甘拜下风的。”温和的理性也许在某些时候能够产生这样的效果；可是卑贱的恐惧往往引起别人的蔑视；即使泪水从美丽的双颊流下来，只不过是动人的表现而已。

遭到侮辱还能够变得温柔，受了不公平对待不但不反抗，反而甘心受惩罚，这颗心是用什么材料做成的呢？当男人以暴虐手段来对待她的那一刻，一个女人能以真正女性的温柔来抚爱他，那么，以此来断定她的德行是建立在狭隘的观点和自私自利的基础上的，难道是不公平的吗？天性从来没有赋予人以如此的不诚实；即使这种委曲求全可以称之为一种美德，但当任何一部分道德是建立在虚伪上的时候，这种道德也就成问题了。这些不过是应付一时的手段，而这种手段只能在当时是有益的。

做丈夫的要小心，不要过于盲目地相信这种奴性的顺从；因为当他生气的时候，他的妻子还能以迷人的柔媚来抚爱他；那么当她应该生气的时候，除非轻蔑地压制住一种自然的激动，她在与她的情人分手以后，也会这样做的。这些都是为通奸作准备；不然，当她不再能博得丈夫欢心的时候，即使因畏惧世人议论，或畏惧下地狱，而限制了她取悦于其他男人的欲望，那么，一个由自然的和人为的因素所造成的仅仅为了取悦于男人的生灵，还能有什么其他办法替代通奸呢？什么能使她补偿这种缺欠，她又到哪里去寻找新的精神寄托呢？她的习惯既已养成，虚荣久已控制了她混乱无主的心灵，到哪里去找足够的精神力量来下决心去重新寻找精神寄托呢？

但是，这位片面的道德学家却有计划地、花言巧语地提倡狡猾。

> “做女儿的应该永远恭敬顺从；但做母亲的却不应不通人情。我们要想使一个年轻人温顺听话，就不应该使她不高兴；要想使她彬彬有礼，就不应该使她愚蠢。相反地，在她玩弄一些狡猾手段时我并不生气，只要这些手段不是为了逃避我们对她们不服从行为所给予的惩罚，而是为了摆脱我们对她的管束。没有必要使她感到依赖别人是一种负担，只要她能认识到她必须依赖别人就可以了。狡猾是女性的一种天赋才能；我既然深信我们的一切倾向，其本身都是正确和美好的，我认为这种才能也应该像培养其他才能一样地受到培养：我们所必须做的仅仅是防止滥用这种才能。”

他这样得意洋洋地引申说，“凡是自然存在的东西都是对的”，就算这样吧；然而，可以说没有其他格言比这个包括更多的怪论。对于神来说，这个格言是一种严肃的真理。我虔敬地说：神一眼就看到了整体，并且在孕育时期看到了它的正确的部分；然而人，他仅仅能观察到互相不联系的各部分，所以会发现许多事情是不对的；他所努力要改变的只是在他看来是整体的一部分，因此，即使他崇拜造物主的智慧和尊敬他所竭力要拨开的乌云，他这样做也是正确的。

假使他所说的那个原则是正确的，那么根据它做出来的推论也就是正确的。“女性的优越性在于她特别机灵，从而公平地补偿了她在体力方面的不足：女人没有这种手段，就不成为男人的伴侣，而只能做他的奴隶；正是由于她过人的灵巧和机智，她才保持住她的平等地位，才能在表面上服从而实际上却支配了他。女性有对她们不利的地方，如同我们的错误一样，她有自身的懦弱和胆怯；对她们有利的只有她们的狡猾和美貌，再没有其他什么了，因此，她培养狡猾，美化面容，能说不是很合理吗？”伟大的心灵，永远不能同狡猾或机灵并存；当这些议论的直接意义是不诚实和虚伪时，我不会畏缩缄默，而是要提出下面的意见：如果任何一种人类等级是如此创造出来的，以致必须用不是由真理严格地推断出来的原则来加以教育，在这样的情形下，德行也就成为一种照例文章了。卢梭在作出这种建议以后，他怎么还胆敢下断语说，在人生的伟大目标上，两性的目标应该是相同的？他明知一个人的心智，是由它所追求的东西形成的，它会由于伟大的目标压倒了渺小的见解而开阔，否则心智就会变得渺小了。

男性具有较为优势的体力；可是女性倘若不是因为对美的错误观念，她们也会获得相当的体力，以使她们能够自立谋生，达到真正的独立；并且还能承受身体方面的那些种种不便和奋发努力，这些都是增强意志所必不可少的条件。假设允许我们不仅是在幼年，而且在青年时期与男子受同样的锻炼，因而使身体达到完美程度，那么我们就可以知道男人的天赋优越性到底能超过妇女多少。

如果一个人在他发育成长的时期，没有得到照顾，那么在他身上还能期望有什么理性或品德呢？什么也不会有的，天公并没有随便把许多有用的种子撒在休耕的土地上。

> “美是不可能以服饰取得的，婀娜多姿不是很快就能够学会的。但是女孩子在她还年轻的时候，都能够学到姿态优娴、音调动听、步履轻捷、举止大方；并且也能善于利用她们的活泼的眼神和优美的体态，使之与时间、地点和场合相适应。因此，此时她们就不应该专限制在勤于做针线活计的技巧上，而应该表现出其他才艺，并且已经了解到那些才艺的用处。
>
> “我个人认为，一个英国女孩子应当培养她的讨人喜欢的本领，以便博得她未来的丈夫的喜悦；她应该像一个切尔克斯族少女一样地小心翼翼、孜孜不倦地学会她的技艺，以使她适合于过东方帕夏*的闺房生活。”

为了使妇女成为完全琐屑不足道的人，他又继续说：“女人说话是非常流利的，她们学会说话比男人早，说得较快而且比较动听；人们责备她们说得太多，但确实应该如此，我极愿意把这种非难转变为一种称赞；她们的嘴唇和眼睛由于同样的理由，也应该有同样的活动。男人谈论他们所知道的事物，而女人则谈论她所喜欢的事物；一个需要有知识，另一个则需要有趣味；男人谈话的主要目的应该是于人有益，女人谈话的主要目的应该是讨人喜欢。在他们不同的谈话中，除了说真实话之外，不应该有任何共同之点。”

---

* 土耳其高级官吏。切尔克斯人是高加索的一个民族。——译者注

"因此,我们不应该像限制男孩子那样来限制女孩子的喋喋不休;我们对男孩子的唠唠叨叨可以生硬地问一句:你谈话的目的是什么?对女孩子就不该采取这样的方式,而是用另外一个同样难于回答的问题来问她:你的谈话怎样才能受到欢迎?在还没有分辨是非善恶能力的幼年时期,她们就应该像遵守一条法律似的记住,永远不说任何使她们谈话的对方听了不愉快的话。实践这一条规则更为困难,这种困难在于它必须服从前面说的那一条规则,那就是永远不说虚伪的话或者谎话。"用这种方式来管束说话,确实需要很大的功夫,而男人和妇女亲身体验得太多了,说真情实话的人多么少呀!太少了,少得使我这爱好淳朴的人宁愿对美德的四分之一不以礼貌相看;因为这种美德已经为一种可疑的品质(充其量也不过是美德的一种粉饰)而牺牲了。

但是,要把他这段描绘说完。"我们很容易想象到:假使男孩子不能树立起真正的宗教观念,那么这种宗教观念就更不能为女性所理解了:正是由于这个理由,我愿意早一些对她们谈这个问题;因为假使我们要等到她们有能力来系统地讨论这类深奥的问题,我们就会有在她们的一生中再也没机会对她们谈这个问题的危险。女人的理性是一种实用的理性,这种理性能够使她们巧妙地找出达到既定目的的手段,然而却不能使她们发现那个目的本身。两性间的社会关系确是真正可赞佩的:由于他们的结合,就产生了一个精神人物,女性可以称作是这个人物的眼睛,男性可以称作这个人物的手,它们彼此相互依赖,女性要向男性学习她应当看到的事情,男性要向女性学习他应当做的事情。"假使女性能像男性那样时时想到事物的首要原则,而男性也能像女性那样考虑琐碎事情，两性彼此互不依赖，生活中始终争执不休，从而他们的结合也就不能继续存在了。但是在他们之间现在自然地存在和谐的情况下，他们不同的才能有助于一个共同的目的。我们很难说他们当中哪一个人对那个目的贡献最大：每一个人都受对方的驱使；两个人都互相服从，都同样是主人。

“既然女人的行为受舆论约束，由于同样的理由，她们的宗教信仰也应该服从于权威。一个做女儿的应该信她母亲所信仰的宗教，一个做妻子的应该信她丈夫所信仰的宗教：因为即使这种宗教是虚伪的，但温顺能使母亲和女儿去顺从自然秩序，也可以使上帝不会把她们的错误看成是犯罪。[①] 她们自己既然没有判断的能力，她们就应该像遵守教会教规那样深信不疑地遵守父亲和丈夫的决定。

“既然权威应当支配妇女的宗教信仰，那么就没有必要向她们说明她们应该信仰的理由，而只须给她们详细规定她们所应该信奉的各项教义就行了；因为那些使人仅仅产生模糊观念的信条，是迷信宗教的根源；而那些暴露荒谬和不合理的信条，则会导致不虔诚。”

绝对的、不容辩驳的权威看来必然在某些地方存在；但是，难道这不是直接地、专横地盗用理性吗？自亚当起，人类的权利就这样一直为男性所专有。

① 假如母亲的意见和丈夫的意见偶然不相投合，其结果又当如何呢？对于愚昧的人你没法说服他避免错误——当说服他放弃一个偏见而他却接受另外一个偏见时，他的思想就是犹疑不定的。实在说来，做丈夫的可能没有任何宗教信仰去教导她，虽然在这种情况下她会非常需要对她的品德给予支持，而不去考虑世俗的意见。

若不是为了使妇女保持贞洁和在众人面前证明男人的选择是正当的,而必须给她们一点有关男人的知识和使她们懂得一些由人类情欲产生的风俗习惯的话,卢梭就会更进一步地来推广他所主张的男性统治了,因为他暗示说,他对于那些主张把妇女置于极度愚昧境地的人是不会责备的。不然,她就可能在家里生养子女而不至于因为运用理智减少了她的妖娆和天真;除非在结婚的第一年,她可以使用她的理智来像苏菲那样地打扮自己。"她的服装在表面上看来极为朴素,然而实际上是极其迷人的;她并不显露她的魅力,反而把它隐藏起来;但是在隐藏魅力时她晓得,怎样引起你的想象。凡是看见她的人都要说:这真是个朴实无华、小心谨慎的姑娘;可是等你靠近她的时候,你的目光和热情就要绕遍她的全身,使你无法收回;那么你就会得出一个结论:她的服装的每一部分,看来虽然简单,但是却安排得恰好可以使你的想象力把它们一片一片地取下来。"这是朴素端庄吗?这是准备永生不灭吗?此外,当作者谈到他的女主人公时说:"对她来说,把事情做好还是次要的;主要的是要做得干干净净。"从这句话中,我们对这样的教育理论能形成一种什么看法呢?

实际上,她的一切道德品质都是次要的,因为,关于宗教,卢梭使她父母对已经习于顺从的女儿说:"你的丈夫将会及时教导你。"

在这样束缚了妇女的思想以后,为了保持它的纯洁,如果说他还没有使女人的心灵完全成为一片空白的话,他就劝她去动动脑筋,以免肯动脑筋的男人在倦于抚爱她的时候,在她面前打哈欠。一个必须服从的人,有什么可以动脑筋的呢?只让她开阔心胸,使她看到她命运的黑暗和不幸,那不就是一种极端残忍的行为么?

然而这些就是他的高明的意见;这些意见与那些我为了对这问题提出一种公正的看法而不得不摘出的引文符合到什么程度,可以由读者去判断。

> “那些一生为了吃饭而劳碌的人,除了他们的工作或他们的利益而外,没有其他想法,而他们的理智好似完全灌注在他们的手脚上。这种无知状态,既无损于他们的诚实,也无害于他们的道德;反而却常常有助于他们的诚实和道德。有的时候,由于有顾虑,导致我们敷衍塞责,结果我们就以说一套空话代替了办理实在的事情。我们自己的良心是最明智的哲学家。我们没有必要精通西塞罗的《论义务》,才能做一个廉洁正直的人;而世界上最有美德的女人,也许就是那最不懂得美德二字意义的女人。但同样正确的是:只有提高了的理智才能使交往愉快;一个家庭中的父亲,他很爱他的家,但是因为他的周围没有人能够听他倾诉衷肠而不得不经常把自己的思想感情封闭起来,这实在是一件可悲的事情。”

“再说,一个毫无思考力的女人怎么能教育她的子女呢?她怎么能辨别出什么事情对她的孩子们是正当的呢?她又怎么能教他们去爱那些她所不认识的美德,或者教他们去爱那些她所完全没有想到的优点呢?她只能宠爱他们,责骂他们,使他们变为蛮横或怯懦的人;她只能使他成为仅注意外表的花花公子,或是一无所知的笨蛋,而绝不会使他们成为一个头脑清楚或和蔼可亲的人。”的确,当她的丈夫不能总在身边增进她的理智时,她该怎么办呢?因此他们俩只能合成一个有道德的人。一个盲目的意愿,“没有手的眼睛”,是走不了多远的路程的;丈夫的抽象的理性,那个应该把她的实用的理性散发出来的光辉集中起来的他的高度理性可能偶然被用来判断葡萄酒的香味，辨别最适合于烧甲鱼的调味汁；或者专心致志地用在赌桌上，在他把财产都赌输了的时候，他可能把他的思想用在总的方面，而把教育子女的“琐事”委托给他的伴侣，或者听命运的安排。

但是，即使承认妇女应当是美丽的、天真的和傻气的，以使她成为一个更迷人和更纵情的伴侣，但为什么要牺牲她的理智呢？为什么仅仅为了使她在短时期内做她丈夫的情妇（根据卢梭自己的说法），就必须做所有这种准备呢？因为谁都没有像他那样主张过爱情的短暂性。这位哲学家是这样说的：“感官的享乐是短暂的。习以为常的热情，往往会由于得到满足而逐渐消失。想象力给我们的欲望对象披上美丽外衣，一旦我们达到目的，想象就消失了。除了永存的上帝以外，只有空想的东西才是真正美的。”

但是当他对苏菲这样谈话的时候，他又回到了他那似是而非的怪论上边，“在爱弥儿成为你的丈夫之时，他也就变成了你的主人，并且有权要求你服从他。这是自然的秩序。但是不管怎么样，当一个男人娶了像苏菲这样的妻子，他还是应该受她的支配。这也是适合于自然秩序的。因此，我所以使你成为他的快乐的主宰者，也就是为了给你以控制他的心灵的权力，正如男性给他以支配你的肉体的权力一样。也许他要使你做一些不愉快的自我克制；但是假使你能够自己保持自制的话，那你就可以肯定你能在他身上维持你的统治。我已经看到的那些事情也向我表明：你是有勇气来尝试这个困难的。”

“你若是希望你的丈夫时常拜倒在你的脚下，你就必须使他和你的身体之间保持一点距离。只要是你懂得怎样使你的爱情成为稀罕的和珍贵的，你就可以在爱情上长期保持住你的权威。因此你甚至可以使用撒娇的手腕来修行美德，用爱的技巧来增益理性。”

我再抄一段对快乐夫妇的描述来结束我的摘录：“然而你切不可认为这种办法就永远够了。不论怎样小心谨慎，快乐的享受，都会逐渐熄灭热情。但是当爱情已不可能长久地维持下去的时候，一种愉快的常态生活会填补它的地位；互相信任的爱慕接续了使人心醉的情欲。儿女往往可以成为夫妇间的一种甚至于比爱情本身还更愉快更持久的联系。当你不再是爱弥儿的情妇的时候，你将继续做他的妻子和朋友——你将是他的儿女的母亲。”①

他确实看到了子女比爱情更能成为夫妇间的持久的联系。他说：在夫妇共同生活六个月以后，美貌就不再被重视，甚至于不会令人留意；矫揉造作的姿态和撒娇献媚也失去了对感官的吸引力。那么，为什么他说女孩子应该像那个在东方的后宫争宠的女子一样地来为她的丈夫而受教育呢？

我现在要离开这种荒诞的幻想和美化了的放荡而诉之于人类的良知：假使教育的目的是为了使妇女准备做个贞洁的妻子和贤明的母亲的话，上文所推荐的那种似是而非的方式，是能够达到那些目的的最好方式吗？我们能承认，教导妻子学习运用情妇式的放荡技巧是使她成为一个贞洁的妻子的最可靠的办法吗？色情主义者还把这种技巧称之为有德行的卖弄风情。这些人，已经不能

① 引自《爱弥儿》。

领略真诚纯朴的可爱或者体会从亲密无间中产生的快乐，这时候互相信任不会因猜疑而受到阻碍，并且由于认识而更成为有兴趣的事情。

一个能够甘心愿意同一个漂亮有用但无思想的伴侣共同生活的男子，他在淫乐的满足中，已经失去了对于更为高尚的享乐的趣味；他从来没有感到过为一个能够了解他的人所爱的那种平静的满足，这种满足像天空的寂静的露珠那样使一颗枯焦了的心重新获得滋润。即使是与他妻子在一起的时候，他也仍然是孤独的，除非是当他陷入禽兽状态中的时候。一位严肃的富有哲学气味的理论家说："生命的魅力乃是同情；没有比在别人身上看到具有我们内心的一切感情的一种同感这件事再能使我们快乐的了。"

但是，根据不要使妇女有知识的那种论调，女性的青春的黄金时代、年龄的作用以及对于将来的合理的希望等等都是为了使她们成为一个短暂的肉欲对象而牺牲。再说，既然不允许她们以理性作为德行的基础，又不允许她们把真理作为研究的对象，那么卢梭怎么能要求她们具有美德和忠实不变的操守呢？

但是卢梭的一切论证上的错误都是从过于敏感上产生的，而对于女性的妩媚可爱过于敏感，则是女性极愿意宽恕的。当他应该推理的时候，他竟受到了激动，沉思没有启发他的理智，反而激起了他的幻想。甚至他本身的德行，更把他引入迷途；因为，他生来具有热情的性格和活泼的想象力，天性把他带到如此热烈喜爱女性的地步，以至不久就变成了一个好色的人。倘或听任那些欲望自由发泄，那么欲火就会按照自然规律而自行熄灭，但是美德和一种浪漫式的文雅，使他力行自我克制；不过当他为恐惧、文雅或美德所限制的时候，他就使他的想象更趋于堕落，而反复思索那由于幻想而更为加强了的肉感，他用最鲜明的色彩去描绘那些感觉，并把它们深深印在他的灵魂上。

他于是就寻求孤独，不是和自然人一起睡觉，也不是像牛顿那样在树荫下安静地思索和考察一切事物的缘由，而是沉溺在他的感受中。他对他所强烈感觉到的加以热烈的渲染，因而引起了他的读者们的兴趣，并且按照他们的想象力激起了他们的幻想；他们认为，只要是与一位具有诗人气质的著述家（他巧妙地揭露了那些最迷人的遮蔽着的或最文雅的掩盖着的感官对象）具有同感，那么他们的了解当然就是被证实了的；这样使我们在梦想推理的时候，实际上却在感受，于是在我们的心里就留下了错误的结论。

为什么卢梭的生活不是心醉神迷就是悲愁痛苦呢？这两种情况都是由他的兴奋、沸腾的想象力造成的，除此以外不会有其他的解答；只要他的幻想能够冷静下来，他就很有可能取得较为坚强的理智。再有，如果生活的目标是训练人们的理智部分，那么关于他的一切都可以算是正确的；可是，如果死亡没有把他引到另一个更崇高的活动境界中去，大概他在世界上也会更多地享受到同样的快乐，也会感觉到一个自然人的平静的感觉，而不是去培养那种使文明人激动的情欲，以便为另一种生活状态做准备。

但愿他英灵安息！我不是与他的遗骸争执，而是与他的意见争执。他的敏感引导他，主张妇女应该是爱情的奴隶，从而贬低了妇女的地位。我只是和他的这种敏感做斗争。

“——该诅咒的隶属身份，

最初被当作偶像崇拜；
等到爱情的火焰熄灭后，
就成了那些从前向我们求爱者的奴隶。”

——德莱登

有些著述家们拜倒在女性的美色之下，他们在自己的著作中阴险地贬低妇女的身份。我们对于揭露这些著作的有害倾向，只嫌做得不够经常和不够严厉。

亲爱的同时代的人们，让我们超越这些狭隘的偏见吧！假使智慧本身就是值得追求的，假使美德——名副其实的美德，是必须建立在知识的基础之上的，那就让我们通过思考来加强我们的理智，直到我们的思想和感情达到平衡；我们不要把一切思想都限制在日常琐事上，也不要把我们的知识局限在对于我们的情人或者丈夫的心情的了解上；而是要使我们所做的每一件事情都服从于提高我们思想的伟大工作，并为一种更高尚的境界而培养我们的感情。

那么，朋友们，当心吧！不要让你的心为每一件琐事所感动；芦苇在微风下摇摆不定，所以年年死去，而橡树则坚定地站在那里长期和风暴做斗争。

倘使造物主创造我们的本意，确实是仅仅为了在激动中消磨掉光阴，然后死去，那我们又何必不纵情享受和嘲笑理性的冷酷。但是，即便是那样，我们也还是需要身心两方面的力量，否则会在疯狂的享乐中或者疲倦的烦恼中失去生命。

然而，我所热切希望看到被推翻的那种教育制度，似乎是在假定我们永远不应该认为是当然的事情，那就是美德将使我们避免生命中的灾难；并且认为挣脱羁绊的命运之神，将照顾受过良好教育的女性，给她带来一个爱弥儿或是特勒玛克*。相反，“美德”所给予它的信徒的奖赏，看来很清楚，只有她们自己心里知道；她们往往必须和最令人讨厌的世俗忧虑作斗争，对于她们永远不喜欢的一些亲属的恶行和脾气，必须耐心忍受。

在世界上曾经有过许多妇女，没有仰仗于她们父亲和弟兄的理性和德行的帮助，而是靠与他们的败德行为和愚蠢行为作斗争，增强了她们的理智；然而我们却从未遇到过一个以丈夫形象出现的英雄，他在清偿人类欠她们的债务时，能够有幸使她们的理性回复到自然的从属状态，并把她们僭取的不受舆论影响的特权重新交回到男子手中。

第　二　节

福代斯博士的讲道久已成为青年妇女们的读物之一；不仅如此，而且在学校中的女孩子也可以阅读；但是，如果我希望引导我的学生在广泛基础上树立健全的原则以增强她的理智，或者即便只是为了培养她的趣味，我也一定要立刻把它从她的读物中取消，虽然不能否认其中也包含许多明智的论断。

福代斯的心目中可能有过一个非常值得赞美的目的，但是他的这些说教却是以如此装腔作势的风格写成的，即使我对于他的

* 古希腊神话尤利西斯(Ulysses)之子。曾帮助他父亲把向他母亲求爱的人杀死。——译者注

那种甜言蜜语的箴言并不反对，即使仅仅为了那种写作风格，我也不能让女孩子们去读它，除非我是打算毁掉她们性格中的一切天然活力，使一切品质化为女性的柔顺和人为的优美。我所以说人为的，是因为真正的优美产生于某种精神上的独立。

孩子们只专心戏耍作乐，不注意怎样去讨别人喜欢，所以他们往往是美滋滋的；那些通常与下属们共处、并且经常能够随意支配金钱的贵族，获得了一种行动自如快活的美，这种美与其说是真正表现心灵的高尚的美，不如说是一种常见的形体上的美。那种为世人的眼光所看不出来的心灵美，往往在一个平常未加雕琢的面容上闪现，照亮了整个容貌，显示出心灵的淳朴和自立。因此，我们在目光中看到了不朽的人格，从每一种姿态上看到了灵魂的存在，虽然在休息的时候，在面容和四肢上并没有多少表现美的地方，或者在行为上也没有什么特殊的地方引起普遍的注意。不过广大的群众是期望看到更多的有形之美的；当人们不考虑什么东西值得他们赞美的时候，淳朴还能为大家所赞美吗？没有真挚，能够有淳朴之美吗？但是，我们在此谈了这些多少有些离题的话；然而这些话仍是由这个主题自然引起的。

福代斯用他的滔滔不断的华丽辞藻引申了卢梭的雄辩，他用富于感情的夸张言词详细陈述了他关于女性性格，以及女性为使自己可爱而应该采取什么行动的意见。

他在下面的引文中将说明他自己，因为他使造物主对男人说："你们看啊！这些笑眯眯的天真烂漫的人们，我已经赐给了她们我的最美好的礼物，并把她们交给你们来保护；你们要用爱恋和尊敬的眼光来看她们；对她们要温和崇敬。她们是胆怯的，需要你们的保卫。她们是软弱的；哦，你们不可利用她们的软弱来欺侮她们！让她们的恐惧和羞涩来增加她们的可爱吧！你们切不可辜负她们对你们的信赖。但是，在你们当中怎么能有这样的野人，这样穷凶极恶，以至辜负她们的信赖呢？你能存心[①]打算去掠夺这样一个温柔、信赖于你的人的珍宝吗？能做出那种剥去她们的固有美德的外衣的事吗？要诅咒那敢于玷污白璧无瑕的贞洁之体的邪恶之手！你们这些坏家伙，恶棍！你们要自制，你们不要冒险引起上天最强烈的报复。”我不知道怎样对这段奇文作出严肃的批判。我还可列举出许多其他类似的文章；有一些文章是非常故作多情的，因而我听到某些有理性的人，当他们以憎恶的心情提到这类文章的时候，常用“下流”这个字眼来形容。

从头到尾都表现了一种冷冰冰的矫揉造作的感情和一种敏感的夸耀。我们应该教导男孩子和女孩子把这种敏感的夸耀看作是渺小浮夸的心灵的标志而必须加以鄙视。一方面以绚丽粉饰之词来迎合上天和上天所造出来的下界最美丽的形象——天真的美人——的心意，另一方面却把清醒的意识丢在了脑后。这不是由衷之言，让人听起来虽然很有趣，但永远不能感动人的心。

也许有人会对我说：公众喜欢阅读这类著作。这话不假，赫威的《沉思录》直到今天还有人阅读，虽然他同样在意识上和在趣味上都是造孽的。

我特别反对那些到处散布的貌似爱情实际上鼓动情欲的词句。如果允许妇女自由行动而不必由人去引路，那么又何必用虚

---

① 你能？——你能？如果拉长声音作这种哀叹，那一定是最有力量的一种批评。

伪的阿谀和肉感的恭维来诱使她们具有美德呢？用冷静和真理的语言对她们说话，丢掉那一套哄孩子式的催眠曲吧！教导她们像有理性的人那样尊重自己，不要引导她们热爱她们那枯燥无味的身体吧。我一听到讲道者对打扮和做针线活计做不厌其详的叙述，就难免要作呕；尤其在听到他称赞英国美人是美人中最美的美人，好像她们除感情以外别无其他，此时就更要作呕。

甚至在主张虔诚的时候，他采取了下面的论点。“也许一个优美的女人在平时绝不会比她聚精会神虔诚礼拜和表现崇高的敬意时更为动人，她在不知不觉中表现出高尚的尊严和崭新的优美姿态；因而神圣之美似乎在她身上发出光芒，几乎引起旁观者一种幻觉，认为她已置身于一群天使之中一同参拜！”为什么要教育妇女具有一种征服的欲望呢？在这种意义上使用征服这一词，它本身就使我恶心！难道宗教和美德不能提供更健全的动机和更高尚的酬劳吗？必须使她们经常考虑到她们的同伴是男性从而降低她们自己的身份吗？必须教导她们要永远取悦于人吗？在她们的炮口对准了男人的胸口时，是否必须对她们说：只要她们有一点通情达理，就足以使男人对她们的殷勤体贴感到特别的安慰呢？“女人只要有一点点学识就使人觉得她有趣，同样，只要她有一点点仁慈的表示（虽然理由不同），就会使人感到愉快，特别是如果她是一个美丽的女人。”由于同样的理由，我似乎也应该有这种想法。

为什么一方面嘴里对女孩子说她们像天使，同时又要把她们的地位贬低到成年妇女以下？也许因为一个温柔天真的女性，比任何其他对象更近似我们所想象的天使形象。然而同时却又对她们说，只有在她们年轻貌美的时候才像天使；因此她们之所以得到这种崇敬，是因为她们的体态和容貌，而不是因为她们的德行。

无聊的废话！这种虚妄的阿谀，除了导致虚荣和放荡之外，还有什么呢？一个情人确是可以打破常规用任何美丽的颂词来赞美他的恋人；他的理性就是他的热情的幻想，当他借用崇拜之词的时候，他说的话绝没有一点虚假。他的想象力可以把他心中的偶像抬高到白璧无瑕的超人地位；假使妇女受到的仅仅是爱她们的那些男人的恭维，那对妇女会是一件可喜的事情；我的意思是说男人爱的是那个个别的人，而不是那个性别；但是一个严肃的布道者，在他的讲道中夹杂上这些愚蠢的话是应该的吗？

无论是在讲道词中或小说中，都总会可以看到一种真正的对于肉欲的沉迷。道德学家们承认男人可以按上天的意旨培养成不同的品质和具有不同的性格；这些性格都是每个男人从形式变化无穷的相同激情中取得的。一个具有美德的男人可以具有暴躁性格或者乐观的性格，可以性情快活，也可以性情严肃，都不会受到谴责；他们可以坚定不移，几乎表现出盛气凌人的样子，或者软弱顺从，以至于没有了自己的意志和见解；但是妇女却一律要温顺、服帖，把她们养成一种易于屈服、柔顺和驯良的性格。

我来引用一段讲道者自己的话。“你们要注意到，男性化的训练用在你们女性身上永远不会是优美的，在你们的训练中永远不准许有男性的语调和姿态，同样也不准许有男性的风度和举止；富于感情的男人，要求每个女性都有秀丽的容貌，流畅的语言，身体不要过于健壮，举动要温柔而典雅。”

再看下面这一幅肖像，不正是一幅家庭奴隶的肖像吗？“我对于许多女人的糊涂真是感到惊奇，她们总在埋怨丈夫把她们甩开使得她们形单影只，埋怨他们总是喜欢和别人而不是和她们在一起，埋怨他们不该这样或那样地对她们忽视或者冷淡；可是说老实话，这大部分应当归咎于她们自己。我并不是在替男人说话，替他们的错误做辩护。但是如果你们对待丈夫更尊敬恭顺些，更同样地温存些；研究他们的脾气，容让他们的过错，在无关紧要的事情上顺从他们的意见，对于他们的不冷静、任性或闹情绪之类的小事情不予介意，对暴躁言词给以柔和的回答，尽可能地少抱怨；要每天注意减轻他们的忧虑，劝阻他们的欲望，打破沉闷的空气，唤起幸福的观念；你们真要是照以上这样做的话，我敢说你们一定能维持住，甚至增加他们对你们的重视，以至于能对他们发生各种影响，从而有助于他们的德行和你们相互之间的满意；而你的家庭可能当天就成为幸福的乐园。”这样的女人应该是一位天使——不然就是一头蠢驴，因为在这个家庭苦工的身上我看不出丝毫人类特性的影子，也看不出她有任何理性和激情，她的存在已经为一个暴君的存在所湮没了。

假如福代斯真正认为这样做就能使丈夫回心转意而不会引起他的轻蔑的话，那么他一定是对于人类的心灵懂得太少了。不，美貌、温柔等等也许能赢得男人的心；可是只有靠理性支持的美德，才能取得他的敬重和持久的感情。尊重理智才能永远保持住对于一个人的爱慕。

由于这几卷书经常放到年轻人的手中，所以我对它们就更加注意，严格说来它们理应值得更多的注意；但是它们败坏了许多女性同胞的趣味，并削弱了她们的理智，因此我就不能不对此发表我的意见。

第　三　节

格雷戈里博士在《给女儿的赠言》中，充满了父亲对女儿的关切之情，所以我在批判这本书时，也怀有亲切的敬意；这本小册子有许多地方能够吸引一部分最受尊敬的女性的注意，所以我对于书中一些似是而非地支持某些意见的论据，不能不提出我的看法，这些意见我认为在妇女界的道德行为方面已经发生了极为有害的影响。

他写这本书的通俗易懂的风格特别适合于他的劝告宗旨，并且全书充满了追念他爱妻的哀婉深情，因而更引人入胜；但是在许多段落中仍可明显地看出一定程度的简洁高雅，因而破坏了这种同情心，并且当我们只是希望看到一位父亲的时候，却意外出现了一位著述家。

此外，他抱有两个目的，对任何一个他都没有贯彻到底；他既希望他的女儿温柔可爱，但又怕给她灌输了感情，因而带来不幸的后果。这种感情可能把她们引出生活常轨，而不能使她们在行动上具有相应的独立和尊严。因此他遏制住他思想的自然流露，既不劝她们这样做，也不劝她们那样做。

他在序言中就告诉她的女儿们一个可悲的真理："在她们的一生中，她们至少有一次会听到一个无意欺骗她们的男人的真正的意见。"

多么不幸的女人！当那些认为你自然应该依靠他们的理性和支持的男人们全都有意欺骗你的时候，那么你还能有什么期望呢！这是邪恶的根源，这种邪恶在你们的一切品德上撒上一层腐蚀性的霉菌;它摧残了你们正在萌芽时期的才能,使你们变成了如此软弱的人！为了各自的利益——这种觉察不出来的斗争状态,暗中破坏了道德,把人类分成了两类!

假使有些妇女是由于爱情而遭到不幸,那么则有多少妇女更由于内心冷酷、毫无意义的献殷勤的交际生活而变得虚荣和无用!然而人们却把这种毫无真心的对女性献殷勤看做是非常侠义和非常有礼貌的行为;我担心在这种社会制度没有改变以前,这种野蛮习俗的残余是不会销声匿迹的,也不会代之以一种比较合理的和更为亲切的行为方式。此外,为了剥去这种行为的虚假尊严,我必须指出:在欧洲的最不文明的国家里,就在很大程度上流行着这种表面说得好听实际上却是道德极端败坏的行为。我特别是指葡萄牙而言,在这个国家里,道德败坏代替了最严肃的道德义务！一个男人当他和女人在一起的时候,被人暗杀是很少见的。骑士的精神可使残暴野蛮的手失去了气力;如果复仇的举动不能受到抑制,那么有人就会请求这位女士原谅这种粗暴行为,让她静静地躲开,可是她也许满身溅上她丈夫的或是她弟兄的血。

我先不谈格雷戈里对于宗教的批评,我想在另一章中讨论这个问题。

他在有关行为方面的一些议论,虽然其中有许多是合乎情理的,我却完全不赞成,因为在我看来,这些议论的出发点似乎是错的。经过培养的理智和深厚的感情,永远不需要有刻板的礼法,而且所得到的结果比所谓的合乎礼法更有内容;如果没有理智,这里所建议的行为,将成为一种装腔作势。“礼法”确是一件不可少的东西！礼法将代替妇女的天性,排除掉一切妇女性格方面的淳朴和多样性。然而这种肤浅的忠告究竟能产生什么好的结果呢？不过，向她们指出这种或那种行为方式，比使理性起作用要容易得多了；但是当一个人的心灵已经积蓄下有益的知识，并且由于运用而得到加强，那么就可以安稳地由心灵来指导节制行为。

例如，任何一种狡诈手段都必定会毒害心灵，那么，为什么要对她们作下边的警告呢？为什么要在理性和宗教同等地结合起来推动着的高尚行为动机之间，夹杂着一些卑鄙的世俗欺诈和故弄玄虚的手段来赢得那些目瞪口呆的庸俗傻瓜们的喝彩呢？"就是在你们表现良知[①]的时候，也应该小心谨慎。别人会认为你有一种凌驾于同伴之上的优越感。如果你偏巧有一点学识，也要深深地把它隐藏起来，特别是对男人，因为他们一般都用嫉妒和恶毒的眼光来看一个有伟大才能和高深见识的女人。"如果真正有优点的男人们，像他后来所说的，没有这种庸俗卑劣行为，那么对整个女性又有什么必要调整自己的行为来取悦这些浑人——这些仅靠着男性招牌而个人并没有资格受到尊敬的男人呢？只有性别上的优越性的男人们，坚持他们的共同优越性，的确是很可以原谅的。

假若认为妇女应该永远采纳那个伴侣的调子，那么行为的规矩就将层出不穷。照这样，调门老是变换，降调也就会被认作是本位调了。

比较明智办法还是应该劝告妇女去改进提高自己，直到她们摆脱虚荣的熏染；然后再让舆论有所改变——因为哪里有不准通

---

① 一旦让女性获得良知——假如真是良知的话，它自然会教导她们怎样去运用它；否则它有什么用处呢？

融迁就的规矩呢？真理和美德那一条狭窄的道路，既不偏左也不偏右——这是一件直道前进的要务，凡是认真走这条路的，可以逾越许多礼法上的偏见而无损于端庄贤淑。只要心地纯洁，头脑清醒，我就敢预言在行为上绝不会使别人感到讨厌。

许多青年人迫切想取得的那种时髦风度，往往使我想到那些一意仿古、毫无创新、平淡乏味的现代画上面所表现的匠气；其中没有灵魂，各部分并没有被可以恰当地称之为特征的东西相联系在一起。这种表面的时髦，很少能够和理智结合起来，它可能眩惑一些软弱的人；但是如果听任天性去自由发展，那么表面时髦就不会为明达的人所讨厌。此外，如果一个女人有相当的理智，使她不假装懂得她在某种程度上没有了解的东西，那她就无须下定决心使她的才能不露形迹。凡事听其自然，一切都会没有问题。

我所轻视的就是这种贯串全书的虚伪的理论。妇女总是要装作这样，装作那样——然而品德会对她们呼唤，用哈姆雷特的话来说：装作！我不懂什么叫装作！我是表里如一的。*

在书中另外一个地方也出现过同样的论调，他在未经足够的慎思明辨而提出建议之后，又说："男人会抱怨你们不直率。他们会对你们说，比较坦白的行为，会使你们更可爱。可是，请相信我，他们这样对你们说的时候并不是真诚的。我承认，在某些情况下直率可能使你们成为更愉快的伴侣，可是作为女人，它会使你们不那么可爱：这是一个极为重要的区别，而你们大多数却都没有注意到这一点。"

---

* 见莎士比亚悲剧《哈姆雷特》第一幕第二场。——译者注

这种永远做女人的愿望,就正是使女性堕落的那种意识。我必须再强调一下我以前说过的话:除了对于一个情人外,只要她们是愉快的或是具有理性的伴侣,那就很好了。可是在这方面,他的劝告和我意在以极度的赞扬来引证的一段话是相矛盾的。

“一个女人假定她有坚贞的品德,天真地任其自由发展,那她的多情就是粗鄙而又危险的,而且已证明它是许多女性的致命伤。”在这点上我与作者的意见完全一致。凡是有一点感情的男人,或者有一点感情的女人,必然是永远希望使他(或她)所爱的对方相信,乐于接受或乐于报答的是对方个人的抚爱而不是对方性别的抚爱,并且相信受感动的是那颗心而不是感官。没有这种自然的审慎力,爱情就会变成自私自利的个人满足,这种满足不久会使这个人道德败坏。

关于多情这个问题,我还要再作进一步的探讨。在不可能有爱情的时候,热情可以表示出许多个人的喜爱,从纯洁的心灵中自然流露出来的个人喜爱给予行为以活力;但是个人的色欲、风流和浮夸的交往是可鄙的。一个男人搀扶一个他从来不认识的漂亮女人上车的时候,紧紧地捏一下她的手,这个女人如果真正具有审慎力的话,她对这种无礼的放肆就会看作是一种侮辱,而不会由于这种对她的美貌表示无聊的敬意而沾沾自喜。这些行为都是属于友谊方面的特权,或者也可以说是瞬息间对于突然引起人们注意的某种品德所致的衷心敬意——仅仅是兽欲行为,不能被认为是善意的亲切行为。

我希望用现在滋长虚荣的养料来培养情爱,同时乐意规劝女性们,行动要以比较简单的原则作依据。让她们值得为人所爱,她们就会得到爱情，虽然可能从来没有人对她们说过："一个美好的女人在征服男人的心，征服最美好的一部分男人的心方面所具有的力量，甚至是她所想象不到的。"

我已经批判了他关于不诚实、女性的温柔、体格的优美等等带有偏见的告诫；这些都是他翻来覆去说不完的陈词滥调，比起卢梭的论调来，确是比较谦恭一些；但是归根结底还是一个宗旨，凡是不怕麻烦肯去分析这些意见的人，都会发现这些根本原则并不像由此建立起来的推论那样美妙动听。

在讨论消遣这个问题的时候也是非常草率的，而所根据的是一种同样的精神。

当我谈到友谊、爱情和婚姻的时候，就会发现我们双方的意见在实质上是不同的；所以我不想抢先谈论我对这些重要问题的意见。现在我只是谈一谈对于这些问题的一般看法，谈谈家庭里的告诫和慎重以及那些关于爱情的不高明的片面性观点；这些观点由于妄想防止不幸和错误，结果反而牺牲了快乐和进步；并且由于这样不肯暴露思想和感情，结果摧毁了它们的一切活力。我认为常常被哄骗远胜于永远不信赖别人；在爱情上失恋远胜于从来就未经历过爱情；丧失丈夫的宠爱远胜于失去他的敬重。

所有这些希望实现世俗幸福的徒劳关心，如果根据一个有限制的计划，转变成为一种提高理智的渴望，那么对于全世界和对于个人，将是一件很好的事情。古哲名言对人们的女儿说："智慧是最主要的东西，因此要获取智慧；然后再以你所获得的一切去取得理智。"还说，"你们这些头脑简单的人，你们几时才能不再喜爱愚陋和痛恨知识呢？"

第　四　节

我不打算提到所有那些写过有关妇女行为的文章的作家——事实上,这样做等于重新讨论旧问题,因为一般说来,他们的论调都是如出一辙;而我只是要抨击那种男人引为自豪的特权　这种特权可以断然称之为专制的铁权杖、暴君固有的罪恶,我反对一切建立在偏见之上的权力,虽然它是根深蒂固的。

假使要求女人服从是建立在正义之上的,那就不必请求一个更高的权能来决定——因为上帝本身就是正义。假如我们不是由于后出世而被视为私生子的话,那么就让我们像同双亲所生的子女一样来一起讲道理,在我们清楚地听到理性的声音的时候,一起学会服从"理性"的权威。但是如果证明,这种权威的宝座仅仅是建立在一大堆混乱的偏见之上,而并没有井然有序的内在规律把这些偏见联系在一起或者是建立在一只象、一只乌龟,甚至一个大地之子的强有力的双肩上,那么那些敢于蔑视理性的影响的人,就可以安然无事,他既没有破坏义务,也没有违反事物的秩序。

既然理性把人类提高到禽兽之上,而死亡又怀着极大的希望,那么只有那些不相信自己力量的人,才会屈服于盲目的权威。他们是自由的——他们将得到自由![①]

凡是能支配自己的人,在他的一生中就没有什么东西是可怕的;但是假如有某件东西比他自己本身还更可贵的话,那就应该倾

① "他是自由的人,是真理使他自由的!"——考珀

囊付出代价得到它。美德也如同其他有价值的东西一样，必须是只因其本身价值而受到珍爱；否则我们就不会有美德。当美德仅仅是一种抬高名誉的工具和受一种表里不一的伪善的尊敬时，它就不会给予我们那种“出人意料的”* 平安，因为“诚实是上策”。

那种能够使我们把一些知识和美德带到另一个世界里去的生活方式，是最能够保证我们在现世生活中得到满足的生活方式，这一点是无可否认的。这个原则虽然普遍被认为没有争辩的余地，但很少人根据它来身体力行。现世的快乐，或现世的权势，驱散这些严肃的信念；人所要换得的不是一生的快乐，而是一天的快乐。有的人具有足够的远见或决心忍受暂时微小的不幸，以避免日后更大的灾难，但这种人是如何之少！寥寥无几！

尤其是有的女人，她的美德[①]是建立在变化无常的偏见上的，所以很少能具有这样伟大的心胸；因此，由于她成为自己感情的俘虏，她也就很容易为别人的感情所征服。这样堕落了之后，她的理性，她的朦胧不清的理性，就反而被用来擦亮她的枷锁，而不是去折断它。

当我听到妇女仿照男人的样子来辩论，并且十分愚昧固执地接受那些使男人兽性化的意见时，我非常愤怒。

我必须举几个例子说明我的主张。彼欧吉夫人** 常常死记硬

---

* 见《圣经新约》“腓力比书”第 4 章。——译者注

① 我故意要采用一个比“贞洁”包含更多意义的词，因为“贞洁”完全是属于女性的美德。

** 意大利音乐家盖伯瑞欧·彼欧吉(Gabriel Piozzi)的妻子，与约翰逊为莫逆之交。——译者注

背地重复她所不了解的东西，表现出约翰逊时代的风格。

> “不要在独身中寻求快乐，并且不要害怕提高智慧而认为它流于愚蠢。”她就是如此教条地对一个新婚的男人说这样的话；为了对这个夸张的开场白加以阐释，她又继续说道：“我是说你夫人的容貌不会越来越使你感到可爱，但是千万不要使她感到她的容貌逐渐地不可爱：女性能够很快地原谅你对她的理智的羞辱，但不能那样快地原谅你对她容貌方面说个不字，这是大家都知道的，并且我们任何人也不会反对这种说法。我们所有的一切成就，我们的一切手段，都是用来取得和保持男人的情意的；如果达不到这个目的，还有什么悔恨能够超过于这种失望呢？一个兴致勃勃的女人宁可忍受无论多么尖锐的谴责，无论多么严厉的惩罚，也不愿受人冷淡；假使她能毫无怨言地忍受这种冷淡，那么这只是证明她打算用另一个男人的殷勤来补偿她丈夫对她的冷淡！”

这是地地道道的男性论调。“我们的一切手段都是用来取得和保持男人的情意的”这句话的含义是什么呢？——如果她的容貌得不到重视（难道曾经有过虽然生得十分美丽匀称却没有遭到过忽视的容貌吗？），她就要竭力去取悦于其他的男人以为补偿。好一个崇高的道德啊！但是整个女性的理智就这样遭到了侮辱，她们的德行就这样被剥夺了共同的道德基础。一个女人必须明白，她的容貌在丈夫看来是不会像在情人眼里那样可爱，假如她因为丈夫是一个具有人性的人而恼怒的话，那么她就可以为失去丈夫的爱情而发牢骚，如同她因失去任何其他不值一文的东西而哀婉一样。这种非常缺乏辨别力的表现，或者说这种毫无道理的愤怒，就证明她的丈夫不能把对她的容貌的宠爱，变成为对她的德行的爱慕，或者变成对她的理智的尊敬。

妇女既然公开承认这些意见，并且按照这些意见行事，那么她们的理智至少就应该受到轻视和诽谤，这正是那些从来不侮辱她们容貌的男人针对她们的智力进行诋毁的原因。那些爱虚荣的妇女所轻率采纳的意见，就是来自那些不愿受到理智阻碍的彬彬有礼的男人。然而她们应该明白，只有被侮辱的理性才能够在表示人类爱情的容貌的周围散布一种神圣的保留态度，因为人类的爱情往往搀杂一种卑鄙的成分，并且同样持久地与生存的伟大目的——获得美德——相符合。

斯塔尔男爵夫人*的论调和我们适才引证的那位夫人是一样的，而且具有更多的热情。我偶尔见到过她对卢梭的颂扬，她的意见也是我们很多女性的意见，可以作为一些评论的根据。她说："虽然卢梭曾经竭力防止女人干预公众事务和在政治舞台上扮演重要的角色，然而在谈到她们的时候，他是尽了多么大的力量来使她们感到满意啊！如果他希望褫夺某些不适合于女性的权力，他又是如何把所有属于女性的权力永远恢复给她们啊！并且在他试图减少她们在男人的思想方面的影响时，他是如何神圣地建立起她们对于他们的幸福的统治权！在他帮助她们从僭取的王位走下来时，他稳稳当当地把她们安置在天性为她们安排的宝座上；在她

* 斯塔尔男爵夫人(Baroness de Staël, 1776—1817)是启蒙运动时期著名活动家、女作家，法国财政大臣内克(Necker)的女儿，瑞典驻法大使斯塔尔的妻子。曾著有《论卢梭的性格与作品》(1788)、《论文学与社会建制的关系》(1800)和《论德国》(1810)等文集。——译者注

们力图仿效男人时，他虽然充满了愤慨反对她们，然而当她们带着女性的一切魅力、软弱、德行和过失出现在他眼前时，他对她们的容貌的尊敬可以说几乎达到了崇拜的地步。"一点不假！因为从来没有一个肉欲主义者在美色的神龛前做过这样多热情的膜拜。他对容貌的尊敬确实是非常虔诚，所以除了贞操的德行以外，其原因很明显，他只希望看到她用魅力、软弱和过失来装饰自己。他唯恐严肃的理性会扰乱了温柔戏谑的爱情。做主人的愿意有一个淫荡的奴隶供他玩弄，要她完全依靠他的理性和恩赐；他不需要一个他不得不对她表示尊敬的伴侣；他也不需要这样一个朋友：倘或在他尚未完成他做父亲的神圣任务的时候，一旦死神夺去了他的生命，这位朋友就可以完全担负起教育他的子女的责任。他否认女人的理性，把她们拒绝于知识之门以外，不让她们接近真理；然而，因为"他承认爱的激情"，他还是取得了她们的原谅。卢梭承认爱情显然只不过是为了男人可以借此解闷，并为了传宗接代，那么就得费一点心思才能说明女性为什么因为他这样承认爱情就对他负有这样的义务；但是他说得很热情，那种强有力的蛊惑性语言已经在年轻的赞美者的敏感上发生了作用。这位具有狂想力的作家继续说："对女性来说，最重要的一点是当他的理智与她们争论统治权的时候，他的心却是真诚地属于她们的。"她们所争的应该是平等，而不是统治权。不过，如果她们只是希望延长她们的统治权，她们也不应该完全依靠她们的容貌，因为虽然美色可以赢得男人的心，但不能保持它，即使在绮年玉貌的时候也做不到，除非至少配合心灵的美。

当妇女一旦得到足够的启发，发现她们的真正的广泛利益，我相信她们都会极愿意放弃那种不是出于相互爱情上的特权，亦即不是作为长远的特权，而要求友情上的平静的满足和由于一贯尊重而产生的亲切的信任。婚前她们不会故作姿态表示目空一切，婚后她们也不会那样低声下气地服从；而是在这两种情况下，都会按照有理性的人那样行动，她们不会由宝座上一下子就跌到一个小板凳上。

珍丽斯夫人*曾为孩子们写了几本很有趣的书；她那本《论教育的几封信》中有许多有益的提示，贤明的父母是一定会加以利用的；但是她的观点是狭隘的，并且她的偏见是既不合理，又很顽固。

她热心地为来世永恒的惩罚做辩护，对这个问题我不预备讨论，因为我想到一个有灵性的人竟会为这种主张而热烈争辩就不禁为之赧然。我现在只对她的以父母权威来代替理性的荒诞方式略加评论。因为她随处都在教诲人不仅要盲目服从父母，而且要盲目服从世俗舆论。[①]

她叙述了一段关于一个青年男子根据他父亲的明确愿望而和一个富家女孩子订婚的故事。在举行婚礼以前，那个女孩子失去了所有的财产，变成了一个无依无靠的人，父亲就采取了极卑鄙的手段使儿子离开她。当他发觉了父亲的这种恶劣行为以后，他就

---

* 珍丽斯夫人（Madame Genlis，1746—1830）是法国作家，曾任查特里公爵夫人子女的女教师，写有关于教育的论文。——译者注

① 一个人即便他明白了怎样做是正确的，而他还是不能就照这样去做，因为某些尚未肯定的情况可能会使别人猜疑这些行为是出于不同的动机。这样就是为了虚名而牺牲了实质。人们应该在能够判断的情况下根据自己的良心去做正确的事情，他们可以耐心地等待着舆论的转变。最好还是行为受单一动机的支配，因为由于认为妥当，换另一种说法，由于认为有利，而牺牲正义的情况太常见了。

根据道义的驱使，和这个女孩子结了婚，可是结果除了痛苦之外一无所有！当然，原因就在于他未取得父亲的同意而结了婚。要是可以这样蔑视正义，那么宗教和道德将以什么为基础呢？根据同样的观点，她把一个准备随时和她母亲所看中的人结婚的女人说成是一个有教养的年轻女子；当她竟然和一个她自己选中的青年男人结了婚而没有任何爱情时，则说成是因为一个受过良好教育的女子是没有时间去恋爱的。如此侮蔑理性和天性的教育制度能够受到高度重视吗？

许多类似的主张出现在她的著作里，其中也搀杂有使她的思想感情受到尊敬的意见。然而她的宗教信仰中夹杂着许多迷信，她的道德见解夹杂着许多鄙俗之见，因此我不能让青年人读她的著作，除非我在事后能与他们谈到这些问题，并指出其中的矛盾。

查庞夫人*的书信是以如此良知和诚恳谦逊态度写出来的，其中包括许多有益的见解，我在这里提一下，只是为了对这位值得称赞的作家表示我的敬意。虽然我确实不能永远和她的意见一致，但我却永远尊敬她。

谈到“尊敬”使我想起了麦考莱夫人**。毫无疑问，她是在我们国家出现的一位最有才干的女人，然而她竟默默死去，身后没有得到足够的尊敬。

不管怎么样，后世总会比较公正些，并且会记得凯瑟林·麦考

* 查庞夫人（Mrs. Chapone，1727—1801）是约翰逊所编《漫谈者》杂志的撰稿人之一，她的《论思想的改进》在当时曾得到很高的评价。——译者注

** 麦考莱夫人（Mrs. Macaulay，1731—1791）是英国的作家和历史学家，曾访问美洲并写文章支持美洲革命运动。——译者注

莱是一个具有高度才智、毫无女性软弱的榜样。在她的写作风格上，确实看不出男女之分，因为它如同它所表达的内容一样，既有力又明确。

我不愿意把她的智力称之为男性的智力，因为我不承认这种高傲的妄自尊大的理性；但是我认为她具有一种健全的智力，而她的判断力是深思熟虑的结果，这证明女性是可以取得充分的判断力的。因为她的洞察力多于机敏，她的智力多于幻想，所以她能以稳健的能力和严密的论辩来写作；而且同情心和仁爱为怀使她的意见中含有关切，她的论辩中带有蓬蓬勃勃的热情，这些迫使读者不能不权衡这些意见和论证的分量。①

当我最初想到写这些谴责文章时，我曾怀着我一生的事业压抑着的一点乐观的热情期待得到麦考莱夫人的赞许，但是不久我就以失望的痛苦和静肃的悔恨心情惊悉她已经与世长辞了！

第　五　节

既然要综观各种论述教育的著作，那么对切斯特菲尔德勋爵的《家书》就不能默默地放过去不谈。我的意见并不是要分析他那没有骨气的、不道德的理论，更不是打算在他书札中挑选出任何有益的明智议论。不是的，我只是要对那些书札的直言不讳的目的陈述一点意见，那就是要具有早日通达人情世故的技巧——这种

① 在教育上有许多方面我的意见都与麦考莱夫人相吻合，所以我在这里不引用她的意见来支持我自己的看法，而只提到她的有价值的著作。

技巧，我敢断言会像蠕虫在幼虫时那样，暗暗地吞噬着正在发育的力量，把应该赋予青春以蓬蓬勃勃生命力的、可以鼓舞热情和伟大毅力的富于营养的液汁变成了毒素。[①]

聪明的人说过，无论什么事物都有季节性；谁会在温暖的春日去寻求秋天的果实呢？但这只不过是一种巧辩，我是要与那些精于世故的导师们讲一番道理的；他们不去培养人的判断力而去灌输偏见，使人们的心肠变得坚硬，以至于逐渐取得的经验只能使它变为冷酷。依我看来，早年就熟谙人类的弱点，或者所谓的通达世故，一定会使心胸变得狭隘，并且还使那天生的青春热情变为消沉，而这种青春热情不仅产生伟大天才而且还能产生伟大德行。在小树还没有长叶的时候，就期望它结出经验的果实，这种徒劳无益的企图，只能耗尽它的实力，妨碍它的外形自然成长；正如沉埋地下的金属一样，当它的内聚力遭到破坏的时候，它的外形和强度就都要受到损害。

诸位是研究过人类心灵的一些人，请问向青年人表明原则很少是稳固的，这难道不是一种奇怪的肯定原则的方法吗？如果这些原则被实例证明是虚假的，那又怎么能让人们在习惯上遵守这些原则呢？为什么要使青年人的热情因此消沉下来，使丰富的想象力因此遭到彻底地毁灭呢？的确，这种不带个人偏见的告诫可能使一个人避免世间的不幸，但是也一定会妨碍品德方面或知识

---

① 他认为应该经常防止儿童受到社会上的罪恶和愚蠢行为的传染，我觉得这种看法是非常错误的。我的眼界可以说很广，而在我的经验中，凡是受过这样教育的青年，早年思想中就感染上冷酷的猜疑，机械地背诵着老年人所常说的那个犹疑不决的“假设”，我从来不晓得这些会证明他们不是自私自利的人。

方面的提高。[1]“猜疑”在每一条道路上投掷下的绊脚石，将阻碍任何天才或善行的有力发展，而且使一个人远在应当退休享受安逸和赡养的暮年到达以前，在生活上被剥夺了最吸引人的魅力。

一个在家庭亲友中间教养大的青年，被引导着在头脑里贮藏了许多从阅读中和从青春的横溢活力以及本能的感情所激发的自然沉思中所取得的思辨知识，在他进入社会的时候，一定会抱有热烈而错误的期望。但是这似乎是自然的趋势；在道德方面和在工作兴趣方面一样，我们都应当遵守自然的神圣指示，而不要在我们应该低头顺从的时候，擅自去引导。

世界上，根据原则来行动的人不多；当时的感情和早年的习惯是行动的主要本因；但是假如在青年人还没有从经验中慢慢取得关于人类和关于他们自己心灵的知识足以使他们变得有所节制的时候，就把世界的本来面貌摆在他们面前，那么当时的感情又怎么会被压抑下去，而早年的习惯又怎么会变成为锈蚀坏了的铁脚镣呢？这样，他们就不会把他们的同胞看作是和他们自己一样的软弱的人，是要与人类的弱点作斗争的，因而有时表现出他们性格的光明的一面，有时表现出黑暗的一面，引起爱憎交替的感情，但是要把他们的同胞当作猛兽来提防，直到一切广义上的社会感情（总起来说就是博爱）被根除为止。

在生活中恰恰相反，随着我们逐渐发现我们天性上的缺点，我们也发现了美德；当我们和我们的同胞生活在一起，观察到同样的

① 我已经说过，有些人由于早年就在社会中厮混而自然地懂得了人情世故，会造成同样的效果，军官和妇女就是实例。

目标(这是我们在仓促学到不合情理的人情世故时所永远想不到的目标)时,各种情况就把我们和我们的同胞亲密地团结在一起。我们了解到一种愚蠢的行为发展成为一种罪恶,在事前几乎是觉察不出来的。在我们对它谴责时,我们感到惋惜;但是假使这个可怕的恶魔突然出现在我们眼前,恐惧和憎恶就会使我们变得过分严厉,会引导我们以盲目的热诚去僭取全能之名,诅咒和指责我们的同胞,同时忘记了我们不能了解别人的心里的底蕴,也忘记了在我们自己心里也隐藏着同样的罪恶种子。

我已经说过我们希望从教导中得到比单纯的教导所能给我们的更多的东西;因为我们不是教育青年用尊严去对待生活中的不幸,也不是教他们运用他们自己的才能去获致智慧和美德,而是对他们施以一次又一次的反复训导,并在他们应当信服理性的时候,要求他们盲目地服从。

例如:假设有一个青年,在他初恋的热情中,把他所爱的对象奉之为神明,这种出于不正确的热情迷恋又有什么害处呢?就德行来说,首先以显现人的形象来打动青年的心也许是必要的;比较成熟的和更为高尚的心灵所仰望和设想的理想典范,则是他们所看不到的。最聪明的人问道:"一个人不能爱他所见过的弟兄,怎么能爱上帝?"

青年人以一切优良品质来美化他的初恋对象,这是很自然的。由于无知,或说得更恰当一点,由于缺乏经验,而产生的争强好胜心,才使他们在心理上形成这样的爱情,但是随着岁月的流逝,当他们发现十全十美不是我们这些凡人所能达到的时候,抽象的美德就被认作是美好的,智慧也就被看成是崇高的了。于是友情(称之为友情是恰当的,因为它是由敬重得到巩固和加强的)代替了赞美;而那个孤独的生灵,只有依靠上帝来满足滋长在高贵的心灵中的那种对于十全十美的渴望。但是一个人必须靠他自己的努力来取得这种知识,并且这肯定是从失望中得到的上帝赐予的幸福果实!因为上帝乐于广布幸福,乐于对那些正在学着认识他的软弱生灵表示怜悯,他所赋予的良好习性绝不会是一种磨难人的虚幻希望。

我们的生命之树,现在可以任其百花怒放,我们也不希望勉强把时代的庄严印记与青春的美质结合在一起;而是耐心地等待着,直到它们扎根深固和抵抗过多少次狂风暴雨。那么一个人以适当的尊严慢慢地向十全十美发展,难道我们就应该因此而减低对他的尊敬吗?以此类推,我们周围的一切事物都是在发展中;当生活上的不愉快知识使我们几乎对人生感到厌倦,当我们根据自然的进程发现天地间一切皆空的时候,我们已经接近一场戏的可怕的尾声,生气勃勃和充满希望的日子过去了,生命的初期所给我们的在才智方面逐步前进的机会必然不久就作出总结。在这个期间,或者更早一点,从经验中认识到人生的虚幻,那是很有益处的,因为它是自然的;但是如果对一个脆弱的青年揭示人们的愚蠢和邪恶行为,从而教育他牺牲自己的感情来谨慎地防止生活当中的一般不幸;这种做法,如果同虔诚和经验所得的美好结果相对比,称之为现世的智慧,并不为苛刻。

我要冒险地提出一个似是而非的怪论,并且毫无保留地发表我的意见;假使人生下来就只是为完成生和死这个循环,那么当然最好是有先见之明尽一切力量去使生活愉快。因此对一切事务都有所节制，将是最为明智的；而小心谨慎的骄奢淫逸之徒也可能享受到一定程度的满足，虽然他既不培养理智，也不保持他心灵的纯洁。假设我们是临近死亡的人，那么，“小心谨慎”一定会是真正聪明的，或者，说得更明确些，考虑到整个一生“小心谨慎”，一定会获致最大的幸福，而超出生活方面以外的知识，一定会成为灾祸。

我们何必去苦心研究学问而损害我们的健康？从事知识方面的追求所能提供的高尚的乐趣，是抵偿不上事后的疲倦的；特别是在有必要把那些像阴云一般笼罩在我们研究工作上的种种怀疑和失望计算在内的时候，就更是如此。每一种研究在结束时都将带来空虚和烦恼，因为我们特别希望发现的那个目标，随着我们的进展会像地平线似的在我们前面飞奔。相反地，愚昧的人却像儿童一样，认为如果他们能一直向前走去，早晚他们会到达天地相接的地方。不过，虽然我们的研究会使我们感到失望，我们的心灵却由于受到锻炼而获得了力量；也许在生活的另一阶段，当薄弱的理智想要得到看得见的结果而探索隐藏的原因时，这种力量足可以使我们理解我们渴望获得解答的那些问题的答案。

构成我们这些有思想的人的物质，如果在我们苦心思索而毫无结果之后，只能成为植物的养分，使大白菜肥美，使玫瑰开花，那么我们的热情和生命趋向即使不是有害的，也一定会是无用的。感官欲望一定会符合一切尘世的目的，并产生较有节制、较为持久的快乐。但是精神力量在这方面用处不大，并且可能搅扰我们肉欲享受，虽然自觉的尊严会使我们以具有这种力量为荣。而它却证明生活完全是一种教育，一种幼稚状态；我们唯一值得怀抱的希望不应该为这种幼稚状态而放弃。因此，我的意思是说：我们对于希望通过教育所达到的目的，应该有一个明确的观念；因为有许多断然表示信仰灵魂不死的人，他们的行径却与他们的扬言背道而驰。

如果你认为获得尘世的安逸和幸福最为重要，而将来如何可以听其自然，那么你使你的孩子早年就洞悉他的天性上的弱点可算是一种深谋远虑的做法。固然你可能无意于使他成为一个英柯*；但是因为他很早就吸收了关于人性卑劣的意见，所以就不要想他会遵守法律条文以外的东西，他也不会认为有必要超越一般的水平。他可能避免重大的罪恶，因为老老实实是最明智的行为；但是他永远不会立志去获得崇高的美德。那些作家和艺术家们就是证明这个意见的例子。

因此，我要大胆地怀疑：人们所认为的道德原理，是不是那些通过书本来冷静地观察人类的人们所提出来的武断主张，并且和他们恰恰相反，我要说节制情欲并不永远是聪明的。相反地，男人的判断力和毅力为什么超过女人，其中一个原因似乎无疑地是因为他们对自己的巨大情欲有比较自由的活动余地，并且他们由于常常地走入迷途而扩大了他们的心胸。如果他们由于运用自己的①理性而确定了某些经久不变的原则，他们也许不能不感谢他们的情欲的力量；这种情欲是由对人生的错误看法培养起来的，并

* 作者可能是指当时在伦敦上演的小柯尔门(G. Colman the younger)的戏剧"英柯与娅瑞蔻"中的英柯而言。剧情大意是一个名叫英柯的伦敦青年在赴巴巴多斯(Barbados)的航行中遇险，为当地少女名娅瑞蔻者所救得免于死。在考虑应该忠实于娅瑞蔻还是娶总督之女为妻时，他终于选择了后者。——译者注

① 悉尼(指韦伯)说过："我发现凡是未经体验的名言都不过是口头上的名言。"

且被允许超出得到满足的界限。但是,如果在生命刚刚开始时,我们就能够冷静地正确观察眼前的景物,并且看到了每一件事物的本色,那么我们的情欲怎么会有足够的力量来发展我们的才能呢?

假设我现在是站在高处来观察那被剥去一切虚幻骗人的美妙外衣的世界,清新的空气使我能够看见每一件东西的真相;同时我的心也静如止水,我和清晨的景色一样地安静,当时雾气慢慢消散,静静地显露出经过休息而恢复了清新的大自然之美。

当前将要出现的世界是什么样的景象呢?我揉一揉我的眼睛并且想,也许我是刚刚由一个逼真的梦境中醒来。

我看到年轻的男男女女在追逐幻影,急切地浪费掉他们的力量来满足那没有适当对象的情欲。如果这些真正过分的盲目冲动被那种骗人的然而却经常受到信赖的指导者所纵容,那么想象力就不会由教育他们准备过另外一种生活而使这些眼光短浅的人不由自主地变得更聪明一些,或者,当他们在追求某些想象中的眼前快乐时,我同样也会看到这种景象。

在观察这种景象中的各种事物之后,认为这个世界是一个每天都在表演哑剧以供上等人娱乐的舞台就不算是过分地富于奇异的幻想。当他们看到一个抱有野心的人因为追逐幻影而身心憔悴,并且因为"在炮口上追求虚名"* 而粉身碎骨时,他们将感到何等地解闷啊;因为一旦失去了知觉,我们在旋风中上升也好,在暴雨中下降也好,都成了无关紧要的事情了。如果他们怜悯他,加强他的观察力,向他说明那条走向高位的充满荆棘的道路像流沙一

* 见莎士比亚喜剧《称心如意》,第二幕第七场。——译者注

般,在其中越想往上走就越向下沉,使他在几乎把幻影抓到手的时候感到失望,他能够不把享乐让给别人,而去努力巩固眼前的快乐吗?虽然由于他的天性,他也会感觉到抓住转瞬即逝的急流是不容易的。我们就是这种既抱有希望又担惊受怕的奴隶!

虽然有野心的人的追求如此虚妄,可是他常常追求比名声更实际的东西。的确,那将是真正使人眼花缭乱的东西,是引诱人走向毁灭的欲火。什么!为了死后获得称赞而要放弃最微不足道的满足!无论是会死的,还是永生的人,如果那种高贵的情欲并没有使他超越其他的人,那么为什么要做这种斗争呢?

再来谈谈爱情!它将会产生多么有趣的场面;戏台上小丑的演技和这种万分愚蠢的行为比起来也必定为之逊色。一个人用幻想出来的各种小装饰品来装饰他的对象,然后在他自己所设置的这个偶像面前屈膝礼拜——多么可笑!但是,如果夺去上帝因赋予人以生命而明确许给他的这部分快乐(否则上帝的属性将以什么为基础?),那么接着会发生什么样严重的后果呢?要是他只能感觉到那种所谓的肉体之爱,那么会不会更好地达到生活的一切目的呢?假如作为人类重要特点的沉思,由于教导他去爱十全十美的人(他的智慧将随着理性的明彻和提高而越来越明显;而理性的明彻和提高,是靠仔细考虑、靠取得因情欲的斗争而产生的对自然秩序的热爱),而没有赋予情欲以力量,也没有使情欲成为使他超越这种尘世渣滓的手段,那么没有通过想象的媒介而看到的对象,会不会不久就把情欲降低为肉欲呢?

沉思的习惯和由于增强情欲而取得的知识,可能显得同样有用,虽然那个对象被证明是同样虚妄的;因为若不是作为支配力量的情欲把这种习惯和知识加以扩大，它们整个看来都是同样的东西；这种情欲是最仁慈的上帝在我们身上种下的，借以唤起和提高每个人的才能，使每一个人取得在未成年期做某件事情所能取得的、不知其所以然的一切经验。

我由高处走下来，混杂在我的同胞之中，感到我自己也是在随波逐流地前进。野心、爱情、希望和恐惧在发挥着它们的一贯威力，虽然根据理性，我们明白其中的最诱人的许诺都不过是骗人的梦幻；但是倘若"小心谨慎"，伸出它的冰冷的手，使得一切强烈的感情在形成固定的性格和养成任何习惯之前就低落下来，那么除了自私的小心谨慎和理性凌驾于本能之上以外，还能期待什么呢？凡是以哲学眼光看过斯威夫特副主教*关于雅虎**的令人厌恶的描写和关于贤马国的乏味描述的读者，谁能看不到降低热情或使人安心于满足是徒劳无益的呢？

青年人一定要活动，因为他要是具有老年人的经验的话，他还是去找死神比活着更合适些；虽然他那与其说是存在于内心里的德行，不如说是存在于想象中的德行，不能使他做出什么伟大的事

* 斯威夫特(Jonathan Swift，1667—1745)是英国的古典主义作家。他写有著名的讽刺小说《格列弗游记》。这本小说通过虚构故事格列弗漫游各国的见闻和遭遇，在一定程度上揭露了资本主义制度的本质，打击了英国资产阶级地主阶级统治集团。——译者注

** 格列弗在最后一次航行中，船为海盗抢去，自己被抛弃在一个不知名的地方，这就是贤马国。斯威夫特把这个国家中的人形动物雅虎描写成一群丑恶、肮脏、贪婪、淫乱、好战的兽类，而把贤马说成是有理性、公正、爱好和平的统治全国的动物。作者用雅虎的特点和人的特点类比，来说明雅虎就是在某些方面退化了的人类。虽然作者在这里缺乏分析地把人不分青红皂白一律说成是雅虎，但他没有忘记指出雅虎中间的统治者和他的宠臣比其他雅虎更难看、更刁恶。——译者注

业，他那为今世而准备的理智，也不会由于奋发努力而证明他有资格受到尊敬。

再说，要想使青年人对人生有一个正确的看法也是件不可能的事；在他尚不能判断那种使他的同胞陷于罪恶的诱惑力的时候，他必须与他自己的情欲做斗争。那些涉世伊始的人和即将离开这个世界的人，从如此差异的观点来看这个世界，他们的想法很少能够一致，除非前者从来没有试图独自发展他的不成熟的理性。

当我们听到某种胆大妄为的罪恶时，它使我们感到非常阴森可怕，并且会引起我们的愤怒；但是当一个人了解到罪恶是逐渐发展起来的时候，他一定会以比较同情的宽容态度对待它。一个不受感动的观察者是不能看清世界的；我们必须置身在群众之中和人们具有同样的感受之后我们才能够判断别人的感情。简洁地说，如果我们打算在这个世界上生活，变得更聪明和更善良些，而不是仅仅享受生活当中的美好的东西，我们就必须了解别人，同时也认识我们自己。用任何别的方式取得的知识，只能使心肠冷酷和使理智陷于迷惘。

可能有人认为这样得到的知识有时候所付出的代价太大了。对于这一点，我只能回答说：我非常怀疑既不费力气又不经过痛苦就能得到任何知识；那些想使他们的子女既不费力气又不受痛苦的人，在察觉到他们的子女既不聪明又无美德时，就不应该有所抱怨。他们的目的只是要使子女小心谨慎；但是早年的谨慎只不过是愚昧自私的保护手段而已。

我曾观察过对其教育特别重视的年轻人，他们一般都非常肤浅和自高自大，在任何方面他们都毫无可爱之处，因为他们既没有青年人的坦率的热情，又没有老年人的那种冷静的深沉。我不得不把这种不自然的现象首先归罪于他们所受的那种性急的、不适合于他们年龄的教育，这种教育引导他们傲慢地重复一切他们所信赖的粗陋见解，因而他们所受的无微不至的教育，足以使他们终身成为偏见的奴隶。

运用思想也和使用体力一样，最初都是令人厌烦的，因此有许多人就乐于让别人去为他们思考和工作。我过去时常提出来的一种看法可以说明我的意思。在一些熟悉的人和一些不熟悉的人聚在一起时，一个才能平常的人所热烈拥护的意见，我敢断言（因为我对这个事实曾经研究过）往往是一种偏见。这些随声附和的人们非常尊重某一位亲戚或某一位朋友的意见，却没有充分领悟他们如此热心传播的那些意见的意义，他们顽固地支持这些意见，其顽固程度甚至会使最初提出意见的本人感到惊讶。

我知道现在流行着一种尊重偏见的风气；谁要是敢于反对偏见，虽然他是由于人性的驱使，并有理性作为根据，就会被人傲慢地质问，他的祖先们是否都是傻瓜。我当然要回答，不是傻瓜。每一种意见最初大约都是经过考虑的，因此也就有某种理由作为根据；当然，它仍然往往是一时一地的权宜之计，而不是在任何时代都合理的根本原则。但是当陈腐的意见仅仅因为年深月久和受到人们的表面的尊敬而被懒人采纳时，它们就变成了一种不合时宜的偏见，虽然它们所作为根据的理由已不成为理由，或者已经不可查考了。为什么我们仅仅因为是偏见而去喜爱偏见呢？[1] 偏见是

① 参见柏克(Burke)的著作。

我们不能为它找到理由的、使人盲信的顽固的信念；因为一旦人们能为偏见找到理由，即使这个理由可能是判断上的错误，它也就不再是一种偏见了；那么这是不是劝我们只是抱有与理性相对抗的意见呢？这种辩解（如果能把它称之为辩解的话）的方式使我想起那种通常所谓的女人道理；因为女人有时候宣称她们喜爱或相信某些事物，就是因为她们喜爱或相信它们。

与那些只会用肯定和否定两种说法的人谈话，是不可能达到任何目的的。在你能够使他们达到一个正确的出发点以前，你必须追溯这些最初靠权势提倡的偏见流行以前的简单原则；但是你的话十之八九要被那具有哲学意味的主张打断，他们会说：有些原则在实践上是错误的，正如同它们在理论上是正确的一样。[①] 不仅如此，他们可能引申说理性在暗暗地怀疑，因为往往有这种情形：当人们开始动摇的时候，他们对自己的意见坚持最激烈；他们想靠说服他们的反对者来驱散自己的疑云；当那些使人苦恼的怀疑反过来折磨他们自己时，他们就转为愤怒。

实际情形是：人们希望从教育中得到教育所不能给予的东西。明智的父母或导师可能使孩子的身体健壮，加强孩子们赖以积累知识的工具，但是甜美的蜜必须靠自己的勤劳才能获得。企图靠别人的经验使一个青年变为聪明，其荒谬几乎如同希望仅以谈谈或者看看锻炼就使身体强壮一样。[②] 许多孩子们一举一动都被紧

---

① “说服一个人违反他的意愿，
结果他还是保持他自己的意见。”

② “只满足于沉思的人，他什么也看不清楚；为了能看清楚别人是怎样行动的，必须亲自行动起来。”——卢梭

紧钉牢着，他们变成了最软弱的人，因为他们的导师仅仅把那些只不过是权威而无其他基础的某些观念灌输在他们的头脑里；一旦这些观念被孩子们热爱或尊重，他们的思想也就在运用上受到束缚，在前进的道路上动摇不定。在这种情形下的教育，其任务只不过是把正在伸展的花草卷须牵到一个适当的杆子上而已；此外在规定了一条条的教训之后，不允许孩子自己去获得判断力，而做父母的却希望他们把这种借用来的虚妄见解看作是自发的那样采取同样的行动，并且要他们在走向生活时，像他们的父母在结束生活时一样。这些做父母的人没有考虑到树木，甚至人体，直到它充分长成之时，其筋脉才会强壮有力。

在心灵方面，看来也有类似的情形。在童年时期和少年时期，感官和想象力使品格有了形态；随着年龄的增长，理智使感性的最初的美好意图得到巩固，直到美德起因于理智的明确信念，而不是产生于感情的冲动，同时品德确立在磐石般的基础之上，可以经得起情欲风浪的打击。

当我说到宗教除非建立在理性的基础上就不能具有这种凝聚力时，我希望不至受到误解。假使宗教仅仅是软弱或狂热的借口，而不是一种从自觉中得出来的支配行为的原则，也不是一种关于上帝属性的合理主张，那么我们还能希望从宗教中得到什么呢？那种在于鼓舞热情和提高想象力的宗教，只不过是有诗意的部分，它可能使个人得到快乐，而不必使他成为一个更有道德的人。它可能代替俗世欲求，然而它不能使心胸开阔，却反而使心胸狭隘；但是美德因为它本身的崇高和卓越必定受到热爱，如果我们希望具有高尚的美德，那绝不是因为要借它来趋利避害。假使人们只是为了补偿他们今世所遇到的不如意而建立来世的空中楼阁；假如他们的思想从应尽的有关义务转向到宗教的幻想，这样他们是不会成为有道德的人的。

生命中的许多良好美景，都被人类蒙混搪塞的世俗聪明给毁坏了，他们忘记了他们不能既侍奉上帝又侍奉财神，不能把相互对抗的东西混杂在一起。假使你希望你的儿子发财致富，那么就走这一条路；如果你只是期望他成为一个有道德的人，那你就必须选择另一条道路；但是不要幻想你能够从这条路跳到那条路而不走入迷途。[①]

① 参见巴鲍德夫人（Mrs. Barbauld）的《散文杂记》（*Miscellaneous Pieces in Prose*）中关于这个问题的一篇卓越的论文。

第六章　早期的观念联想对性格的影响

如果妇女接受我一直在批判的那几位作家以软弱无力的笔调所建议的教育，并且由于在社会上处于附属状态而没有机会恢复失去的地位，那么妇女在天性上处处表现出缺点还有什么奇怪的呢？当我们考虑到一种早期的观念联想会在性格上产生什么样的决定性的影响时，她们轻视自己的理智而把全部注意力放在容貌修饰上，那又有什么奇怪的呢？

从下边的研究中，我们可以明显地看到：一个人积累知识会自然地产生巨大的利益。我们的观念联想或者是习惯性的，或者是瞬时而来的；后一种方式似乎与其说是取决于意志，不如说是取决于原来的心理状态。当我们一旦接受了观念和事实，它们就储藏起来备用，直到偶然情况使我们在一生各个不同的阶段中接受的这种信息以实例说明的力量突现于心中。许多回想起来的观念好像电光闪烁；由一个观念以惊人的速度吸收并解释另一个观念。我现在所指的不是对真理的迅速认识，对真理的迅速认识是非常直觉而无法深究的，并且我们无法断定它究竟是回忆还是推理，它在打破阴暗疑团的一刹那间已经消失。对于这些瞬时而来的观念联想，我们没有多大控制力量；因为当思想由于飘忽不定的飞驰或者深沉的思索而扩大了范围时，那些新观念在某种程度上就会自行作出安排。诚然，在我们把各种思想凑在一起，或根据想象来描绘热情的幻想图画时，理智可能使我们不至于越出图画范围以外；但是天生的活力、个人的性格给这幅图画涂上了色彩。我们对于控制这种难以捉摸的电流体①力量是多么微小，理性能够取得的控制力量又是多么微弱。这种美好而难于控制的活力看来就是天才的本质，它以敏锐的眼光，在最大程度上产生可喜的力量，这种力量把令人惊奇的思想、令人欢喜的思想和给人以教训的思想联合起来。正是这些热情洋溢的人为人们集中图像，并强迫人们津津有味地去观看那些从热情奔放的想象中反映出来而人们在自然中所忽略的事物。

必须让我来解释一下。大多数人都不能够像诗人一样去观看或感觉，他们缺乏想象力，因此从寂寞中飞跑出去寻求感觉灵敏的人们；但是当一个著述家把他的观察方法提供给他们的时候，他们就能够像他一样地观察事物，并且对那些虽置诸眼前但他们不能选择的形象感到有趣。

因此教育只是供给有天才的人以知识，以使他的联想具有多样性和对比性。但是还有一种习惯性的观念联想，它“随着我们年龄的增长”而增强，它对于人类的道德品性有极大的影响，并且能形成一个人的性格，这种性格一般说来可以终生不变。理智是如

① 当我有意嘲笑唯物论者的时候，我有时就提出这样的问题：既然自然界中最强有力的影响显然是由电流体、磁力等等造成的，那么人们的情欲不就是包含人性在内把各种不听话的基本部分保持在一起的微妙易变的电流体吗？或者它们只不过是一种渗入到更为呆滞的物质中的流火，赋予这些物质以生命和热吗？

此地随着人意，然而又是如此不随人意，以至于那种因偶然情况而产生的联想，在身体达到成熟的期间，很少能够为理性所解除。一个观念唤起另一个观念，它的旧联想和忠实于最初印象的记忆，尤其是当我们没有运用智力来使我们的感觉保持冷静时，将十分精确地回想这些观念。

这种对最初印象的习惯性顺从，对于女性性格比对于男性性格起到更有害的影响，因为事业和其他枯燥的理智的运用可以有助于使感情冷静，有助于制止为害理性的联想。但是就女性而言，当她们还只是孩子的时候就使她们成为成年妇女，当她们应该永远离开婴儿车的时候却又使她们回到儿童时代，所以她们没有足够的意志力量除掉那些抑制天性的外加手段。

凡是她们所见到的或听到的每件事物都有加深印象、激起感情和引起观念联想的作用，使她们心里总忘不了女性的性格。关于美丽和娇弱的错误观念阻碍了她们四肢的发育并且产生痛苦，而不是使她们的肢体变得娇美；由于她们专心来扩大周围一切事物迫使她们引起的最初的观念联想而不是对这些联想加以考查，她们变得如此软弱，这样她们怎么能取得必要的力量，以使她们抛弃矫揉造作的性格呢？怎么能有力量恢复理性，摆脱那种使青春的美好希望成为泡影的压迫制度呢？严谨的联想把一切事情都联系在一起，以构成她们所有的思想习惯，或者说得更精确些，构成她们所有的感情习惯，当她们开始能稍稍主动的时候，这种联想得到了新的力量，因为此时她们察觉到，只有通过她们刺激男人感情的手段，她们才能获得快乐和权势。同时，那些明言为指导她们而撰著的书籍，全都以同样的意见来对她们谆谆教诲，在她的心中造成了最初的印象。在这种比埃及的奴役制度还要厉害的制度下受教育，如果我们要谴责她们的过错，那是不合理的，而且是残忍的；除非我们设想她们获得了人类中极少数几个人才能侥幸获得的天生魄力，否则她们是难以避免过错的。

例如，有人曾极为尖刻地讽刺过女性，嘲笑她们只会重复“死记硬背学来的一套词句”，但是考虑到她们所受的教育，以及“她们最大的优点就是毫不争辩地服从”男人的意志，这种情形是再自然不过的了。如果不允许她们有足够的理性来支配她们自己的行为，她们所学的一切当然就必须靠死记硬背！当她们在品评服装上费尽心机的时候，她们“热爱一个英国军人”那是非常自然的，因而我从未对此感到过惊奇；再有，如果承认蒲伯对于妇女性格的概括：“每个女人本质上都是荡妇”是正确的，那么她们为了寻找一个意气相投的人，宁取荡子不取明达之士，为什么要受到严厉的谴责呢？

荡子懂得怎样去激起她们的敏感，而知理的男人言行有度，当然对她们的感情不会有多大影响；因为他们之间很少有共同的见解，所以他们不能通过理智来打动她们的心。

既然不允许妇女自由地运用理性，而又希望她们在男人的喜好上比男人更合理性，这似乎有点荒谬。男人什么时候用理智恋爱过？虽然他们具有优越的权力和有利的条件，他们什么时候曾经从注意容貌转向注意心灵？既然只教导她们注意举止，只要她们的仪态，无视她们的道德，那么又怎么能希望她们轻视那些毕生努力想取得的东西呢？当一个男人的态度是拒人于千里之外（关于这一点她们是训练有素的鉴定专家），他的谈话由于不能悦耳动听、对答如流，或缺乏措辞巧妙的恭维，因而显得冷淡无情、枯燥乏味的时候，她们怎么能突然具有足够的判断力来耐心地估量一个笨拙而有美德的男人的知识呢？为了长时期地赞美或尊重任何事物，我们必须至少在一定的程度上了解我们所赞美的事物，以引起我们的好奇心；因为我们不能估计我们所不能理解的那些品质和德行的价值。这种尊重，当它被感觉到的时候，可能是崇高的；从某些观点来看，模糊的谦卑意识可能使依赖别人的人成为一个有趣的对象；但是人类之爱必然搀杂有比较粗鄙的成分；而容貌自然要占其中的一份——往往还是相当大的一份！

爱情，在很大程度上，是一种独断的感情，同某些其他高视阔步的坏毛病一样，不会去理会理性，而只是根据它本身的权威来统治一切；它也可以很容易与作为友谊的基础的敬重相区别，因为爱情往往是由短暂的美丽和文雅所激发起来的；虽然要使这种感情具有力量，必须有某种比较具体的东西来加深它们的印象，并使想象力起作用，造就出最美的人，即第一个好人。

共同的品质会激发起共同的感情。男人要求的是美貌和高兴地顺从的一笑；女人见到风流倜傥的男子就失魂落魄。一个有绅士风度的男子很少有不讨女人喜欢的，她们渴望听到那些献殷勤的有礼貌的空话，而不愿意听求爱者发出的难以明白的声音——理性，他明智地从来不会用理性去求爱。谈到表面上的技能，荡子在这方面确是占便宜的；女性对于这些技能是能够赏识的，因为那是她们自己所擅长的。由于她们整个的生活情调，她们成为放荡轻浮的人，因此智慧的本色或严肃的美德在她们看来必然是伤脑筋的；这对于她们和她们视同儿戏的爱情形成一种限制，她们当然要反抗。她们除了对一些肤浅的东西外是没有欣赏力的，因为欣赏力是判断力的产物；既然不能欣赏，她们怎么能发现真正的美丽和文雅是来自心灵的活动呢？怎么能希望她们从情人身上去领略她们自己尚且没有的，即使有也是很不完全的东西呢？那种使两心相印、互相信赖的同情在他们身上是如此的薄弱，以致不能引起爱火，从而达到感情的高潮。不能，我再说一遍，这种人所怀抱的爱情，必定有比较卑劣的东西作为它的动机！

结论很明显；在尚未引导妇女运用她们的理智的时候，不应该因为她们亲近荡子而讥讽她们；甚至不应该因为她们内心放荡而讥讽她们，因为这是她们所受教育的必然结果。那些为取悦于人而活着的人——必然在取悦于人当中去寻求她们的享受，寻求她们的幸福！任何事情，除非我们为了它本身的缘故而爱它，否则我们是永远不会干好的，这虽是一句老生常谈，却也十分正确。

姑且这样假设：妇女在未来的变革中，变为如我所衷心希望她们的那样，爱情也取得了某种严肃的尊严并在它自身的火焰中锻炼得更为纯净，德行使她们的感情得到真正的融洽，这样，她们就一定会和一个放荡之徒分道扬镳，对他感到憎厌。目前，妇女的唯一本分就是去感受，到了那时她们就会和现在感受一样地推理，并且能够很容易地防止受优美外表的诱惑，能够很快学会轻视那些以作恶为业的女人的方式引起刺激和惯于滥用的敏感；她们同样也会轻视引诱和不正经的气派。她们一定会想到，她们所希望点燃起来的爱情之火（我必须采用适当的措辞）已经为色欲所耗尽，过分满足的性欲对于单纯的取悦于人已经完全感觉不到兴味，只有靠放荡的行为或种种花样才能被刺激起来。当一个高雅妇女的纯朴爱情被看成是乏味的时候，她和这个男人结合能够指望顺心如意吗？关于这种情况，德莱登*是这样描写的：

> 在女性这一方，爱情是责任；在男性那一方，爱情只不过是一种色情嗜好，而且是以蛮横傲慢来追求的嗜好。

但是还有一个重大道理是妇女所没有学习到的，按照这个道理办事对她们来说至关重要。这个道理就是在选择丈夫的时候，她们不应该因对方是情人而误入迷途，因为把丈夫当作情人，即使丈夫是有德行的聪明人，他也不可能长久维持下去。

倘若妇女受的教育比较合理些，倘若她们对事物能有比较全面的看法的话，她们会满意于终身只恋爱一次，并且婚后安静地让热烈的爱情化为友情，化为亲密的体贴，这是避免忧虑的上策；然而这样的友情却是建立在如此纯洁、平静的感情上的，因而不会让无益的嫉妒扰乱她去完成人生严肃的责任，或是占据那应该用之于别处的思想。许多男人是生活在这种情形下的，但是女人却只是少数、极少数。这种区别是很容易说明的，不必又回到性别之分上边去。男人（据说女人是为他们而创造的）过分地占据了女人的思想；这个联想使爱情和她们的一切行为的动机纠缠在一起；再说句老生常谈的话，女人既然把她们的全部精神用在训练自己激发爱情，或者是把她们所学习到的东西应用于实践上，那么她们没有爱情就不能生活。但是，当责任感或羞耻心迫使她们限制这种取悦于人的放纵欲望，使它不至于超过一定限度时（虽然还远不到犯

* 约翰·德莱登（John Dryden，1631—1700）是英国古典主义诗人和戏剧家。——译者注

罪的程度，但也谈不上文雅），她们就顽强地去爱（我指的是情欲）她们的丈夫，她们愚蠢地扮演着她们从情人那里学来的角色，成了卑贱的求爱者和温顺的奴隶。

具有机智和幻想的男人往往是荡子；而幻想就是爱情的养料。这样的男人是能够引起激情的。半数女人，在她们目前的幼稚状态下，都会恋慕像洛弗拉斯*那样的人物；他非常机智，文雅而又英勇：如果她们根据经常用来对她们进行教诲的原则来行动，她们应该为此而受到谴责吗？她们需要一个情人，同时也需要一个保护者；你看，他跪在她们的面前——勇敢的男人拜倒在美貌女子的脚下！做丈夫的美德就这样地被爱情抛到黑暗的角落里去了，快活的希望和活泼的热情赶走了深思远虑，直到算总账的一天到来；这个日子肯定是要到来的，它会把兴致勃勃的情人变成一个乖张多疑的暴君，他轻蔑地侮辱他一手培育起来的弱者。或者，假设这个荡子改邪归正了，但是他也不能很快地摆脱旧习惯。当一个有才干的男人第一次被他的情欲弄得神不守舍的时候，那是有必要用感情和趣味来掩饰他的重大恶行，给他的兽性放纵增添一些风趣的；但是当新奇感已经消逝和感官对于享乐感到厌倦时，放荡的生活就变成了无耻行为，而享乐就只不过是逃避深思的弱者的绝望挣扎，像由魔鬼群中逃出来一样。啊，德行！你并不是一个空名！凡是生活所能给的东西——你都给了！

在一个具有优越才能的荡子改邪归正之后，假如不能希望从他的友情中得到多少慰藉，那么当他既缺乏理智又无原则的时候，

* 洛弗拉斯是理查逊名著《克拉丽莎》中的男主人公，见第 4 章注。——译者注

其结果又当如何？那一定是一种最可怕的真正不幸。软弱的人当他们的习惯一天天地巩固下来以后，再想改正是很难办到的；这种改正实际上会使那些没有足够决心以无害的逍遥快活为乐的人感到痛苦；就像商人一样，当他们从繁忙的事务中退休下来以后，摆在他们眼前的只是一片空虚；思想上不安定损害着他们的沮丧精神。[①] 改邪归正和离职退休一样，确实使他们感到生活惨淡；因为过去还有希望和恐惧来刺激他们呆滞的思想，现在由于希望的破灭和恐惧的消失，他们就成了无所事事的人了。

假如这就是习惯的力量，假如这就是愚蠢给我们的束缚，那么我们应该如何小心谨慎防止我们的心灵去积累那些有害的联想呢？我们还应该同样细心地来培养我们的理智，把可怜的人从软弱依赖的状态中（虽然是无害的无知状态）中拯救出来。因为只有正确地运用理性才能使我们不受一切事物的束缚——除了明显的理性而外——“理性对于我们的贡献是真正的自由”。

① 我常看到一些容颜衰退到无可补救地步的妇女，她们正可以证明这种情况。她们已经从花天酒地的热闹场中退了下来，但是除非她们成为监理会派教徒，否则她们脱离了那个亲友圈子之后，就会感到孤独，生活一片空虚；结果，神经性的病痛和游手好闲所产生的忧郁使她们变得和当初参加热闹场合时一样地毫无用处而且远比那时痛苦。

第七章　端庄谦逊——广泛地而不是作为女性的美德来加以研究

端庄谦逊！感性和理性的神圣产物！真正的心灵美！我能否不受谴责地冒昧研究一下你的性质，探索出在你身上隐藏着的柔和的魅力，这种魅力使每一种性格上的生硬特点臻于老练，使那些没有你只能引起冷静的羡慕的东西变得可爱！你使贤哲的道理变得最为平易，使最崇高的美德格调变得最为温和，直到它们全都溶化在人性当中；你在爱情的周围散布着一层稀薄的云雾，增加了一切半遮蔽着的美人的美丽，散发着沁人心脾的和迷惑人们感官的羞涩芳香，——你使我的理性的具有说服力的语言获得调节，直到我把女性从华丽的卧床上唤醒。她们就是在这个床上懒惰地睡去了她们的一生！

在谈到我们的观念联想时，我曾提到两种不同的联想模式；在说明“端庄和谦逊”时，我认为同样应该把心地的纯洁和性格的朴实区别开，前者是贞洁的结果，后者使我们对自己有正确的认识。它们虽然与我们感到自己尊严的高傲意识相一致，但同样远不是虚荣和傲慢。谦逊这一词是指一种清醒的理智而言，它教导人不要把自己看得太高，超过恰如其分的程度，但应该与卑屈区别开，因为卑屈是自卑自贱。

谦逊的人所常想到的是伟大的计划，并且不屈不挠地坚持下去，他始终意识到自己的力量，直到成功肯定了这个计划，从而决定了它的性质。当弥尔顿痛苦地提出他的被证明为先见之明的、而我没有注意的判断意见时，他并没有骄傲；在华盛顿将军受命统率美洲军队时，他也没有自高自大。后者一直被认为是个谦逊的人；但是他如果仅仅是一个谦卑的人，他大概一定会犹豫地畏缩不前，不敢亲自担负起指导那关系事业成败的责任。

谦逊的人是坚定的，谦卑的人是怯懦的，而浮夸的人是傲慢的：这是我观察了许多人之后做出来的判断。基督是谦逊的，摩西是谦卑的，彼得是浮夸的。

这样一方面把谦逊与谦卑分别开，一方面我也无意把端庄和羞怯混淆起来。事实上，羞怯和端庄是显然不同的，最羞涩的小姑娘或最不开通的乡下佬往往会变成脸皮最厚的人；因为他们的那种羞怯只不过是出于无知的本能的怯懦，习惯很快就会把它变成厚颜无耻。①

在这个首都街道上娼妓猖狂横行，她们那种既可怜又可憎的

① "当她第一次看见一个红衣兵士时，
这位乡村姑娘是如此的惊慌，
赶快把脸儿藏在门后边；
第二次她就不是那样害怕，
她远远地望着军服上的花边；
现在她对他已没有任何恐惧，
任他紧紧握住自己的手，
她躺在他的臂弯里调笑得那么亲密，
她觉得每一个兵士都有魅力；
从一个营帐到一个营帐她散布着她的爱情，
因为习惯已经征服了恐惧和羞耻。"——盖伊
〔盖伊(John Gay，1685—1732)是英国诗人、戏剧家。——译者注〕

不顾廉耻的行为正可用来说明这个道理。她们以满不在乎的神气来践踏处女的羞涩心理。在她们以耻辱为荣时，她们变得比男人更猖狂放荡；男人虽然一直看来是腐化堕落的，但还没有无缘无故地承认他们有好色的品质。但是这些无知的可怜虫们，当她们委身于那些伤风败俗的丑行时，她们从来没有放弃过任何端庄，因为端庄是一种美德而不是一种品质。她们只不过是既害羞又天真的人；她们一旦失去天真，他们的害羞也就一下子被扫除净尽：美德如果为情欲而牺牲，它一定会在我们的心灵上留下一些痕迹，使我们重视这种严重的堕落。

心灵的纯洁，或者说真心的审慎，是对贞洁的唯一良好的维护，它和那种只存在于有教养的人的心灵中的高尚人性，有极为近似的渊源。它比天真更高贵，它是出于一种周到的考虑，并非出于无知的羞涩。理性的自制就像习惯性的整洁一样，除非在一个人积极行动的时候，它大部分是不容易被人发现的，但是它可以很容易地与质朴的羞涩或荒唐的畏怯区别开；它绝不是和知识不相容的，而且是知识的最美好的成果。下面这段文字的作者，对端庄的观念是多么粗鄙！“一位有教养的女子问道：妇女学习现代植物学理论是不是与女性的谨慎没有矛盾？这位女子被谴责为可笑的假正经，可是，如果她向我提出这个问题，我必然这样回答：她们不能学这些东西。”那部美好的知识性的书就这样被永久封存起来了！在读这种类似的文章的时候，我曾经虔诚地仰望上天，对永生永世长存的上帝祷告说：“啊！天父，难道就是因为你的女儿天生的体质，你才禁止她在美好的真实世界中去寻求你吗？难道她的心灵因为那种要求她对你敬畏的知识就可以受到玷污吗？”

我曾经从哲理上研究过这些问题，直到我得出结论：那些理性最发展的女人一定是最端庄的女人，虽然在举止方面庄严的稳重可能代替了少年时代有趣的、迷人的羞涩。[①]

我曾经这样主张：要使贞洁成为美德，从这美德中自然流露出没有矫饰的端庄，那就必须使女性的注意力离开那些只能刺激起敏感的活动，使她们的心的跳动合于人性，而不是为了爱情。一个女性，把大部分时间用在纯粹的知识的追求上，并且在有益的近乎人情的计划上使用她的感情，那么她在心灵的纯洁上，一定超过那些把时间和思想用之于快活的享受或策划怎样得宠的无知者，这是必然的结果。[②] 举止行为的控制并不是端庄，虽然那些讲究礼法规矩的女性一般都被称为端庄的妇女。要使心地纯洁，让它开朗，让它能感受一切属于人性的东西，而不要让它局限在自私的情欲上；让思想常常考虑那些能够运用理智的问题而不要热衷于想象，那么纯朴的端庄就会最后修饰完成这幅图画。

一个人能够在斜穿过朦胧黑暗之夜的光线中辨别出永生的曙光，感觉到光明的日子就要到来，她一定会像尊重一座神庙那样来

① 端庄是成年人优美娴静的美德；羞涩是青年人活泼可爱的魅力。

② 我曾经像男人与男人谈话那样地同医学人士们讨论过解剖学上的问题，也曾同男艺术家们比较过人体的各部分；而我所遇到的都是如此端正的人，他们的言谈神色从来没有使我想到我是女性，也没有使我想到那些把端庄当作弱者伪善外衣的荒谬规矩。因此使我相信：如果女人不以虚假的端庄使男人想到她们是女人——女人好像被葡萄牙贵妇人的那种精神所驱使，认为当她们与一个男子单独在一起的时候，如果这个男人没有一点粗鲁的一亲芳泽的企图，就是对她们魅力的侮辱，那么，她们在追求学识中，就永远不会受到明理的男人的侮辱，也很少会受到任何一类男人的侮辱。男人同女人在一起时不是永远都想到他们是男人，女人也不会永远记得她们是女人，如果允许他们更多地取得一些理智的话。

尊重那藏着这样一个可以提高灵魂的肉体。真正的爱情同样地会在这个被爱对象的周围散布这种玄妙的神圣气氛，使爱人在她的面前[①]极度的端庄谦逊。爱是非常含蓄的，无论是接受或报答个人的宠爱，它不仅像亵渎神灵的行为那样希望避开人们的眼睛，并且还在周围散布一种模模糊糊的疑云，甚至要挡住那耀眼灿烂的阳光。然而爱情如果没有一种淡淡哀愁的崇高忧郁感，就不能称为纯洁的爱情，这种忧郁感可以使心灵在意识到神的存在的时候暂时仍然维持原状，去享受当前的满足，——因为这必然是快乐的源泉。

我总喜欢对任何流行的习惯追究它的根源，我时常想：人们对远离的朋友或去世的朋友所接触过的东西有一种热爱的感情，所以才产生了对遗物的尊敬心（这种尊敬心曾经被自私的教士们大加滥用）。信仰或爱情可以使我们对于衣服像对于一个人那样地视为神圣，因为一个情人如果对于他的情妇的手套或鞋子没有一种神圣的尊敬心，那么他一定是缺乏想象力的。他不能把这些物品看作是一般的同类的东西。这种微妙的情感也许经不住实证哲学家的分析，但是正是由于这种物品使得人们产生了回忆中的喜悦心情。一个朦胧的幻影在我们眼前滑过，模糊了一切其他物体；但是当我们抓住那温柔的暗影以后，那个形体却化为一阵清风，给我们留下的只是我们记忆中的一直认为宝贵的孤独的空虚，或者是从紫罗兰中窃取来的一阵芳香。但是我已经不知不觉地踏上了仙境，感觉到温和的春风向我袭来，虽然是在严寒的冬月。

从性别来说，女人比男人更贞洁；因为端庄是从贞洁产生的，

① 男女都是一样，因为世界上也有许多端庄的男人。

所以在特定的意义上说，应该恰当地承认这种美德是属于女人的。然而还必须让我加上“假设”这个含糊不定的词，因为当贞洁仅仅是对于世俗意见的尊重时[①]，当小说家所描写的卖弄风情以及失恋的故事占据了她们的思想时，我怀疑贞洁是否还能导致端庄，虽然它可能是合乎礼法的行为。不但如此，根据经验和理性，我不能不期待在男人中间比在妇女中间看到更多的庄重，因为男人比妇女更能运用他们的理智。

但是谈到行为的合乎礼法，除了一类女人之外，妇女显然是做得比较好的。那种厚颜无耻对女人献殷勤的行为，被认为是一种男子气概，使许多男人带有侮辱意味地盯着看他所遇到的每个女人，还有什么能比这种行为更令人厌恶呢？我们能把这种行为称为对女性的尊重吗？不能，这种放荡行为表现出他们是多么堕落，他们的心灵是多么软弱。所以在男女双方都变得更端庄并且彼此互相尊敬(除非欲望或激情使他们的行为具有一种它所特有的情调)以前，也就是说在男人抑制住他们的色情贪婪，或者抑制住那种假装的男性厚脸皮(与其说是脸皮厚不如说是无耻更恰当些)以前，我们对于公德或私德寄于过高的期望是徒劳的。我所指的是对一切个人的尊敬，也就是说人类和同胞之间的谦虚的尊敬，而不是那种放荡的假装的献殷勤，也不是以保护人自居的那种傲慢屈尊。

说得更深一些，端庄必须是出自内心地放弃和反对放荡思想，这种思想引导一个男人无礼地、面不改色地在一个同胞的面前说

① 许多已婚妇女虽然她们绝不会与人私通，但是她们的不端庄的行为正可以说明这一点。

出下流的隐语或色情的俏皮话；到这地步已不是对待女性的问题，而是一种兽性的表现。把人当作人来尊敬是一切高尚情感的基础。任情纵欲的浪子比那个下流的引人大笑的小丑能正经多少！

这不过是许多例证之一，这些例子都证明端庄有性别之分，对于美德和幸福是一种致命伤。但是，还不止于此，一个女人，软弱的女人，她所受的教育已经使她变成了敏感的奴隶，可是还要求她在最重要的关头抵抗敏感。诺克斯*说："把女人保持在愚昧状态、然而却又坚决要求她们抵抗诱惑，还有比这更荒诞的事吗？"因此当美德或荣誉使一个人应该抑制情欲的时候，责任却被放在比较软弱的肩头上，这与理性和真正的端庄是相抵触的，真正的端庄至少也要使自我克制成为共同的行为，更不必说勇敢慷慨行为被认为是男性的美德了。

关于端庄，卢梭和格雷戈里的劝告都有同样的曲解，他们都奇怪地误解了端庄！他们二人都希望做妻子的在她丈夫怀疑究竟由于敏感还是由于软弱才使她投入他的怀抱时依然保持端庄。一个女人能够让疑惑的暗影在短时间内留在她的丈夫心中，她就是一个不端庄的女人。

但是，从另一个角度来说明这个问题，我对缺乏端庄，败坏了道德，甚感悲叹。缺乏端庄的起因是那些贪恋酒色的男人所极力维持的男女双方冲突状态，他们认为这就是端庄的真谛，虽然实际上它正是丧失端庄的原因。因为男人没有足够的德行去领略爱情

---

* 诺克斯(John Knox，约1515—1572)是苏格兰宗教改革家，苏格兰长老会创始人。——译者注

的纯洁乐趣，他们就会陷入极度的色情之中。高尚的男人对端庄的看法要更高一层，因为软弱和敏感都不能使他满足——他寻求的是真挚的爱情。

再有，男人以征服女人来夸耀。他们所夸耀的是什么呢？的确，富于敏感的女人由于敏感而陷于愚蠢——陷于罪恶[①]；等到理性觉醒的时候，一笔可怕的总账已经沉重地落在她自己的软弱的头上。因为那时你这个被抛弃的、郁郁寡欢的人还到哪里去寻找安慰？那个应该指引你的理性、支持你的软弱的人，已经背叛了你。在爱情的梦幻中，你同意徘徊于花间草径，他们不保护你，反而诱惑你，引导你不注意地登上了悬崖；你由梦幻中惊醒，所看到的只是一个冷嘲热讽和阴郁惨淡的尘世，发现你自己孤单地站在一片荒野中，因为由于你的软弱而得到胜利的人，又追求新欢去了。可是对你来说，今生你是得不到补偿了！精神已经耗尽，还有什么力量能使一颗消沉的心重新振作起来？

但是，假如两性果真是生活在冲突状态中，假如造化曾经做出了这样的指示，那就让他们的行为高贵些，或者让自尊心轻声地告诉他们，那种仅仅征服敏感的胜利是卑劣的。真正的征服是取得挚爱，不是出其不意得到的爱，那时候女人会像海萝莎*一样有意

---

① 可怜的蛾子围绕着蜡烛飞个不停，终于烧了自己的翅膀。

* 海萝莎(Heloisa)是法国神学家和经院哲学家阿巴拉尔(Pierre Abailard，1079—1142)的情人。他们曾从巴黎逃往布列塔尼同居，不久海萝莎为了不妨碍阿巴拉尔在教会中的前程，忍痛和他分离。最后阿巴拉尔成为修道士，海萝莎做了修女。阿巴拉尔死后三十一年人们在他的墓旁树立起海萝莎的墓碑。1817 年他们的尸骨被合葬在一起。他们这段悲剧性的恋爱故事曾被蒲伯、理查逊、乔治莫尔等许多诗人、小说家选为题材。——译者注

地为爱情而牺牲整个世界。现在我不谈这种牺牲行为的智慧和德行，我只是认为这不单是为感情而牺牲，也是为真挚之爱而牺牲，虽然其中不免也有敏感成分。在男人变得比较贞洁以前，女人是不会端庄的，因此在我中止讨论这部分问题以前，我必须称这样的女性为端庄的人。老实说，端庄的女人到哪里去找到永远不会使她们感到厌恶的丈夫？端庄必须由两性共同来培养，否则它永远就是一种病态的暖房植物，而假装的端庄，这块掩盖荒淫行为的遮羞布，可能给放荡的享乐增加一点情趣。

男人可能仍然坚持认为女人应该比男人端庄；但只有那些感情用事的理论家才会最热烈地反对我的意见。不，他们是富于奇想的男人，是男性的佼佼者，他们对于那些和他们一起嬉戏的软弱的人，是外示尊敬，内怀轻蔑。他们不会甘心放弃最大的肉欲满足，甚至也不能领略那种有美德的享乐主义——自我克制。

我再单从女性方面来谈谈这个问题。

根据不正确的端庄观念，人们对孩子们所讲的那些荒诞无稽的谎话[①]会过早地引起孩子的胡思乱想，使那小小的心灵开始去捉摸那些在他们的身体达到相当成熟程度以前造化永远无意使他们去想的问题；于是情欲自然就开始代替了理性，即代替了启发理

① 儿童很早就看见过猫带着它的小猫，鸟带着它的小鸟等等。那么为什么不肯对儿童说他们的母亲也是以同样的方式带领和喂养他们呢？他们明白这件事情以后，在他们看来不再是那么神秘的时候，他们就不会再多想这个问题。可以常常对孩子们说实话，只是在讲话时要严肃；假装端庄的端庄会产生出一切祸害。想要蒙蔽事实真相是徒劳的，只会使他们更加胡思乱想。如果真能使儿童完全避免不正当的接触，我们就永远不要提起任何这类问题；但是这是不可能的，所以最好还是告诉他们实情，特别是因为这些知识不致引起他们好奇心，所以也就不会在他们的想象上留下印象。

智和形成道德品质的手段。

我担心女孩子首先在幼儿园和寄宿学校中学坏，尤其是在寄宿学校的环境中，许多女孩子睡在一个房间里，并且一同沐浴。对她们灌输那种虚伪的高雅观念或者那些从早年对异性的警戒中自然产生的假装正经的错误想法，使天真的女孩子们的心灵受到污染，这固然是我感到遗憾的，可是我仍渴望防止她们养成下流或不知害羞的习惯；因为有许多女孩子从无知的仆人处学到许多很下流的行为，所以这样毫无分别地使她们混杂一起是很不适宜的。

为了说真心话，女性彼此相处一般都过于亲密，一旦亲密到粗鄙的熟悉程度，就会造成婚姻生活的不幸。姐妹们，女性昵友们或主妇和她们的女仆们，为什么要以正派为名，彼此又如此狎熟以至于忘记了一个人对另一个人应该有的尊敬呢？当我们受热情[①]或人道的驱使，在一个病榻前看守一个病人的时候，如果由于过分挑剔细节的照顾而对最令人厌烦的事情畏缩不前，这种态度是可鄙的。但是在健康的女人之间，为什么彼此要比男人们相处得更亲密，而一方面却又自夸她们最能体贴别人呢？这种矛盾行为是我所永远不能解释的。

为了保持健康和美丽，我当然要热诚建议她们经常沐浴，以使我的劝告取得更多人的尊敬，免得有洁癖的人听起来不高兴；女孩子，无论她们地位高低都应该照例学会独自洗涮和穿衣服；如果习惯使她们需要一些帮助，那么让她们把绝不应该在别人面前做的

① 热情一定会使一个人自己选择做这些事情，以免有损于朋友的优雅，而且还要把这些事情掩盖起来，因为由于疾病而造成的身体不便是使人感到自卑的。

那部分事情做完之后,再请别人来帮助,因为要别人帮助做那部分事情是对于人性尊严的一种侮辱。亲自做并不是为了端庄,而是为了自重;有些正经的女人很注意不使她们的腿被人看见,而同时却又故意显示出她们的这种注意,这样的行为是幼稚的,也是不端庄的。①

我还可以再进一步来谈谈这个问题,直到我驳斥了男人所绝不会有的某些更为恶劣的习惯为止。她们互相说那些不应该说出口的秘密;她们以极无礼的态度破坏对洁净的重视,虽然有些教派在清洁方面也许做得过分,尤其是犹太人的戒行教派,他们把那仅仅是对于人性的侮辱看成是对于上帝的侮辱。文雅的女人怎么能莽撞地去注意那动物机体上极为令人憎恶的部分呢?如果女性在这些特殊方面没有被教导尊重她们自己人性,她们就不会长久地仅仅出于性别的原因尊重她们的丈夫,这样的结论不是很合理吗?事实上我一般所看到的是,女人一旦失去了处女的羞涩以后,她们就坠入了旧习惯中,像对待她们的姐妹或女友一样来对待她们的丈夫。

再者,妇女因为她们的心灵未经培养,由于需要就往往求助于我所常说的身体的敏感,她们之间的亲密关系就是属于这一类。简单来说,她们在身心方面都过于狎昵。女人和女人之间应有的自我检束,是品格尊严的基础,她们应该保持这种检束,否则她们的心灵永远不会是坚强的,也不会是端庄的。

---

① 我记得在一本关于教育的书里看到过一句话,它使我发笑:“没有必要告诫你不要把手偶然地放在围巾的下边,因为一个端庄的女人从来不那样做!”

因为这个缘故,我还反对那些幼儿园、学校或修道院把许多女性关闭在一起。当我想到我在少年时期偶然和她们搅到一起的那些成群结队的女孩子们恣意取笑和粗野的恶作剧时,我就不能不感到愤怒,那时我在她们中间是一个傻头傻脑的乡下佬。她们几乎所有的人都了解那些双关语的笑话,这种笑话能使满座的人在开怀畅饮时哄堂大笑。除非用各种观念充实她们的头脑,使她们开始对这些观念做一番比较:概括出一些简单观念,从而获得判断力,用理性来克制敏感以获得端庄的品格,否则要想使她们心地纯洁,那是徒劳的。

也许有人认为我过于重视个人的自我检束,但这对于端庄是有帮助的;如果要我指出哪些表现可以装饰美貌,我一定立刻说明那是清洁、整齐和自我检束。我所说的自我检束,我认为很显然,不是单指女性或男性,我认为它对于两性都同样是必要的。的确,对懒惰的妇女就更必要,因为她们常常忽略自我检束和清洁,所以我敢断言,如果有两三个女人同住在一起,其中一贯这样珍重自己身体的人一定最能受到和她们同住在一起的男性(完全撇开爱情不谈)家庭成员的尊敬。

当一家人在晨起见面时,自然会有一种亲切严肃的感情,尤其是当每个人都在准备着去处理他这一天该做的工作;我这个说法也许可以算是一种奇想,可是这种感情时常不知不觉地在我心中出现,在我呼吸了早晨的新鲜清爽空气之后,我非常高兴看到我特别喜爱的人,在他们的脸上也有这种神清气爽的神态;我乐意看到他们好像是为了完成这一天的工作而抖擞起精神,准备和太阳一起踏上行程,由于这些品质,清晨的亲切招呼比那些时常延长晚间谈话的习见的柔情更值得人的尊敬。不仅如此，有时当我看到一个在头一天晚上和我分手时装束整齐的朋友，第二天早上，由于非到最后一刻才肯起床，以至于衣冠不整地出现在我的眼前，我就常常感到不愉快，即使不是憎恶。

家庭的亲切，只能靠这些被人忽略的留意才能保持下去；然而假使男人和女人能够把他们用于打扮（实际上也可说是毁损）他们容貌的苦心的一半，用在经常保持衣饰整齐上，那么对于导致心灵的纯洁一定会大有帮助。但是女人仅仅是为了满足那些风流男人而打扮；因为真正的爱人总是最满意于那种剪裁合体的简单服装的，使人感觉不到亲切的装饰是不适当的，因为爱情永远是紧紧地同家庭观念联系在一起的。

就全体女性而言，妇女们常常是懒惰的，每一件事情也使她们趋向于懒惰。我没有忘记敏感所刺激起来的那些活动，但是因为这些感情的冲动只能增加邪恶，所以不能把它们与那种缓慢的有秩序的理性行为混为一谈。实际上她们身心的懒惰达到了如此严重的程度，以至于在她们积极努力发奋增强体力和发展理智以前，我们没有多少理由希冀端庄代替羞怯。她们可能认为假装的端庄是精明的办法，但是只有在欢乐的日子才蒙上这美丽的面纱。

也许没有任何美德能够像端庄这样融洽地与每一种其他美德相混合。它是淡淡的月光，使那些为它所融和的美德更为动人，给缩小了的地平线加上了柔和的景色。把黛安娜*和她的银色新月

* 罗马神话中的月亮女神。——译者注

尊为贞洁之女神，再没有比这个富有诗意的虚构更美丽的了。我有时曾经这样想：一个古代的端庄美人，当她以静肃的步履徘徊于幽僻的地方，在凝视柔和朦胧的景色以后，以宁静的热情让她姊妹的柔和光芒映射到她的贞洁胸怀之中，她一定会感到故作尊严的喜悦。

一个基督教徒有更为高尚的动机鼓励她去保护她的贞洁和获得端庄美德，因为她的身体一直被称为是活着的上帝的殿堂；而上帝所要求的还不只是风度上的端庄。上帝的目光在探索着她的心灵，并且让她记住：如果她希望得到纯洁本身的宠爱，她的贞洁就必须是以端庄为基础，而不是以世俗的谨慎为基础；否则，她所得到的报酬就只能是好听的名声而已；因为美德在人与其造物主之间所建立起来的那种严肃的灵交，那种神圣的联系，必然会使我们产生一种希望，希望像神那样的纯洁！

在提出上述意见之后，再加上下面一段话就几乎是多余的了：女人继羞怯之后的那些老练的表现，既使真理为她做了牺牲，又获得了丈夫的心，或者毋宁说在造物主的活动没有受到阻碍，已经使爱情让位给不端庄的友情的时候，这种表现曾迫使他仍做一个情人。我认为所有这些表现都是不端庄的。丈夫体谅他的子女的母亲所给予的柔情，是未满足情欲的热情的最好代替物；女人想在这方面假装出一种不自然的冷淡以延长这种热情，这样做即使不是不正经，也是粗鄙的。女人也和男人一样，在天性上应该有同样的嗜好和情欲，它们只是在没有理性来加以控制的时候，才沦为禽兽之欲：但是控制它们是人类的责任，不是男性或女性单方的责任。在这些方面，女性可以放心地听其自然；只要让妇女取得知识和人性，爱情就会教导她们端庄。[①] 她们没有做假的必要，做假是既讨厌又无益的；因为故意做作出来的行为规矩只能欺骗那些肤浅的观察者；有知识的男人很快就能看穿，瞧不起这种装腔作势。

青年男女相互之间的举止，正如成年男女之间的行为一样，是教育中最无足轻重的事。其实，在大多数情况下，现在对这个问题却想得太多了，因而真正纯朴的性格反而不容易见到。不过，只要人们真正基于培养每一种美德，并让它在心灵中扎下坚固的根基，它所产生的优美结果，它的外部的自然表现，一定会很快剥掉那堂皇其表的矫揉造作，因为没有真理作为基础的行为是既不合理又不稳固的！

姐妹们！如果你们真想具有端庄的美德，你们就必须记住，任何美德都是与愚昧和虚荣不相容的！你们必须获得那种只有履行责任和追求知识才能激发起来的清醒理智，否则你们将仍然停留在靠不住的依赖状态中，并且只有在你年轻貌美的时候才能被爱！低垂的眼帘，玫瑰色的娇羞，谦逊的美质，在它们应时当令的时候全都是应该有的；但是作为理性的产物的端庄，却不能长期与那未经深思熟虑过的感性并存。此外，当爱情，甚至是纯洁的爱情，成为你们终生的大事时，你们的心就会过分软弱，因而不能给端庄提供一个清静的栖身之所，在那里，她是喜欢与人性同在并紧密结合在一起的。

① 许多新婚妇女的行为常常使我感到讨厌。她们似乎渴望永远不让她们的丈夫忘记结婚的特权，并且似乎和他在一起并没有快乐，除非他扮演一个情人的角色。当爱情的火焰这样不断地被拨起而又不能得到任何真正的燃料的时候，爱情的统治必然是短暂的。

第八章　伦理道德良好声誉的重要性由于性概念迥异而受到损害

那些对于妇女界不遗余力地进行谆谆教诲的关于行为方面的劝告以及为保持良好名声的各种各样办法，我早就认为它们都是外表美观的毒素，这些毒素给道德裹上一层外壳但却损害了它的实质。用这种虚名来衡量人，必然产生错误的估计，因为虚名如同阴影，它的长短，完全要看太阳的高度和其他偶然的情况来决定。

朝廷大臣的那种泰然自若的虚伪行为从何而来？无疑地，产生于他的处境：因为既然需要扈从，他就不得不学一套在不触犯别人时表示自己拒绝的技巧，以及以随机应变的手段使人捉摸不定地感到希望。礼貌就这样玩弄真理，从而丧失了人类固有的真诚和人性，却产生了优雅的绅士。

妇女由于假设的需要同样取得了不自然的行为方式。但是同真理开玩笑是不会不受到惩罚的，惯于作伪者最后就变为他自己的诡计的受骗者，失去了那种被恰当地称之为常识的聪明；也就是失去了对于普遍真理的迅速的洞察力：当普遍真理由于局限性的偏见而未被认识清楚时，思想简单的人虽然没有足够的力量去发现它们，却能经常把它们当作真理来接受。大多数人为了避免费力运用自己的理智，信而不疑地接受别人的意见，这些懒惰的人对于神的或人的法律当然只会墨守其字句，而忽略其精神。我记不得哪个作家这样说过："女人不关心那些只有上帝才能看见的事情。"说实在的，她们为什么会这样呢？她们所受的教导，就是要她们畏惧人的眼睛；如果她们能够哄骗她们的阿尔哥斯*入睡，她们就很少再想到上帝或者她们自己，因为她们的名誉未受损害；她们所唯恐玷污的是名誉而不是贞洁以及与贞洁有关的一系列美德，她们并不是把名誉当作美德，而是为了保持她们在社会上的地位。

我不必谈已婚妇女的那些私通事情来证明这种说法是正确的，尤其是上层社会和某些国家中遵照父母之命根据门当户对而正式出嫁的妇女们所干的那些私通的事情。如果一个天真无邪的女孩子成了爱情的俘虏，她就终身为人所不齿，虽然她的心灵并没有为已婚妇女在婚姻外衣掩盖之下所惯于实行的那种阴谋诡计所玷污；虽然她也没有破坏任何责任——除了尊重她自己的责任。已婚的妇女正相反，她破坏了最神圣的婚约，并且在作为虚伪、不忠实的妻子的时候，她就变成了一个残酷的母亲。如果她的丈夫还仍然钟情于她，那么她必须用以欺骗丈夫的手段，就会使她成为人类中最可鄙的人；总之，她不得不借以保持体面的种种诡诈，会使她处在幼稚的或罪恶的心烦意乱之中，这种烦乱毁坏了心灵的一切力量。此外，到了适当的时候，像那些习惯以兴奋剂来提神的人一样，她就需要与人私通以使她的思想活跃起来，因为她对于那些未被希望或恐惧加浓趣味的享乐已经失去了一切兴趣。

* 阿尔哥斯(Argus)是希腊神话中的百眼巨人，机警的看守者。——译者注

有时候已婚妇女的行径更为厚颜无耻。我这里举一个例子。

一个有地位的女人，由于她的风流韵事而声名狼藉，虽然她仍与丈夫同居，然而谁也不愿意把她列在她所应该置身的等级之内。她对待另外一位怯懦可怜的人，振振有词地采取了极端轻蔑侮辱的态度，后者过去曾经为邻近的绅士所引诱而后来嫁给了他，因此想到以往的软弱就自惭形秽。前面那位有地位的女人实际上把德行和名誉混为一谈了；并且我相信，她一定自夸她婚前的行为端正，虽然在她一旦顺从家庭的意思解决了终身大事以后，她和她的丈夫都是同样的不忠实，以至于那份庞大遗产的一半有效的继承人，天晓得是从哪里来的！

再从另一个观点来谈谈这个问题。

我知道有些妇女，她们如果不爱她们的丈夫就谁也不爱了，完全耽溺于虚荣和消遣，放弃了一切家庭责任；不仅如此，甚至还要把那本来应该为她们的无依无靠的年轻子女们积蓄下的钱财全部挥霍掉；然而这种女人却以名誉清白而自豪，好像她们做妻子和母亲的全部责任就在于保持这种好名誉。同时还有一些懒惰的女人，忽略一切个人责任，但仍认为她们理应得到丈夫的爱情，因为，她们在这方面的确是规规矩矩的！

软弱的人往往喜欢安于礼节上的完成责任，但是道德提供了许多较为单纯的动机；希望那些肤浅的道德学家关于行为的表面遵守礼法少说些，因为任何德行除非是建立在认识的基础上，否则它只能产生一种无意义的礼仪。但是，重视世人的议论已经被明文规定为女性的主要责任，因为卢梭宣称："名誉和贞洁是同样不可缺少的。"接着他又说："一个男人要使自己的良好行为确实可靠，仅仅取决于他自己，他就能够不考虑别人的议论；但是一个女人，即使行为端正，她的责任只不过完成了一半；因为别人对她的看法和她的实际的行为是同等的重要。因此，女性的教育制度在这方面自然应该与男子的完全相反。世人的议论是葬送男人美德的坟墓，然而却是荣耀女人美德的宝座。”我想这样得出结论是极合逻辑的：建立在别人议论上的德行只不过是世俗的德行，是一个没有理性的人的德行。但是，即使就世俗议论而论，我相信这类理论家也是错误的。

这样重视名誉，并不是因为名誉是德行的自然奖赏，而是起因于我早就认为遗憾的那种使妇女堕落的重大根源，那就是：女性不可能因改邪归正而重新恢复她们的尊严，虽然男人即使耽溺于罪恶，但仍可保持他们的名誉。在这种情况下，那么女性自然会竭力去保持她一旦失去就永远不会复得的东西，直到这种顾虑压倒一切其他顾虑，使贞洁的美名成为女性唯一需要的东西。但是这种无知的小心谨慎毫无用处，因为无论宗教或道德当它们存在于心中的时候，都不需要这种对于形式的无聊注意，因为总的来说，如果动机是纯洁的，行为也必然是正当的。

为了支持我的意见，我可以引一段值得尊敬的权威者的话；一个冷静理论家的权威之言虽然不能奉为金科玉律，但总应有一定分量迫使你对它加以考虑。在谈到道德的一般法则时，亚当·史密博士说：“由于某种很意外的不幸情况，一个好人可能被人怀疑犯了一种他完全不能犯的罪行，并且因此使他的余生极不公平地遭受到人们的厌恶和嫌憎。由于这类意外的事，不管他怎么正直、公平，他也是要失去一切的，其情况正如一个细心的人，不管他是多么谨慎，也可能为地震或洪水所毁灭。但是前一类的意外比起后一类来也许更少见，更不合乎通常事态的发展；而且仍然毫无疑问的是：实践真理、正义和人道，是达到这些美德主要目标的可靠而万无一失的方法，这个主要目标就是取得同我们一起生活的人的信赖与热爱。对于一个人的特定行为，有可能容易发生误解；但是对于他的行为的一般意向，就不大有这种可能。一个无辜的人可能被人认为犯了错误，但这类事情终究是少见的。相反，他的正派行为一向为舆论所公认，却往往能使我们在他真正犯了错误时宽恕了他，尽管有非常有力的假定理由。”

我完全同意这位著述家的意见，因为我确实相信，无论男女，凡是由于某些恶行而被蔑视的人，很少不是咎由自取。我说的不是那种一时的毁谤，这种毁谤笼罩在一个人的品格上，好像是十一月早晨弥漫在伦敦上空的浓雾，在白昼到来以前它就会逐渐消散。我现在所力争的仅仅是，大多数人的日常行为能够有效地使他们的品格给人一种真实的印象。明朗的光辉一天天地照耀着，它会静静地驳倒加在清白的人身上的无知猜测或恶毒谣言。错误的看法在短时期内使这人的影像——名誉遭到误解，但是当那在幻觉上造成错误的云雾消散后，名誉就会成为合理的了。

当然，有许多人在某些方面得到了严格说来比他们所应得的更好的名声；在一切赛跑中，只要持之以恒，多半总会到达目的地。那些只是为微不足道的奖赏而竞争的人，正如那为了使人看见而在街道拐角处祈祷的法利赛人一样，会真正得到他们所寻求的赏赐，因为人的眼睛是看不透人的内心的！然而当一个人不考虑到旁观者而只是沿着正直的道路向前走去的时候，他的良好行为所自然反映出来的美名，一般说来不仅更真实，而且更稳固。

当一个善良的人得不到人间的公正而必须向上帝呼吁的时候，他要忍受许多灾难，这也是事实；在为公正的啜泣声中或忌妒的嘘声中，他必须在自己的心中树立起一座楼阁以为退隐，直到谣言完全消散；不仅如此，这种不应得的谴责的冷箭可能刺伤一颗天真无邪的温柔的心，从而使它感到悲痛；但是这些全都是一般规律的例外。人类行为应该受普遍法则的支配。彗星的离心轨道绝不会影响关于太阳系主要星体运行的固定不变秩序的天文推测。

那么我就要大胆地肯定：当一个人已经达到成熟年龄以后，在承认刚才所提到的那个规律的例外条件下，世人对他的品格的判断大体上是公正的。我并不是说一个谨慎的精明老练的、只具有消极道德和品质的人，有时候不可能比一个更聪明的人或一个更善良的人获得更好的名誉。我不但不会有这个意思，而且根据经验我还倾向于这样的结论：当两个人的品德几乎相等的时候，那个具有消极品德的人一般说来是最为大多数人所喜爱，而另外一个人可能在私生活中得到更多的朋友。但是伟大人物品格上的显而易见的高山和溪谷、云雾和光辉，它们彼此却划分得很清楚；虽然它们为心怀忌妒的弱者准备下了更清楚的攻击目标，但真正的品德虽则被软弱的感情或巧妙的恶意所玷污，可是早晚会显露出它的本色。[1]

渴望保持不易得到的名誉的心理，曾经引起聪明人对它加以

---

① 我是指各种传记而言，特别是博斯韦尔（Boswell）写的《约翰逊传记》（*Life of Johnson*）。

分析，关于这种心理我不准备提出明确的评论，但是我担心妇女界的道德由于只重视表现而不重视实质会在不知不觉中遭到破坏。一件极简单的事情就这样变得莫名其妙的复杂；不仅如此，有时候德行和它的影像会彼此互相矛盾。倘使卢克丽霞*的自杀是为了保护贞洁而不是为了保持名誉，也许我们就永远不会听到她的名字。假使我们确实应该得到我们自己的良好评价，一般说来我们将会为世人所尊敬；但是如果我们热切追求更大的进步和更高的成就的话，那么设想像别人观察我们那样来观察我们自己就不够了，虽然曾有人把这种办法巧妙地论证为我们的道德观的基础。[①]因为每一个旁观者除了具有他那个时代或国家的偏见而外，还可能有他自己的偏见。我们应该假定像上帝在看我们那样地来努力观察我们自己，她能看见每一个成熟到化为行动的思想，而且她的裁判永远不会溢出永恒的正义法则。上帝的一切裁判都是公正的——同样也是慈悲的！

凡是以谦卑的心灵去追求上帝的宠爱，在只感到上帝的存在的时候冷静地检查自己行为的人，很少会对自己的品德有极错误的看法。在我们凝神自省的静寂时刻，我们就会恐惧地祈求被触犯的正义息怒，或者以虔诚崇拜的纯洁情感承认那把我们引向上帝的关系，它扩大了我们的心胸而没有引起任何混乱的情绪。在这些严肃的时刻，发现了那些恶行的根源，它们就像一棵爪哇树，

* 卢克丽霞（Lucretia）是罗马著名妇女，她的美貌引起了罗马王子赛克斯塔斯（Sextus）的野心，他利用威吓和强暴的手段凌辱了她。在她把这件事情告诉她的父兄请求为她报仇雪耻之后就愤然自杀了。——译者注

① 见亚当·斯密的《道德情操论》。

在四周散发着有毒的气体——在暗中隐藏着死亡！他看着这些恶行并没有憎恶，因为他感觉他和他的同胞被某种爱之绳索牵引着而成为一体，对于他们的愚蠢行为，他急于要从他们的天性中，从自己的天性中寻找出一切可以减轻罪名的理由。他可能这样推理说：假使由于运用我的理性和经过苦难的洗礼，我发现了隐藏在我心中的蛇卵而好不容易才击碎了它的话，那么对于那些用力较差的人，或是那些无意中养育了阴险毒蛇，直到它把所吸吮过的生命之流染上毒素的人，我能够不怜悯他们吗？当我意识到我的秘密罪恶时，我能够抛弃我的同胞，漠不关心地看着他们坠入那张口等待吞没他们的深渊吗？不！不！苦闷的心将窒息不安地喊出：我也是个人，我同样有邪恶的行为，不过也许避过了人的眼睛，这些恶行使我跪倒在上帝面前，并且在万籁俱寂的时候大声地告诉我说，我和我的同胞都是用同样的泥土做成的，我们呼吸的也是同样的空气。就这样，人性由谦卑中自然地产生，拧成了爱的绳索，在各种变动中把人心联系在一起。

这种同情心还要进一步扩展，直到一个人看到了那些使他内心不能信服的论据获得了力量，因而感到完全满意；直到他很愉快地用最公平的眼光来看待自己，看待那些把别人引向迷途的原因，并高兴地为人类所犯的一切错误找到某些原因；虽然在此之前，他就相信主宰宇宙的上帝的阳光是普照众生的。这样看来好像是与腐化堕落相妥协，但他一只脚踏在地上，另一只脚却大踏步地跨上了天堂，并且有资格和高尚的天性结缘。人所没有察觉到的美德在这个冷酷的时刻发出止痛的芳香，干旱的土地突然被喷射出来的舒适的清泉所滋润，披上了一层明媚的苍翠；这就是那个纯洁到看不见罪恶行为的人以满意的目光注视着的有生命力的草原。

但是我的情绪松弛了下来；我不能不静静地沉溺于沉思所导致的幻想中，我无法描写那使我的灵魂获得镇静的感情。当我注视着渐渐上升的太阳时，一阵濛濛细雨透过了邻近树丛的繁叶，似乎落在了我疲倦而宁静的心灵上，使我那极力用理智抑制的情欲所激动起来的心转为平静。

如果不是常常教导妇女要经常注意粉饰她们的表面品格和保持它的美好，并把它看作妇女的全部责任，如果不是支配行为和保全名誉的戒条常常替代道德义务，那么贯穿在我全部著作中的那些主要原则就没必要对此加以阐述。但是，谈到重视名誉，就要把注意力限制在一种美德——贞洁上。假使一个女人的荣誉（称之为荣誉是可笑的）不受损害，她就可以忽略一切社会责任；不仅如此，还可以用赌博和奢侈来毁灭她的家庭；但是她仍然能摆出一副厚颜无耻的面貌——因为她是一个真正的体面女人！

麦考莱夫人曾公正地说过："只有一种错误，体面的女人犯了是不会不受到惩罚的。"接着她公正而近乎人情地说："因此就引起了那种陈腐而愚蠢的论调，认为一个女人在贞操上所犯的第一次错误，具有使她的品格堕落的巨大力量。但是造物主并没有创造出这种脆弱的生灵来。人类心灵远不是那样易于摧毁的。虽然女人在处境和教育方面有许多不利条件，但是除非她们由于同性的恶毒仇恨而被投入到绝望的境地，她们很少会完全遭到抛弃。"

但是，女人把贞洁之名看得十分宝贵，而男人却对它极为轻蔑。这两种极端对道德同样有破坏性。

男人确实比女人更容易为欲望所左右；并且由于他们恣意放

纵和贪得无厌，所以他们的欲望就更为堕落。奢侈生活导致了饮食方面的精益求精，因而损伤了身体；同时，还表现出十分粗野的贪食行为。一个人能够在别人面前肆无忌惮地大吃大喝，并且事后因任性饱餐所必然引起的腹内撑胀而叫苦，在此之前他必然已经不懂得什么叫做有礼貌的行为了。有些妇女，尤其是法国妇女，在这方面也已经失去了端庄感，因为她们会若无其事地谈论她们的消化不良。但愿能防止好吃懒做的人在财富的肥沃土壤上繁殖那些以吃腐败东西为生的成群夏虫，那么也就不会再有粗野的饕餮现象惹我们憎恶了。

我想，有一条与行为有关的规则，是应该用来调节一切其他规则的，那只不过是怀有对人类习惯性的尊敬，以防止我们因一时放纵而引起同胞的憎恶。许多已婚妇女和其他上了年纪的人可耻的懒惰，往往使她们丧失体面。虽然大家都相信外貌是使两性结合的纽带，然而她们常常由于单纯的懒惰或者沉溺于某种无聊的放纵而引起人们的厌恶，如此情形还要维持多久呢？

那种把两性合在一起的腐化堕落，还有更不幸的后果。天性必须永远是情趣的标准，欲望的尺度，然而淫荡的人多么粗暴地侮辱了天性。撇开高尚的爱情不谈，天性在这方面也和在其他一切方面一样，由于使性欲的满足成为传宗保种所必要的自然法则，于是就抬高了性欲的地位，并且在性欲中搀杂上了一些理智和感情的成分。在纯粹动物本能中搀杂上父母的感情使这种本能得到了尊严；男女常常因为考虑到孩子而相聚，因为双方表现出共同的感情而引起了相互的关心和热爱。妇女既然有比修饰她们的外貌更崇高的责任，为完成其责任她们就不会甘心做荒唐淫欲的奴隶；而现在相当多的女人却正是这种奴隶，说得更明确些，她们成了一切贪食者都可以享用的常备肴馔。

也许有人会对我这样说：虽然这种堕落是如此的罪大恶极，不过影响所及仅仅是一部分献身的女性——她们为拯救其余的女性而献身。但是，这种为了产生更大的利益，而主张允许少量邪恶存在的说法，像其他一切错误的说法一样，都是容易得到证明的；它的害处并不止于此，因为比较贞洁的那部分妇女的道德品质和心灵宁静，遭到了她们不能原谅的犯有罪行的那些女人的行为的破坏。她们坚决认为这些女人使用手段引诱她们的丈夫，使她们的儿子道德败坏，并且也迫使她们自己——端庄的女人听了不要吃惊——在某种程度上扮演同样的角色。因为我要大胆地断言：造成女性软弱的一切原因和我曾经详加阐述的促使她们堕落的原因一样，都是出于同一个重大的原因——男人缺乏贞洁观念。

如此流行的放纵行为使性欲堕落到只有靠荒唐的刺激才能使它兴奋的程度；但是造物主的父母般的用心被忘掉了，只有容貌暂时占据着他们的整个思想。放荡的好色之徒常常变得如此耽迷于肉欲，以致于对女性的柔媚作无厌之求。然后，他们追求比女人更柔媚的东西，在意大利和葡萄牙，男人甚至去逛那些暧昧不明之处，去寻求胜过女性的柔情。

为了满足这类男人的要求，女人就逐步地变得淫荡，虽然她们没有全部淫荡到同样的程度。然而她们自愿和男人进行无感情的性交，愿意使两性趋于堕落，因为男性的趣味也遭到了败坏；而各阶层的妇女，自然会去改变她们的行为，以满足男性已败坏了的趣味，从而取得她们的享受和权力。妇女因此在身心两方面都变得更加软弱，如果考虑到她们生存的伟大目的之一——养育子女，她们就没有足够的力量来完成做母亲的这项首要责任；既然为了色情而牺牲由本能成为高贵的父母之爱，她们会毁掉腹中胎儿或者在孩子刚出生时就把它遗弃。人是应该尊重一切事物的自然本性的，凡是破坏自然法则的人，很少不受到惩罚。那些特别引起好色之徒注意的软弱女人是不适宜于做母亲的，虽然她们有可能怀孕：因之那个有钱的肉欲主义者在女人中任意挥霍，到处散布堕落和痛苦，当他希望得到一个传宗接代的人的时候，他从他的妻子那里得到的仅仅是一个继承父母双方弱点的发育不全的人。

人们在把现代的人道主义和古代的野蛮行为进行对比时，曾特别着重指出在古代父母把他们不能养育的婴儿遗弃在户外的野蛮风俗；然而这样发出不平之鸣的富于感情的男人，也许由于他的混乱的男女关系造成了更具有毁灭性的不育现象和广为蔓延的无耻风尚。当然造物主决无意使女人为满足性欲而破坏上天使人有性欲的真正目的。

前面我已经说过，男人应该抚养被他们引诱的女人，这样可以作为一种方法，用以矫正女性风尚和消灭对于人口和道德具有同样危害的弊端。还有另外一种同样明显的方法，就是使妇女把她们的注意力转向于真正贞洁的美德；因为一个女人一面轻视那些成为好色之徒的不法欲望的牺牲者和她们自己的愚蠢，一面却对好色之徒微笑相迎，这种女人虽然她的名誉如雪花一样的洁白，但就端庄来说她是不应该得到多少尊敬的。

此外，当她仅仅为了给男人看，引起他们的尊敬的感叹和那一切所谓无邪风流的无聊崇拜而精心打扮她的外貌时，虽然她把她自己看得非常纯洁，但她也沾染上同样的愚蠢。妇女如果真正为美德而尊敬美德，她们就不会从虚荣中寻求补偿，用以弥补那为保护她们的名誉而不得不厉行的自我克制；她们也不会与那些藐视名誉的男人来往。

两性是互相败坏和互相促进的。我相信这是不容争辩的真理，可以应用到一切美德上。贞洁、端庄、公德心以及社会道德和幸福建立于其上的一系列的高贵品德，都应该得到全人类的了解和培养，否则培养这些美德就不会取得多大效果。为了不让邪恶或懒惰的人有所借口，来破坏他们称之为女性责任的某种神圣的责任，比较聪明的办法是让大家知道造物主没有使品德有男女之分，因此放荡的男人由于使女人变为不育并毁坏了他自己的身体，虽然他自己避免了女性因犯罪而招致的耻辱，但他却双重地违犯了造物主的意图。这些不过是生理上的后果，要谈到道德方面的后果就更为可怕了；因为当公民、丈夫、妻子、父亲、母亲和一家之主的责任仅仅变成为谋求私利的关系时，美德就只是徒有虚名而已。

在这种情况下，为什么哲学家还期望公德心？公德心必须靠私德来培育，否则它就会类似使女人注意保护名誉，使男人注意保护荣誉的虚假感情。这种感情的存在既没有德行也没有崇高的道德作为它的支持，崇高的道德把对于一种责任的习惯性破坏看成是对于整个道德法则的破坏。

第九章　因社会造成的不合理差别而产生的有害影响

从对财产的尊重中，就像从一个有毒的源泉中一样，产生许多灾祸和罪恶，它们使这个世界在一个勤于思考的人看来成为一片如此荒凉的景象。因为在最文明的社会中，有害虫和毒蛇潜藏在茂林丰草中，还有那死气沉沉的郁闷气氛所纵容的骄奢淫逸，就使一切善良气质在成熟为美德以前就松了气。

一个阶级压迫另一个阶级，因为所有目的全是为了依靠它们的财富来取得尊敬；一旦获得了财富，就可以得到只有才能和德行才应该得到的尊敬。有人忽略了人类应负的责任，然而却仍被人们当作半个神来看待。宗教与道德也被一层仪式的帷幕分开了，可是人们却在惊叹，这个世界严格地说来变成了骗子手和压迫者的巢穴。

有一句俗语说出了精辟的道理：魔鬼专找懒人供他驱使。世袭的财产和爵位除了产生一贯的懒惰之外还能产生什么呢？因为人的天性就是这样的：他只有靠使用他的才能发挥适当的作用，可是除非出于某种需要首先促使他，他是不会使用才能的。同样，德行也只能通过履行有关的责任来取得；但是一个人被谄媚者的恭维哄骗而失去了人性时，他是不会认识到这些神圣责任的重要意义的。社会上必须多建立一些平等，否则道德永远不会有基础；如果人类的半数注定沉沦在深渊中，那么即使这种道德上的平等建立在岩石上，它也不会稳固，因为她们将不断地通过愚昧或骄傲来破坏它。

除非妇女在某种程度上能脱离男人而独立，否则要希望她们有德行是徒劳的；不仅如此，要希望她们有十分自然的感情，使她们成为贤妻良母也是徒劳的。当她们完全依赖丈夫的时候，她们就会变得狡猾、卑鄙和自私；而那些能以谄媚者摇尾乞怜的爱情为满足的男人是不会有什么细腻的感情的，因为爱情是买不来的；不管怎么理解这句话的意义，如果所寻求到的爱情没有同样的爱情来报答，爱情的柔软翅膀立刻就会失去力量。但是，当男人因有财产而变得软弱无能，而女人可以说靠美色魅力来生存的时候，我们怎么能希望他们履行那些既需要努力又需要自我克制以使他们变得高尚的责任呢？世袭的财产迷惑了心灵，一生下来就被财产捆绑住的不幸牺牲者（假使我可以这样说的话），很少能发挥他们身体或精神的动力；这样只通过一个媒介物来观察一切事物，而那个媒介物既然是虚假的，他们就看不出来真正的优点和幸福都包括些什么东西。一个人在他观察事物时，如果有一层地位的帷幕遮挡着他，他的观点必然是不真实的，这层帷幕使他戴着假面具高视阔步，拖着疲倦无力的四肢从一个浪荡的场面到另一个浪荡的场面，并且转动着茫然失神的眼珠，它们清楚地告诉我们他是心不在焉的。

所以我的结论是，履行自己的责任是取得同胞嘉许的唯一方法，而这种嘉许是每一个人多少都希望得到的，如果社会没有迫使男人和女人履行他们各自的责任，那么这样的社会就是组织得不完善。结果，对财产和单纯美色魅力的尊敬就成了真正的东北疾风，吹折了爱情和美德的娇嫩花朵。造物主英明地把爱情附属于责任，从而使劳动变得甜蜜起来，并且赋予运用理性以唯有心灵才能赋予的活力。但是，当没有尽到爱情的责任时，那么仅仅因为它是某种性质合适的标志而虚情假意，这种爱情，就是邪恶和愚蠢不得不向美德和事物的真正本性作出的空洞恭维。

我只需要谈到一点就可以说明我的意见：当一个女性如果因为她的美色而受到赞赏，并因此而迷醉到了忽略履行做母亲的必要责任时，那她放弃培养既能使她有益于他人又能使她幸福的爱情，就是对自己的犯罪。真正的幸福（我是指在当今不完美的状态下能够抓到手的一切满足和正当的愉快），必须从适当节制的爱情中产生，而爱情是包含责任的。男人没有注意到由于他们只鼓励妇女一意取悦于人因而造成的痛苦和养成的软弱；他们没有考虑到他们这样做，使妇女为具有色情概念的美牺牲了一生的幸福和尊严，造成了天然义务的人为义务的冲突，而在自然情况下它们都是和谐一致的。

当丈夫看到妻子在哺乳他的孩子时，如果他没有感到这种情形比那些最荒唐的放荡行为更多地引起他的愉快，那么可以断定他要不是由于早年的淫逸而失去了人性，就是他的心很冷酷；然而富有使女人放弃了哺乳孩子这条巩固婚姻关系和把尊敬与爱恋的回忆结合起来的自然道路。她们为了保护她们的美色，并戴上那顶使她们短期有权统治异性的花冠，而忽略了在丈夫的心里留下深刻的印象，这种印象在她们鬓发苍白热情冰冷的时候，甚至于会比她们的处女之美还能得到更多使人感动的回忆。一个有理性的感情深厚的女人所具有的母性的关怀是很感人的，作为母亲以高尚的尊严来回报她和她的孩子从一个履行了严肃责任的父亲那里得到的抚爱，这种尊严看来不仅令人起敬，而且也是一种美德。当我看到无谓的庄严和奴性的礼节以讨厌的夸耀来代替家庭的情爱而感到厌烦之后，我的感情确实很奇怪（我已尽量避免有意做作的感情），以至我不得不转向其他场面，把目光放在造物主散布在各处的使人心旷神怡的青春景象上，从而获得解脱，于是我就以愉快的心情看到了一个母亲在哺乳她的婴儿，履行她应尽的责任，也许只有一个女仆代她担当了辛勤的家务劳动。我看见她把自己和孩子都打扮得整齐清洁准备迎接晚间归来的疲倦的丈夫，使他看见婴儿的笑脸和干净的家庭。我的心也混在这一家人中间了，当熟悉的脚步声引起一阵欢乐的骚动时，这颗心甚至于以共鸣的感情怦怦跳动起来。

当我的向善之心由于想到这幅天真无邪的图画而得到满足的时候，我曾经想：这样一对夫妻因为各自都尽到了他们本分的责任，所以彼此是同等重要的也是互不依赖的，他们拥有生活所能给他们的一切。如果他们积攒下足够的钱财，脱离赤贫的处境，不必考虑花费每一文钱的后果，有了足够的钱，他们就不必把心思都放在使思想感情狭隘的紧张的家庭经济计划上，那么我敢断言（我的想法是如此平常），我不知道为使这种情况成为世界上最幸福的和最值得尊敬的处境还需要什么，除非还需要一点文学欣赏，以使社交谈话有一些变化和兴趣，再需要一些余钱以便救济贫苦和购买书籍。当内心充满了怜悯的感情和思想上打算积极安排一些有用的计划时，却有一个一本正经的造化小儿不断地掣肘，以防止伸手拉出一个几乎空空如也的钱袋,并且同时还悄悄地说出一番关于正义第一的深谋远虑的大道理,这实在是一件令人不愉快的事情。

虽说财产和世袭的荣誉对人的品性具有破坏的作用,但这种作用对妇女,如果可能的话,甚至比对男人有更大的破坏和束缚的力量,因为男人还可以由于参军和从政,在某种程度上来表现他们的才能。

作为军人,当他们丝毫不爽地来调整好欧洲的势力均衡,特别小心不让阴冷的北方偏僻地区或者海峡地区的国家破坏这种均衡,我承认他们现在至多只能取得虚荣和浮名。但是,一个公民像法布利希乌斯*或华盛顿那样为他的国家而战,然后功成身退,归隐田园,以一种更平静的、但却有益的方式表现出他的善良的热情,这种真正的英雄主义时代已一去不复返了。我们现在的不列颠英雄往往是来自赌桌,而不是来自田间,他们的热情不是由羡慕史籍所载的美德懿行和英勇的表现而激发起来的,而是由于全神贯注在一粒骰子的团团转上被煽动起来的。

诚然,政客离开赌场或牌桌而去指导国政,也许更有道理,因为他仍然可以搅乱和玩弄整个不列颠政治制度(假如它可以被客气地称为制度的话),这种制度就在于增加依赖者和制定那些旨在压榨穷人、养肥富人的捐税。因此一场战争或者任何一种无益的追求,按照通俗的说法,就成了那位大臣的封官拜爵的好机会,他的拿手好戏就是要手腕使自己保持已有的地位。他没有必要去怜

* 法布利希乌斯(Fabricius)是公元前3世纪的罗马执政官,曾在几次战争中获得巨大胜利。——译者注

悯穷人，所以能为了保证他的家族而施行奇特的诡计。或者，如果对于愚昧者所夸耀的英国人的人权表示一点尊敬，以便于他去欺骗由他牵着鼻子走的那条粗暴猛犬，那么他就可以简单地说一句话，让他的轻装中队向另一方向齐步走去，从而表示出他的无谓的尊敬而不冒任何危险。当人道问题被激起来的时候，他可以装出人类的慈爱来贿赂收买希尔波路斯*，使它不再狂吠，并且还要奢谈他一心打算使大地在它吮吸它子孙的血液时不再发出复仇的呼声，然而就在这时，他批准那项可恶的交易，他的冷酷的手却把人类的枷锁钉得更加牢固。一个大臣只能在他能够达到他决心要达到的目的时是一个大臣。然而当大胆的攻击可能动摇他的位置时，大臣是没有必要具有人的感情的。

这些题外的经验谈说完之后，我转回来谈谈那束缚女性灵魂、使她永远处于愚昧状态的奴役制度，这是表面上较有道理的奴役制度。

不合理的等级差别使文明变为祸害，它把世界上的人分为骄奢淫逸的暴君和狡猾妒忌的依赖者两部分，这两个等级的人几乎同等地趋于堕落，因为人们所尊敬的不是履行与人生有关的责任，而是地位，而当人们没有尽到责任的时候，爱情就不会有足够的力量来巩固德性，而有德性自然就能得到爱情作为酬报。但是男人仍然有一些不守规矩的出路，为了自己而敢想敢做；而对女人来说这却是一件艰巨的工作，因为她要克服许多女性所特有的困难，而

* 希尔波路斯(Cerberus)是希腊神话中看守地狱之门的三头蛇尾狗。——译者注

要克服这种困难是需要超人的力量的。

一个真正仁慈的立法者,总是竭力使每一个人认识到自己的利益就是要有高尚道德;这样私人的美德就加强了公共的幸福。一个有秩序的整体,由于所有各部分都趋向于一个共同的中心而得到了巩固。但是所谓女人的私德或公德却是有疑问的,因为卢梭以及许许多多的男性著述家都坚决认为她一生都应该受到严格的约束,受到礼法的约束。如果她的行为能够出于比较高尚的动机,如果她是灵魂不朽的后继者的话,为什么要她屈从于礼法,而且是屈从于盲目的礼法?糖永远要用维持生命的血液来制造吗?当原则是可靠的保证的时候,那么仅仅为了增加男人生活的甜蜜,就应该让半数人类像可怜的非洲奴隶似的,屈服于视她们如禽兽的偏见之下吗?这岂不是间接地否认妇女的理性吗?因为天赋如果不发挥作用,那就是嘲弄。

妇女也和男人一样,因财富产生的懒散享乐使她们变为软弱和奢华;但是除此而外,还使她们成为她们容貌的奴隶,她们必须打扮得具有诱惑力,好让男人把他的理性借给她们,指引她们的蹒跚的步履走向正路。如果她们怀有远大抱负,她们就必须用阴谋诡计来支配她们的暴君,因为她们既然没有权利,也就不可能有任何必须担负的义务。我打算在以后来讨论一下的关于妇女的法律,这些法律使一个男人和他妻子的结合成为荒唐可笑的;由于轻易转变为只认定男人是负责任的,妻子就被贬低成为无足轻重者。

凡是尽到了在他的地位上应尽的责任的人,都是独立的人;在此详细地说一说妇女,她们的首要责任就是要把自己看作是有理性的人;其次的责任,按重要性来说,是要把自己看作公民,履行包括许多其他责任在内的做母亲的责任。使她们免除履行这种责任的生活中的地位，由于把她们变成只是个玩物，必然使她们趋于堕落。或者，即使她们能够把注意力转向比只用绫罗绸缎来装饰光滑的肉体更为重要的事情上去，她们的心灵也是只被某种温柔的精神之爱所占据，或者实际上用私通行为来保持她们的思想活动；因为在她们忽略了家庭责任的时候，她们就没有力量像士兵那样地占领阵地向前推进或者后退，没有力量在议会中展开争论以防止她们的才能衰退。

我知道，卢梭为了证明女性的低劣，他曾经高兴地叫喊：她们怎么能离开育儿室而到军营中去呢？某些道德学家曾经证明军队是培养最英勇的品德的学校，虽然在我认为，要想证明曾经授予人们英雄称号的许多战争都是合理的，即使是敏锐的诡辩家也会对此感到困惑。我不打算对这个问题进行批评性讨论，因为当国土必然被分裂、草木被刀枪炮火一扫而光的时候，人们还常常把这种有野心的恶作剧看作是走向文明的首要的自然方式，我也就不便把这些战争称之为灾害；但是我肯定地说，现在的战争体制是同任何一种德行都没有多大关系的，与其说它培养刚毅精神，倒不如说它训练狡猾手段和软弱性格。

但是，在目前进步的社会状态下，即在美德能够表现出它的真面目，并且能够在涤清山巅空气的凛冽寒风中臻于成熟的状态下，如果自卫战争，仅此一种无可非议的战争被认为是正义而光荣的战争，那么古代的真正英雄主义或许还能重新激动女人的内心。不过公正的温文尔雅的读者，不论男性或女性，请不要惊慌，因为虽然我把现代军人和文明妇女的品性做比较，我却不是要劝她们把纺纱竿变成枪杆，虽然我真诚地希望看到刺刀能转化为修剪树枝的钩刀。我只是由于注视到污染了自然感情清流的财富浊流所产生的罪恶和蠢行而感到厌倦，所以我要重新构思，因而设想有朝一日社会会是这样组成的：男人必须履行作为一个公民的责任，否则就会被人轻视；而当他在公民生活的任何部门工作时，他的妻子也是一个积极的公民，她必须同样地专心致志来管理她的家庭，教育她的子女和帮助她的邻居。

但是要使她变得真正有德行和有用，假如她在履行她的公民的责任，她个人就不必需要民法的保护；她在丈夫活着的时候不要仰仗他的恩惠来维持生活，在他死后也不靠他的遗产来赡养；因为一个人要是自己囊空如洗的话，他怎么能慷慨大方？要是自己没有自由，他怎么能有德行？在目前情况下，一个忠实于丈夫的妻子，如果她既不哺乳也不教育她的子女，她就难以配称作妻子，也没有权利被称为公民。但是既然自然权利被剥夺了，责任当然也就被取消了。

当妇女变得身心俱弱，弱到除了追求空虚的享乐和发明一些轻薄的时装之外，再也不能把自己振作起来的时候，她们就一定会被看作仅仅是男人荒唐时的慰藉物。在这个大都市中，一清早当你看见无数马车载着面色苍白的女人在街上狼狈驰过的时候，对于一个有思想的人来说，还有什么能比这幅景象更使人感到凄惨！和约翰逊的意见一样，我曾常常希望把这样一些人安置在一个小工厂中，那里有半打的孩子仰望她们那疲倦的面容等待照顾抚养。如果潜在的力量不能很快地使她们的眼睛有健康活泼的表情，她们的面颊从前只是时而显出酒窝，现在显得苍白，由于运用理性而刻上了一些条纹，这样的面孔再不能使她们恢复品德上的已失去的尊严，或者说得更恰当些，再不能使品德获得它本质上的真正尊严，要是这样的话，那么我是大错了。德行不能从空想中获得，更不能从财富所自然产生的消极的怠惰中产生。

此外，当贫穷被认为甚至比罪恶还要可耻的时候，道德岂不是彻底的可耻吗？为了避免误解，虽然我认为中等阶层的妇女可以被宗教和理性召唤去履行她们做妻子和母亲的责任，可是我仍不能不感到悲叹的是：那些上层社会的妇女竟没有一条道路可以使她们借此实行更广泛的有益而独立的计划。后面我将要讨论的一个问题，现在先在这里提一下，这个问题可能引起一阵哄笑，因为我确实认为妇女是应该推选国会代表的，不应该使她们只受专横的统治而没有享受任何被允许直接参加政府审议的权利。

但是，既然现在这个国家的整个代议制度只不过是专制政治的方便手段，她们也就不必抱怨了，因为她们和人数众多、工作繁重的机器工人一样被别人代表着，而这些工人在只能以面包来养活他们的子女时，却要出钱来维持王室。那些以血汗所得来维持太子的漂亮马匹，或是漆饰那不知羞耻、傲视一切的宠妇的马车的人们，他们是怎样被代表着的呢？对生活必需品征收捐税，使很大一伙游手好闲的王子和公主以愚蠢的虚饰，在张口呆看的群众面前招摇过市，这些群众对于迫使他们付出如此高昂的代价换来的这场检阅，几乎都有一种崇拜心情。这不过是一种哥特式的壮观，有点像在白厅前对骑马哨兵进行野蛮、无聊的检阅，每当我看到这种场面，没有一次不在心里交织着轻蔑和愤怒。

当这种景象深深印在一个人的心上时，他会受到多么奇怪的迷惑！但是，在德行把这些蠢行的余迹消灭以前，类似的蠢行还会影响整个群众。因为同样性质的事情在一定程度上，会在社会集体中盛行；富者的穷奢极欲，或是心怀不平的贫穷者的恶意抱怨，同样地会抛弃作为那个社会的特征的德行，或者只是容许德行作为文明人所穿的丑角衣服上的花条纹来出现。

在上层社会，一切责任都是由代理人去履行的，就好像责任是可以放弃似的，并且富有者必然的懒惰迫使他们去追求的空虚享乐，对低一级的阶层来说是如此地具有吸引力，因此就有无数争夺财富的人，不惜牺牲一切来步他们的后尘。最神圣的职务被看成为挂名的差事，因为它们是靠走门路而弄到手的，并且仅仅是为了使一个人能够结交好朋友。女人尤其是这样，她们全都想成为贵妇。所谓贵妇，简单地说就是一天到晚无所事事，只是懒惰地随便到处游逛，因为她们自己也说不出要做什么。

但是，可能有人这样问我：女人除了逍遥自在地逛逛而外，社会上有什么事情必须她们去做呢？你总不会要罚她们全去哺乳傻瓜和记载那些无足轻重的琐事吧？不，女人自然可以去研究医术，她们可以去做医生或做护士。并且为了合于礼法起见似乎应该派她们去做接生工作，虽然我担心“接生婆”这个词在我们的字典里不久就会由“产科医生”所代替，这个表示过去女性守礼法的证据将从我们的语言中消失。

她们还可以研究政治，把她们的仁慈建立在最广阔的基础上，因为阅读历史时只把它当做一本传记来看，如果不注意时代的特征、政治上的改进以及政治手段等，那么阅读历史也不会比看传奇小说更有益处。简短地说，就是如果不把它当作人类的历史来读，就不会有益处。所谓人类的历史不是说某些特殊人物的历史，这些人被装入名誉殿堂的神龛里，并且落在漆黑的滚滚前进的时代洪流里，这股洪流无声地把它面前的一切都卷入那个所谓永恒的无形的空虚中。因为既称为形，我们能否把它称作“无形之形”？

假使她们能受到比较正规的教育，她们同样可以从事于各式各样的事业，这样也就可以使许多妇女不至于成为私娼和公娼。当男人在政府谋求到职位而忽略了他们应尽的责任时，女人也就不必为求得抚养而结婚，她们也不会为了挣得自己衣食这样值得称赞的企图，沦落到几乎与那些以卖淫为生的被遗弃的可怜虫相等的程度。因为那些女帽商、女裁缝不就是被列为差强于娼妓的等级吗？现在向妇女开放的少数行业远不能说是高尚的工作，而都是些卑贱的；有些妇女受过较高的教育，她们能够担负教育儿童的女教师工作，但是她们所得到的待遇，还赶不上那些教育男孩了的家庭教师，即使是教士任家庭教师，他们所受的待遇也不是永远能使他们在学生的眼中受到尊敬，更谈不到个人生活舒适了。但是有些妇女既然受过像贵妇人所受过的那样的教育，她们就从来没有打算去担任那些有时不得不去担任的使她们感到屈尊的职位；她们把担任这些职位看作是贬低她们的身份；她们对人类的感情懂得有限，必须要告诉她们，再没有什么事情像这种生活上的没落那样痛苦地加重她们的感受。

这样的妇女中有些人可能采取一种恰当的审慎态度而克制自己不结婚，另一些人可能就没有力量采取这种可悲的办法来逃避劳役；政府如果不照顾诚实、独立的妇女，不鼓励她们担任令人尊敬的职位，那么这个政府难道不是非常有缺陷和非常不注意它的半数成员的幸福吗？但是为了使她们的私人德行化为公共利益，必须使她们在国家中过着一种文明生活，无论已婚或独身都应该这样；否则，我们将会不断地看到有些可敬的妇女，他们感觉到不应有的轻蔑，因而被折磨得非常痛苦，将像“在耕犁下丧生的百合花”一样地枯萎下去。

这是一个悲惨的事实，然而这也就是文明所带来的恶果！最值得尊敬的妇女也就是最受压迫的妇女；除非她们具有远远超过一般人（包括男性在内）的智力，否则，她们必然会被当作下贱的人来对待，变成了下贱的人。有多少妇女就是这样忧郁地虚度了一生；这些人本来可以成为医生，或是管理田庄，经营店铺，靠她们自己的劳动独立谋生，而不必因为多情善感而流过多的泪水，以至抬不起头来，这种多情善感最初增加了她们美丽的光彩，最后则损害了她们的美貌；不仅如此，我还怀疑怜惜和爱情是不是像诗人所想象的那样有如此密切的关系，因为我很少看到女人的无依无靠会引起很多的怜悯，除非她们生得漂亮；因此，也许怜悯是爱情的温柔婢女，不然它就是色情的先兆。

以履行任何责任来为自己谋生的女人，同一个修饰得极端美丽的女人相比，多么更值得尊敬！我所说过的美呀！我深深感到德行之美的可爱，或者感到使一个行为规矩的人的情欲得到节制的那种和谐适度，因之在把它们和世俗女性美相提并论时，使我感到羞愧；然而当我想到，能立意从令人眩晕的享乐旋涡中抽身，或者从善良女子陷进去就会麻木不仁的懒散的沉着中抽身，以取得这种尊敬的妇女是如此寥寥可数，我不禁为之感叹！

但是，她们既然以软弱为骄傲，她们就必须永远受到保护，避免操心以及一切使心灵获得尊严的艰苦劳动。假如这是命中的注定，假如她们甘心使自己渺小和被人瞧不起，舒舒服服地“浪费掉她们的生命”的话，那么在她们的美貌消退以后，她们也不要再期望能得到别人的重视，因为最美丽的花朵注定要受到赞美，然后再被采摘它们的双手，不经心地一片一片地撕碎。我从最单纯的仁慈观点出发，曾经希望以多种方式把这个真理深深印入妇女的心中，然而我担心她们不会倾听那用昂贵代价换来的经验已经说服了许多内心忐忑不安的人的真理；她们也不会愿意为取得人类的特权而放弃等级和性别的特权，那些不履行自己责任的人是没有资格享受这种人类特权的。

有些著述家主张不管一个人所处的地位如何或者用什么样的虚假的感情来掩盖自己，对人都应该有同情心，我认为这些著述家特别有用。因此我愿意说服有理性的人，使他们相信我的某些意见的重要性，并且劝他们冷静地考虑一下我的这些看法的整个意图。我向他们的理智呼吁；既同为人类，以一个女性的名义，我要求他们稍具同情心。我恳求他们去帮助解放他们的伴侣，使女性伴侣成为一位真正的**配偶**。

男人只要肯慷慨地打断我们的枷锁，并且满意于和一个有理性的伙伴共处，而不是奴性的服从，那么他们就一定会发现我们是更规矩的女儿，更热情的姐妹，更忠实的妻子，更明白道理的母亲——总之一句话，更好的公民。那么我们也一定会真心真意地爱他们，因为我们应该学会尊重我们自己；同时一个高尚男人的平静心情也不会受到他妻子的无益的虚荣的搅扰，也不会再把一个从来没有感到母亲怀抱温暖的婴儿，送到一个陌生人的怀抱中去抚育。

第十章　论父母之爱

父母之爱或者可以说是一种最盲目的、顽固的利己感情的变态；因为英文没有像法文[①]那样的两个词来把自然合理欲望的追求和软弱无知的打算区别开。父母往往用极无理性的方式来爱他们的子女，并且牺牲一切有关的责任来促进子女在社会上飞黄腾达。为了促进(这就是那些无原则的偏见所造成的损害别人的行为)子女的未来幸福，他们正以最专横滥用的权力把子女们目前的生活弄得痛苦不堪。其实，权力永远忠实于它的重要原则，因为它要以一切形式来实行统治，既不受控制也不容发生疑问。权力的宝座横跨着建立在一个黑暗的深渊之上，谁也不敢冒险去探测这个无底洞；一经考查研究，这个没有基础的宝座就会摇摇欲坠。服从，无条件的服从是各类暴君的口头禅，并且为了使"可靠的保证加倍地可靠"，所有的专制手段都互相支持。如果理性能在任何生活关系中变为责任准则的话，那么暴君就一定会为之颤抖，因为在白天完全出现以前就可能有光明散布开来。人们在愚昧的黑夜中或怯于追问的黎明中曾对一些吓人的东西感到惊慌失措。等到白昼出现以后，他们再看到那些吓人的东西将会付之一笑。

① 正当的爱(L'amour propre)与自私的爱(L'amour de soi même)。

父母之爱，确实在许多人的心里不过是随便实行专制压迫的一种借口，因为只有善良、聪明的人才能满足于那种能经得起讨论的尊敬。他们既然确信对于他们所坚持的东西享有权利，他们就不怕理性，也不畏惧分析那些时时涉及自然公正的问题：因为他们坚信人类的思想越是受到启发，公正而简单的原则也就越是根深蒂固。他们不依靠一时的权宜之计，他们不承认在道理上是正确的东西会在实践上成为错误的，但是蔑视那些暂时的哄骗，他们冷静地等待着，直到赞成革新的时代把自私或嫉妒所发出来的嘶嘶之声压制下去。

如果说有一种力量反思过去并把敏锐的期待的目光投向未来，而且这种力量是人类的伟大特权，那么就必须承认有些人所享受的这种特权的程度太有限了。一切新事物在他们看来都是错的；他们不能分辨出什么是可能的事物和什么是可怕的事物，不可怕的事物他们却害怕，他们逃避理性的光辉，好像它是一个引火之物；然而，可能的事物的范围却从来没有被限定过，以使一个坚强的革新者为之束手。

可是，妇女在一切情况下都是偏见的奴隶，她很少能发挥出使人摆脱偏见的母爱；因为她不是忽视她的子女，就是由于不当的溺爱而惯坏了他们。有些妇女对她们的子女所表现的母爱，如我以前曾经说过的，往往是很残忍的，因为它扑灭了一切人性的光辉。正义、真理以及一切都被这些利百加*抛弃了，她们为了她们自己

* 利百加(Rebekahs)是以撒的妻子，她为使小儿子获得长子所应得的福祉，帮助他用诡计欺骗父亲。见圣经《创世记》。——译者注

的子女，破坏了最神圣的责任，忘却了把世界上整个大家族联系在一起的共同关系。然而，理性似乎告诉我们，那些容忍一种责任或感情去吞没其他责任或感情的人，是不会有足够的思想感情来诚实地履行此人所容忍的那一种责任的。因而这种责任也就失去了作为一种责任的可尊敬的面貌，而以任性的幻想形式表现出来。

既然关心照顾童年时期的子女，是属于女性天生性格上的伟大责任之一，那么如果对它有正确的看法，这一责任对于加强女性的理智，就会提供许多有力的论据。

培养心智必须很早就开始，尤其是对性情需要极为审慎的注意，那些疼爱她们的子女，只因他们是她们的子女，只凭一时的感情而不进一步为她们的责任寻求基础的女人，是不会注意到这一点的。这是因为在她们的爱中缺少理性，这些爱使得妇女时常走入极端，不是成为极溺爱的母亲，就是对子女毫不过问，成为最不近人情的母亲。

要想做一个好母亲，必须有理智和独立精神，而妇女所受的教育就是要她们完全依靠她们的丈夫，所以很少能具有这种独立精神。温顺的妻子一般说来都是糊涂的母亲；她们要求她们的子女最爱她们，并暗中与她们站在一起来反对那位父亲，而且把他当作一个稻草人来嘲笑。在必须对子女进行惩戒的时候，即使他们是触犯了母亲，也必须由父亲来惩罚；他必须是一切争论的公正人；不过我将在论述个人教育的时候，更全面地来讨论这个问题。我现在只是坚决主张，除非妇女的理智得到发展和由于准许她们支配自己的行为而使她们的性格更为坚定，否则她们永远不会有足够的认识，也不会有控制性情的力量来正确地管教她们的子女。

的确，当母亲没有引导她哺乳她的子女的时候，那是不配称作亲子之爱的，因为履行这种责任，能够同样引起母亲对子女的爱和子女对母亲的爱；履行那些能够产生各种爱心的责任，是男女双方所不可推卸的义务。而这些爱心是防止邪恶的最可靠手段。我认为所谓天性之爱，是一个很没有力量的纽带，爱慕必须来自彼此经常地互相关心；一个做母亲的把婴儿送到奶母手里，从奶母手里接过来又立刻送到学校去，她又能表示出什么样的关心来呢？

当情人变成只是朋友，彼此信任代替了过分强烈的爱慕时，上帝在妇女发挥她们的母爱上，为她们准备了爱情的自然代替品——那时候孩子会轻轻地拧紧那根已经松弛了的琴弦，而彼此的关心会产生新的相互同情。但是，如果父母全都满足于把孩子交给佣人照管的话，那么虽然孩子是爱情的结晶，他也不可能使爱情活跃起来；因为委托别人代替自己履行责任的人，如果得不到履行责任的报答——从父母之爱产生子女的责任——他们是不应该有所抱怨的。

第十一章　父母的责任

人类似乎有一种懒惰的习性，那就是永远以命令代替理性，把一切责任建立在专横的基础之上。王权是从上帝那里直线传下来的，父母的权利是从我们第一个父亲那里传下来的。

我们为什么要这样回到那些必须永远建立在同一个基础之上的原则上去呢？这些原则的重要性在今天看起来同一千年以前一样，一点也没有多。假如父母履行了他们的责任，他们就有充分的把握和神圣的权利来要求子女对他们报恩，但是很少父母愿意以这种条件来接受他们的晚辈的尊敬。他们要求盲目的服从，因为他们不配得到合理的侍奉；并且为了使这些没有根据的和无知的要求更有拘束力，于是在这个最专横的原则的周围，散布开神秘的气氛；服从邪恶或软弱的人，仅仅因为这些人服从了一种强有力的本能，除了说这是盲目服从的义务外，还能把它叫做什么呢？

我们可以用简简单单的几句话来解释那自然存在于父母和子女之间的相互责任。做父母的人，如果曾经正当地照顾过弱小无能的婴儿，那么到了晚年的时候，也就有权要求子女同样的照顾。但是当一个有理性的人已达到能为自己的行为向社会负责的年龄时，还要强迫他屈从于另一个人的意志，那就是最残酷和最过分的滥用权力。它也许像某些宗教教规一样地对道德有害；那些宗教教规除了上帝的旨意外，不容许有是非的存在。

我从没有见过一个对子女特别注意的父亲或母亲被子女不放在眼里。[①] 相反，早年养成的几乎盲目地相信父亲或母亲的意见的习惯是不容易动摇的，即使理性成熟后使这个孩子相信他的父亲并非是世上最聪明的人，他也难于动摇。有理性的人必须坚决反对这个弱点(因为它确是弱点，虽然可以给它加上“可爱的”这个形容词)；仅仅因为他们是父母，子女就必须服从，这种经常向人们教导的荒谬的责任，束缚了子女的心灵，并且训练子女对于一切威权作奴性的服从，但就是不要服从理性。

我把父母所应尽的天赋的责任和附带的责任区别开来。

那些孜孜不倦努力培养子女心灵和扩展子女理智的父母，使履行整个动物界所共有的责任获得一种只有理性才能给予的尊严。这就是属于人类的父母之爱，它远远超出了本能的天生之爱。这样的父母取得了最神圣的友情的一切权利，他们的子女即使已达成年，也是需要认真考虑父母的忠告的。

关于婚姻，虽然子女到二十一岁以后，父母似乎已经无权提出任何理由不予同意，然而二十年的关怀是要求回报的，做儿子的，假如他所选择的对象不能完全得到他第一个朋友的赞同的话，至少应该答应迟两三年再结婚。

但是，尊敬父母，一般说来，是非常卑鄙的原则；那仅仅是对所有权怀有私心的尊敬。盲目地服从父亲是出于十分软弱，或者是出于那种使人类品格趋于堕落的动机。

① 约翰逊博士也有同样的意见。

我承认在世界各地出现的大部分骇人听闻的不幸现象是由父母的过失造成的；而这些父母正是那些坚持他们所谓的自然权利的人，虽然这种自然权利已经破坏了人的与生俱来的权利，即按照自己理性的指示来行动的权利。

我以前曾经常常有机会谈到，邪恶或懒惰的人总是渴望从实行专横的特权中获得利益，并且一般是与他们忽略所承担的责任的程度成相等比例的，而只有履行这些责任才能使特权合理化。这种做法实际上是常识驱使他们这样做的，或者是愚昧的软弱者特有的自卫本能，这就像鱼儿把它游泳于其中的清水搅浑以逃避它的敌人的本能一样，而不是在清澈的溪水中勇敢地面对敌人。

的确，那些支持每一派别的规定的人都从论辩的清溪中逃开，逃到黑暗的地方躲藏起来。这种黑暗在崇高的诗的语言中曾经被想象为环绕在全能上帝的宝座周围；他们既躲藏在黑暗中，就胆敢要求那只属于上帝的不可追究的道理才应该得到的盲目尊敬。但是不要认为我过于放肆；那种把上帝隐藏起来使我们不得与他相见的黑暗，只与玄想的真理有关。这黑暗决不会掩蔽道德的真理；道德的真理在明亮地照耀着，因为上帝是光明；并且根据我们的天性，他绝不要求我们去完成我们睁开眼睛看不到它的合理性闪现在我们面前的那种责任。

上层社会中的懒惰父亲，确是在强迫他的子女对他表示尊敬，欧洲大陆上的妇女更是听命于她们的家庭的意见，而这些家长则从来没有想到考虑她们的愿望，也从来没有想到为这些牺牲在他们的骄傲之下的可怜虫安排舒适的生活。其结果是人所共知的：这些毕恭毕敬的女儿变成了与人通奸的不贞之妇；他们忽略了对他们的子女的教育，并且他们继承上一代的做法，也强迫子女作同样的服从。

确实，在所有国家中妇女都过分地受到她们父母的统治；很少父母想到以下列方式来对他们的子女讲话，尽管上帝似乎曾命令全人类要采取这种合理的方式：——在你能够自行判断以前，服从我对于你是有好处的；全能的上帝曾给予我慈爱的感情，使我在你的理性没有发展的时候作你的保护人；但是等到你的心灵已达到成熟时，你就必须只是在我的意见与你自己所想到的那种意见相符合时服从我或者是说尊重我的意见。

对父母的奴性服从，使人的一切才能受到了阻碍；洛克*很公正地说："如果儿童的心灵受到过分的压抑和挫折，如果用过于严厉的手段使他们的精神受到过分的屈辱和打击，他们就失去了一切活力和奋勉精神。"这里所说的严厉手段可能在某种程度上就是造成女性软弱的原因；因为女孩子由于各种原因，比男孩子在各种意义上都更受她们父母的压制。所期待于女孩子的责任，像一切强加在妇女身上的责任一样，更多地是出于循规蹈矩的意识，出于对礼法的敬重，而不是出于理性；她们这样被教导着像奴隶似地服从于父母，就为将来做婚姻的奴隶做好了准备。可能有人对我说，有些妇女在结婚后并不是奴隶。不错，但是她们可就变成了暴君；因为她们用卑劣的手段所取得的不是有理性的自由，而是一种不

---

* 约翰·洛克（John Locke，1632—1704）是英国著名哲学家、不彻底的唯物主义者。在教育思想方面，他认为教育的目的是培养资产阶级社会的善于合理而有利地经营自己事业的绅士；他反对学校教育，主张家庭教育，完全忽视国民教育。1693 年出版有《教育思想》一书。——译者注

法的权力，同专制君主的宠臣所行使的威权相似。同样，我并不想暗示男孩子或女孩子永远都是奴隶。我只是坚信当他们被迫盲目地屈服于威权的时候，他们的能力就遭到了削弱，而他们的性情会变得专横或者卑贱。我也为那些父母感到悲哀，他们懒惰地利用一种假设的特权，使理性刚刚显露出微弱的光辉就遭到打击，同时使他们所渴望履行的责任空有其名；因为他们不肯让责任建立在唯一能够使其牢固建立的基础上；除非责任建立在知识的基础之上，否则它就不能取得足够的力量来抗拒情欲的风暴，或者利己主义的暗中侵蚀。但有些父母却不是这样，他们最有把握地证明了他们是疼爱儿女的，或者说得更正确些，他们由于履行他们的责任，已经使得父母的天性之爱在他们的心里生根；他们容许运用同情和理性的子女，不容许自私骄傲、自以为了不起的后代，这样的后代最坚决地主张子女必须服从父母的意志，就是因为那是他们的意志。做出好榜样的父母与此相反，耐心地让这个榜样发生作用，这样在大多数情况下会产生它的自然效果——子女的恭敬。

不应该过早地教导儿童服从理性——卢梭所坚持主张的这种必要性，他并没有解释其真正意义，服从理性就是服从万物的本性，也就是服从上帝，是他把万物造就成这样，以增进我们的真正利益。

当儿童的心灵在开始发展的时候，为什么仅仅为了父母的懒惰就要使幼小的心灵遭到歪曲呢？懒惰的父母坚持享受特权而不愿意付出造化所规定的代价。我以前曾经说过，权利永远包含着义务，我想可以同样恰当地引申说，凡是没有尽到义务的人都丧失了他们的权利。

我承认，命令比说理容易些，但是不能因此就认为儿童不能了解为什么要使他们常常作某些事情的理由：因为从毅然坚持一些简单的行为原则中可以产生一种健全的力量，贤明的父母靠这种力量就可以逐渐地征服一个儿童的心。这种力量再经过和蔼地显露出深深打动童心的爱加以调节，它就会真正变得强大。因为我相信，作为一个一般的准则，我们必须承认我们所激发起来的感情总是与我们所培养起来的感情相似。所以那种被设想为与理性几乎风马牛不相及的天性之爱，可能被发现为与判断力的关系比一般人所承认的更为相近。不但如此，我们还应该看到：当慈爱仅仅是出于感情的时候，它似乎就有一种动物性的反复无常的表现，这就是必须培养女性理智的另一个证据。

最初使子女的心灵受害的乃是父母随便地行使他们的威权，而女孩子因此所受的害处比男孩子更甚。有些父母，除非恰巧遇到他们高兴而比较放松一些的时候，是绝对不许子女对他们的意志有所异议的，这些父母的意志几乎永远都是不合理的。女孩子很早就学会一套本领去逃避这种专横的威权，日后她们又把这套本领使用在她们的丈夫身上。我常常看到摆出一副狡猾伶俐面孔的小姑娘，管理着整个的家庭，除非是妈妈有时由于偶然的不高兴而发了脾气；所谓偶然的不高兴，不是因为她的头发梳得不好①，就是因为头天晚上打牌所输的钱超过了她肯向丈夫承认的数目，以及一些诸如此类的使人发怒的事情。

① 有一次，我亲自听到一个小姑娘对一个仆人说："今天早上我妈妈因为头发梳得不称心，把我狠狠地骂了一顿。"虽然这段话说得有点没规矩，但却是实情。做女儿的怎么能在不违反理性的条件下对这样的母亲表示尊敬呢？

在谈论上述这类事情之后，我又被引入一系列关于妇女的忧郁的思潮，我的结论是，当她们的最初感情必然把她们引向迷途，或者使她们的各种责任互相冲突，直到她们以一时的兴致和习惯为根据时，那么就是在她们年龄增长以后，我们也难以期待她们有什么成就。确实，一个教师怎么能够医治她们这种毛病呢？因为根据任何正确的原则来教育她们具有美德，就等于教她们轻视他们的父母。任何人都不能而且也不应该教导儿童承认他们的父母有过错，因为承认父母有过错就会在他们的心里削弱理性的力量，并使他们更纵容自己的过错。严以责己，宽以待人，是成年人的最崇高的美德之一；但是对儿童却只能教给他们简单的德行，因为如果他们过早就开始体谅人类的激情和行为，他们就会降低应该用来约束他们自己的那种严格的标准，并且会随着他们的日益放纵而变得同样地不正当了。

儿童和软弱的人们的感情总是自私的；他们爱他们的亲人，是因为亲人爱他们，而不是因为亲人有美德。然而，除非尊敬和爱能在最初的感情中就掺合在一起，并且使理性成为首要责任的基础，否则道德发轫就会遇到障碍而无济于事。但是，在社会的组成未经重大改变之时，我担心做父母的仍然会坚持要子女服从他们，因为子女是会服从的，因而父母则会不断地努力把这种权力建立在经不起理性检查的神权上。

第十二章 论国家教育

重视私人教育所得的良好效果总是很有限的，而在教育成为重大的国家事业以前，真正亲自担负教育子女责任的父母在某种程度上将永远是令人失望的。一个人不可能带着他的孩子退居到沙漠中去；即使他这样做，他也不能返老还童变成一个幼儿或青年的合适朋友和合适同伴。当儿童们被限制在成年男女的社会里时，他们会很快地达到早熟的成年人状态，阻碍身心的正常发展。为了发展他们的才能，应当刺激他们自己去思维；而且只能通过许多儿童混合在一起，使他们共同研究同样的事物来达到这个目的。

当孩子只是提出问题，而不去寻求知识并且盲目地信赖他所接受现成的答案时，他会很快地染上懒于用脑的毛病，并且以后很少有足够的力量来摆脱这种毛病。他与年龄相仿的人在一起，情形就决不会是这样。虽然他们对提问的解答也许会受到成年人的影响，但不会完全遵守成年人的指导，成年人常常过分性急地提示出这些解答，这样即使不会破坏，也会阻碍孩子们能力的发展。假如这个孩子只限于同一个成年人交往，不管这个人多么聪明，他也一定会过于性急地提示出解答的。

此外，在青年时期应该播下每一种感情的种子。对于父母尊敬的感情是与成长以后构成生活幸福的那些社交感情很不相同的。社交感情的基础是平等和那种不受唯命是从的严肃气氛所阻碍的情感交流，虽然这种情感交流也许不能强迫别人屈服，但至少是不容争辩的。倘若一个孩子对父母的感情是出于尊敬的话，他将永远渴望去和别的孩子们游戏和谈天；他所感到的那种尊敬（因为在子女的敬重中总是夹杂着一点惧怕的成分），即使没有教会他狡猾，至少也会阻止他吐露儿童的心事，这种吐露首先使他的心向友谊和信任开放，并逐渐地把他引向更广泛的德行。此外他的行为举止也永不会坦率。青年人只有常常在这样的交往中才能坦率：那就是他们敢于说出他们所想的事情，既不怕人们责备他们傲慢，也不怕人们讥笑他们愚蠢。

由于看到现在办学校的情形而自然引起的想法给了我一些深刻的影响，所以我以前曾经发表过热烈赞成私人教育的意见；但是进一步的经验使我对这个问题有了不同的看法。不过我仍然认为像现在这样管理的学校是罪恶和愚蠢的温床，而假设能从那里得到关于人性的知识，那也不过是学会了狡猾自私。

在学校里，男孩子们变成好吃懒做的人，不但没有培养起家庭的感情，反而很早地流于放荡，使体质在未长成的时候就遭到破坏，他的心随着理智被削弱而变得冷酷了。

在供膳宿的学校里，学生因为盼望假期而产生一种心理不安状态，即使没有其他理由只有这一个理由，事实上我也应该反对这种学校。恰如其分地说，儿童们的思想至少有一半的时间是带着焦急的心情盼望假期的到来的。当假期到来时，就完全在闲逛游荡和野性放纵中度过。

但是，相反地，当他们在家庭中受教育时，他们可以更有秩序地执行读书的计划，这比把一年的四分之一的时间耗费在游荡中和把更多的时间耗费在悔恨和盼望中要好些；然而在家庭里，由于家庭地位允许他们对奴仆们施行专制，由于大多数的母亲在举止行为上对他们表示的渴望，他们把自己看得过分的重要。这些母亲急于要把他们培养成绅士，因此使男人的美德在萌芽时期就遭到了压抑。这样在他们应该进行认真学习的时候就被带到交际场所，在他们还是孩子的时候就被当作大人看待，于是他们就变得爱虚荣而没有丈夫气了。

要避免对道德同样有害的这两个极端，唯一的方法是设法把公共教育和私人教育结合起来。这样，要使人们成为公民，就可以采取两个步骤，这两个步骤似乎能直接导向我们所希望的目标；因为这样一定会培养起家庭的感情，使心灵首先接受人类的各种各样的感情，同时也要允许孩子在平等条件下和其他孩子们一起度过他们的大部分时间。

我还愉快地记得乡村的走读学校；在那里，一个孩子不管是晴天和雨天，带着他的课本和午饭，在晨曦中跋涉着，走向那个距离相当远的学校。那时候并没有一个仆人拉着他的小主人的手，他一穿上外衣和裤子，就可以一切由他自己去活动，到晚间独自走回来，在他父母膝前复述他白天的功课。他父亲的房子就是他的家，而且以后回忆时永远觉得亲切。不仅如此，我还向许多受过这样教育的上等人们呼吁，请他们回忆他们曾在那里学习功课的绿荫小径，或者他们在糊风筝或修球棍时坐过的台阶，难道这些回忆还不能使他们感到家乡更可爱吗？

可是，男孩子回忆他被严密地禁闭在伦敦附近一个学院里时度过的岁月，有什么使他愉快的呢？实在说，他偶然记起的只能是那曾被他捉弄过的用来吓人的可怜的守门人，或者是那个烙馅饼的师傅，他从这人那里曾抓起一个馅饼，像个自私的馋猫那样把它吞了下去。在各种各样供膳宿的学校里，低年级的孩子的消遣是淘气，高年级孩子的消遣是做恶作剧。此外，在大的公立学校里，还有什么能比那建立在孩子中间的专制和卑贱的奴役制度更有害于道德品质？更不用说那些使宗教变得比笑剧还糟的强制性仪式的了。有些青年人为了避免罚半个畿尼而接受圣餐，以便后来把这几个钱用在色情的事情上，我们能期待他们有什么善良行为呢？青年们的一半时间用来逃避必须参加的公众礼拜，他们这样做也许是对的，因为经常重复同样的事情必然是对于他们天真活泼的一种讨厌的束缚。既然这些礼节对他们的道德有最严重的影响，既然宗教仪式已经离开思想感情很远而只是在口头上遵行，既然我们的教会不能像银行似地可以把仪式的善果储存起来，以备可怜的魂灵在炼狱中支用，那么为什么不应当废除这些礼节和仪式呢？

但是在英国这个国家里，对于革新的恐惧，已经扩大到每一件事情上。这仅仅是暗中的恐惧，是懒汉们怯懦的恐惧，他们用掩饰的方法来保护他们认为是祖传遗产的那个舒适安乐的地方，他们除了履行一些遗留下来的空洞仪式而外就是吃、喝和享乐，而不去完成他们的责任。正是这些人，他们最热心主张遵守创始人的意志，叫嚣反对一切改革，好像改革是破坏正义似的。我现在特别指的是在我们学院中保存的那些天主教遗物，虽然基督教徒看来是如此地遵守国教；他们的热诚却从来没有使他们不去看那些从事迷信纪念活动的贪婪祭司共同搜刮来的愚昧赃物。不，他们是他们那个时代的聪明人，他们尊重长期的占有权，把它当作堡垒，他们仍然让那缓慢的钟声伴着祈祷仪式丁丁当当地响着，就像当年一样，认为圣体的高举，是表示替人赎罪，他们唯恐一种改革会引起另外一种改革，以致使精神毁灭了文字。这些天主教的习俗在我们牧师的道德上起着最有害的影响；因为这些懒虫每天以最松懈的方式举行两三次他们认为毫无用处的祈祷，可是他们却认为这是他们的责任，所以很快地就失去了责任感。在学院里，无论是被迫去做礼拜或被迫逃避做礼拜，他们对于这种礼拜本身就有一种习惯性的轻视，履行礼拜仪式就是使他们在懒惰中过活。他们嘴里咕噜咕噜地说几句，当作一件例行公事含糊过去，就像一个愚笨的孩子重复自己的话一样，并且在布道者刚一离开讲台的时候，甚至在他吃着他用这样不诚实的方式获得的晚餐的时候，往往就流露出那些学院牧师们的伪善口吻。

的确，再没有什么事情比现在在这个国家里所举行的教会礼拜更为不恭敬的了，它所包括的一群人也不会比这一班成为傻里傻气地照例举行仪式的奴隶的人们更软弱。过去令人讨厌的空架子仍然在展现着，一切严肃的气氛在过去即使不能使心灵变得纯洁，还可以引起人们的幻想，可是现在却都丧失殆尽。在欧洲大陆上举行的大弥撒必定给每个人留下深刻的印象，在那里，燃起了幻想的火花，充满严肃忧郁和崇高和善的深情，这样十分接近虔诚。我不是说，这种虔诚的感情在道德的意义上比其他任何优美的感情更为有益；但是我认为那种满足我们感官的戏剧性盛大仪式，比那种既有辱于理性而又激发不起感情的冷清清表演是更为可取的。

在评论国民教育的意见当中，是不能不提到这样的意见的，尤其是在这些支持把学校退化成儿戏场所的人假装是宗教维护者的时候。宗教，在现世苦海中是给人以安慰的清泉！这股清澈的流水怎么被那些弄水人搅浑，他们竟冒昧地想要把永远流向上帝的活水——生活的伟大的海洋，限制在一条狭窄的沟渠里！假如没有那种只有建立在人性基础上的上帝的爱才能赋予的宁静，生活会变成什么样子呢？一切尘世的感情每隔一个时期就转回来折磨那助长感情的心灵；最纯洁的善行的表露，常常被人粗暴地压抑下去，这样的表露应该是向使之产生的上帝呈送的一份自由意志的献礼，并且隐约地反映出上帝的光辉形象。

但是，在公立学校里，宗教同讨厌的仪式和不合理的限制混淆在一起，呈现出一种使人不愉快的样子：不是既令人畏惧又令人肃然起敬的那种样子，而是使人想起一种可笑的双关语表演。因为，事实上大部分能使集中在牌桌子的精神活跃起来的那些有趣故事和巧妙的诙谐都是从一些偶然发生的小事件中编造出来的。使这等小事变得滑稽可笑的人就是那些赞成积弊陋习者。

在这个王国里，也许再没有比住在学院里和主持公立学校的那一帮卖弄学问的暴君更教条和更奢侈的了。假期对于教师和学生的道德是同样地有害，教师和贵族的交往把虚荣和奢侈带进教师的家庭，这种虚荣和奢侈已经从庄严的大厦中把家庭责任和安乐驱逐出去；教师们只是拙劣地模仿着贵族的生活。孩子们付出了很大的费用同教师、助教住在一起，为的是在生活上得到教养，但是从来没有达到这个目的；因为他们一言不发地在一起用过晚餐以后，就急忙地吞下一杯酒退下去策划顽皮的恶作剧，或者去嘲笑他们刚才奉承过的那个人的容貌或举止，而他们本应把那个人看作是父母的代理人。

那么，这样被关闭起来不许有社会交往的孩子们变成自私邪恶的人，能够算是一件奇怪的事情吗？一顶主教帽常常加在这些勤奋的牧师中一个人的头上能够算是一件奇怪的事情吗？

想和比自己高一级的人过同样方式的生活的欲望感染着每个人和每个阶层，伴随着这种可耻的野心而来的是卑鄙行为；那些以靠权贵封官晋级为阶梯的职业是最卑劣的，然而青年人的家庭教师一般却是从这些职业中选出来的一种。但是他们永远都在希望得到恩宠，所以他们的行为就必须要小心谨慎，我们能够期待这样的人去激发起独立的感情么？

但是，我曾听到学校的几位教师完全不考虑孩子们的道德，还争辩说，他们只担任教授拉丁文和希腊文，并且已经完成了他们的责任，因为他们把一些成绩好的学生送进大学里去上学。

我承认用竞争和管教的方式可能造就出少数成绩好的学生来；但是为了培养出这几个聪明孩子，很多孩子的健康和道德都被牺牲了。我们的绅士们和富有的平民们的子弟大部分是在这些学校中受教育，但是任何人敢于说他们的绝大多数不过是差强人意的学生吗？

以牺牲多数来培养出少数几个优秀的人才并非为了社会的利益。诚然，当伟大革命出现的时候，伟大人物似乎异军突起，在适当的时间内，恢复了秩序并且吹散了层层掩盖在真理上面的乌云；

但是如果让更多的理性和美德在社会上盛行，那么这些强烈的风暴就会是不需要的。各种名目的公立教育都应当以造就公民为目的，但是假如你希望造就出好公民，你就必须首先训练做儿子的感情和做弟兄的感情。这是开阔心胸的唯一方法；因为对公众的感情和公德心必然永远产生于个人品格，否则它们不过是横向穿过黑暗天空的流星，当人们在注视和赞叹的时候，它们已经消失了。

我相信，对人类有深厚感情的人，很少有不首先爱他们的父母、兄弟、姊妹甚至他们从前一起玩耍过的家畜。青年人的同情心训练形成了道德品质；后来更多地以理智为指导的人们回忆起这些最初的感情和追求，就会得到活力。少年时代产生了最亲密的友谊，同时涌起甘露般的温情，二者密切地融合在一起；或者说，适合于感受友谊的心灵往往寻求比粗鄙的欲望满足更为高贵的快乐。

为了鼓励他们爱家庭和家庭乐趣，孩子们应当在家中受教育，因为忙乱的假期只能使他们为了自己而喜爱家庭。假期不但不能培养家庭感情，反而不断地扰乱学习的进程并且使任何修养计划，包括自我克制在内，归于无效；可是假如把假期取消，孩子们就会完全离开他们父母，我要问一下，牺牲了初步的感情，破坏了使结婚生活成为必要的和可尊敬的亲属关系的力量，这样他们会不会成为更好的公民呢？如果私人教育产生自高自大，或者是使一个人孤立于他的家中，那么这种弊端不是得到纠正就是有所改变而已。

这一系列的推论使我回到有必要设立良好的走读学校的问题上来，对这个问题我想谈一谈。

但是走读学校应当是国家办的，因为教师如果要听从家长们反复无常的支配，那么教师的努力除了必须用来取悦于无知者以外，再不会期望有更多的作用。的确，教师必须给家长们一些表现学生能力的抽样成绩，在假期中让每位来校参观者[①]都看看这些东西，这种办法产生的害处远超过我们的想象。因为平心而论，这些成绩很少是完全由孩子自己做出来的；这样，教师就是奖励作假，或者强迫那个可怜的孩子做某种格外的努力，以至于损害了他的身体，妨碍了他的循序发展。他死记一些不懂的字句，只是为了表现而并没有在理解上取得任何清晰的概念。只有那种教导青年人怎样开始去思维的教育才能真正称得起是心灵的培养。在理解力获得力量以前，不应当让幻想去败坏它，否则虚荣心就会带来恶习：因为一切显示孩子们成绩的办法都是对他们道德品质有害的。

教他们背诵他们所不懂的东西，曾经费去了多少时间啊？而做妈妈的穿着她们最好的衣裳坐在板凳上，惊奇地倾听他们以极端的无知和愚蠢、用装腔作势的声调做鹦鹉般的学舌。这种表演只能使整个心灵充满虚荣，因为这样做既不能使孩子们语言流畅，也不能教他们举止文雅。绝不该这样，这些毫无意义的追求可以统称之为装模作样的学习；因为我们现在很少看到淳朴、腼腆的孩子，虽然懂得趣味的人几乎很少会厌恶这种由于年龄关系而自然产生的窘迫羞怯。这种羞怯由于上学和早期进入社会已经变成了

① 我这里特别指的是伦敦市内和附近的很多院校，以及这个大都市商界人士的行为。

厚颜无耻和猴子般地出怪相了。

然而，当教师们完全依靠家长来维持生活的时候，当这么多互相竞争的学校挂出它们具有诱惑力的招牌来引起虚荣的父母们的注意的时候(这些父母的慈爱只是引导他们希望他们的子女能够赛过他们邻居的孩子)，这些事情怎么能得到纠正呢？

一个不靠侥幸的有理性有良心的人，如果他不屑于运用教师行业的秘诀来欺骗软弱的家长们，他在尚未办成一所学校的时候，就一定会挨饿的。

在管理得最好的学校里，学生虽然不是被挤塞在一处，也必然会养成很多的坏习惯；但是在普通学校里，学生的身心和理智则同样地遭到了损害，因为家长们常常只寻求学费最低廉的学校，教师所收的学生如果不超过他所能照管的数目，他就不能生活，而且每一个孩子所交纳的一点微薄学费也不容许教师去聘用足够的助教来帮助他完成这个学校的事务性工作。此外，不管校舍和庭园看来怎样好，孩子们也不能从中感到舒适，因为他们时常被严格的规则提醒说他们不是在家里，而客厅庭园等等必须为了家长们的休息而保持整洁；家长们在星期日来拜访学校并且会从这种使他们的子女处境很不舒服的外观得到良好的印象。

我曾经以如此厌恶的心情倾听了有亲身感受的妇女们谈她们在学校里所忍受的那种令人讨厌的禁闭生活，因为女孩子比男孩子受到更多的限制和威胁。甚至不准她们走出华美的花园中一条宽大的甬路，她们必须以安详的举止呆板地来回慢步，昂起头，高抬脚，两肩向后挺着，不能按照天性随意以各种有益于健康的姿势来蹦蹦跳跳。[①] 那种能使身心茁壮开出娇嫩的希望之花的活泼精神变得暮气沉沉的，只能在落空的愿望或者辛辣的怨言中发泄出来，使官能性情遭到损害；不然这种精神就会集中在头脑里，使理智在它未得到适当的力量以前就变得敏锐，从而产生了可怜的狡猾，这种狡猾不光彩地成为女人心性的特征——而且我担心，在妇女仍然是权力的奴隶时，这种狡猾将永远是妇女心性的特征！

我相信，男人对于贞节的不重视是许多使人类在身体和精神上受折磨的祸害的重大原因，也是污辱和损害妇女的那些恶行和愚蠢行为的重大原因；然而在学校里，男孩子必然会丧失正当的羞耻心，这种羞耻心在家庭中是可以日益成熟而变为庄重的。

当很多孩子像猪一般地住在一个寝室里的时候，他们彼此之间有什么肮脏下流的事情学不会呢，更不要说那些使身体衰弱、同时严重妨碍心灵美的恶行了。男人不注意培养羞耻心，就会在切社会关系中导致严重的堕落；因为不仅是爱情——它应当使心灵纯洁和首先唤起一切青春力量，以使一个人准备完成一生有益于人的责任——为早熟的淫欲而牺牲，而且一切社会感情都会由于自私的满足而削弱，这种自私的满足很早就污染了心灵，并使心

① 我记得有一次我亲自看到一件事情，这件事激起了我的愤怒。我到学校去看一个小男孩，那里是小孩子们准备升学的预备班。教师带我到教室等等地方去参观，但是当我走到一条宽阔石子甬道上时，我不能不看到我的两边野草长得很茂盛，我立刻问那孩子一些问题，才发现这些可怜的孩子是不准离开这条甬道一步的。教师有时允许把羊赶进来吃这些未经践踏的草。这个王国的暴君常常坐在窗户旁边俯瞰这片监狱场地。转过这片场地有一个角落本可以让那些不幸的孩子自由游戏，但被他圈起来，并且种上了马铃薯。他的妻子同样也渴望把孩子们管得规规矩矩，唯恐他们弄脏或撕破了他们的衣服。

中的仁慈的泉水趋于干涸。天真纯洁常常被如此不合情理的方式所破坏,从而使个人的恶行变成社会的祸害,这会产生多么严重的后果!此外,个人守秩序的习惯对于道德品性的影响比一般所想象的更大,而这种习惯只能在家庭里养成,在家里始终保持一种可尊敬的自我克制,是防止过分的亲密堕落成兽性,破坏兽性侮辱感情的基础。

我已经批判过女性被关闭在一起时所养成的不良的习惯;我想那种意见可以公平地应用到男性身上,直到得出我一直在思考的这个当然的结论:要使两性都有所提高,他们不仅应该在个人家庭中受教育,而且也应该一起在公立学校里受教育。如果婚姻是对社会起巩固作用的,人类就应当按照同一方式受教育,否则两性间的交往永远不配称为伴侣;并且在妇女成为有知识的公民以前,在她们能够自谋生活不依靠男人从而得到解放以前(为了避免误解,我的意思是说应当像一个男人不依靠另一个男人一样),她们也永远不会完成女性特有的责任。不但如此,除非妇女和男人一起受教育,准备做他们的伴侣而不是做他们的情妇,否则结婚永远不会被看作是一件神圣的事情。因为卑鄙的加倍的狡猾会永远使她们被人蔑视,同时压迫会使她们变成怯懦。我是这样确信这个真理,所以我敢预言,只有两性品德建立在理智上,只有两性所共有的爱情由于履行相互的责任而得到他们应有的力量,美德才永远会在社会中盛行。

假如允许男孩子和女孩子在一起进行一样的学习,那么在早年就可以教导他们端庄稳重,这样会产生谨慎谦逊而没有那种污染心灵的性别之分的观念。行为若能一贯端正,那些礼貌课和完全虚伪的礼节仪式就都变成无用的东西了。行为端正乃是心灵纯洁应有的效果，而不是像朝廷的礼服那样穿戴起来给宾客看的。这种真诚淳朴的优美是对于家庭之爱所表示的纯真敬意，它能不远远超过那种在时髦生活的毫无感情的交往中闪现着虚伪光辉的俗气恭维吗？但是，当更多的理智在社会上占优势以前，社会将永远缺乏情意和趣味，娼妓的口红将代替那神圣的光辉，这种光辉只有靠纯真的爱情才能散布在脸上的。风流行为和所谓的爱情也许可以没有淳朴的性格而存在，但是友情的主要支柱是尊重和信任——尊重从来不是建立在莫名其妙的东西上边的！

对美术的趣味需要深刻的培养，但是对于有道德的爱情的趣味比对美术的趣味需要更多的培养，而且两者都必须先有开阔的心胸，以开辟许多精神快乐的源泉。为什么人们急忙赶到热闹场所和人多的地方去呢？我要这样回答，这是因为他们缺少心灵的活动，因为他们没有培育起心灵的美德。所以他们只能粗枝大叶地去观察和感受，而且不断地渴望有所变化，因为他们觉得每件简单的东西都是乏味的。

这个论证可以引申得比哲学家们所注意到的更深一层，因为假如造化特别注定要妇女去完成家庭的责任，那么她就一定会在很大程度上使妇女有一种依恋之情。可是现在妇女喜欢取悦于人，这已经是众所周知的事，按照我的解释她们自然会是这样的，因为她们不能深入细致地体会家庭的乐趣，她们缺乏判断力作为一切趣味的基础；不管肉欲主义者怎样强辩，理智还是保留有向内心输送纯正快乐的特权。

我曾经看到这样的情况：一篇为懂得趣味的人所兴高采烈地

反复吟咏的可爱的诗，竟有人对此感到厌倦，打着呵欠。当人们几乎屏气凝神来静听美好的音乐时，一位女士竟问我，我的大衣是在哪里买的。我也曾看见过一个人对于一张最精美的图画投以冷淡的目光，却对一张粗糙的讽刺画注视不停，眼睛里闪耀着快乐的光芒。当大自然的某种可怖的形象在我的心里散布着一种崇高的静寂之感时，竟有人希望我去看一看我不幸不得不与之同路旅行的那只小叭狗的技巧。这样一个不懂趣味的人，如果情愿爱这只狗而不爱她的子女，那又有什么奇怪的呢？或者她宁愿听谄媚的狂言而不愿听真挚淳朴的声音，那又有什么奇怪的呢？

为了证明这一点，必须允许我说：第一流天才和最有修养的人，看来对于自然界的淳朴之美有着最深的体会；他们一定强烈地感受到了自然的爱和纯真的感情在人性周围散布着的魅力，所以他们才能把它描绘得如此动人。正是这种体察到内心和随着每一种感情引起的相应震动的力量，才使诗人把一切热情人格化，使画家用火热的笔锋从事绘画。

真正的趣味永远是从运用理智来观察自然效果产生的；在女性未获得更多的理智以前，是无法希望她们具有家庭趣味的。倘若没有正当的教育使她们的心里积聚起知识，那么她们善变的感受将永远使她们的心肠冷酷，并且激发起来的感情也将永远是昙花一现的。

妇女离开家庭，把嘻笑的婴儿从应当哺乳他们的胸前推开，不是因为她们获得知识，而是因为她们缺乏家庭趣味。妇女停留在无知的奴性依赖的状态下已经很多很多年了，而我们听到的仍然不过是她们喜欢享乐和权势，她们偏爱浪子和军人，她们像孩子那样爱好玩具，她们的虚荣心使她们把才艺看得比德行更重要。

历史记载着一系列由于女人狡猾造成的可怕罪恶，这些罪恶都是在那些软弱的奴隶有足够的巧妙手段来哄骗她们的主子的时候发生的。在法国和在多少其他国家里，不是有许多男人是尽情享乐的暴君，而女人则是他们的精干大臣吗？这能证明无知和依赖就会使她们驯服吗？那些在她们之中鬼混的浪子们不是把她们的愚蠢当作笑柄吗？而有理智的人不是常常叹息说，过分爱好打扮和淫荡能够把一个家庭的母亲永远夺走吗？她们的感情并没有因为知识而败坏，她们的思想也没有因为科学研究而旁驰，然而她们却并不履行那造化要求她们作为女人应该履行的特有的责任。相反，两性间存在的斗争状态迫使她们常常用诡计来挫败那些比较公开使用强力的计划。

所以当我把妇女叫作奴隶的时候，我是在政治和公民的意义上这样叫她们；因为她们间接地得到了过多的权力，而且因为努力取得不正当的权势而堕落。

那么，让一个开明的国家[①]去试一试，理性在使她们回到天性和她们的责任上会有什么效果；允许她们和男人一起分享教育和政治的利益，看一看她们是不是会随着她们更聪明和更自由而变得更善良。她们不会为这种试验所损害，因为男人的权力已经不能使她们变得比现在更为微不足道。

为了使这一点成为实际可行，应该由政府建立适合于各个年龄的走读学校，在那里男女儿童可以在一起受教育。为五岁至九

① 法国。

岁的儿童设立的学校应当绝对免费并对各阶层开放。[①] 还应当由每个教区的小型特别委员会挑选出足够数量的教师，任何关于失职的控诉及其他控诉，如果有六个学生家长的签名就可以送交该委员会。

这样就不需要助教了；因为我相信：经验会证明助教这次一级的权威对于青年人的道德是特别有害的。的确，有什么能比表面服从而内心轻蔑更败坏品行呢？当教师似乎把助教当作仆役看待，并且几乎纵容孩子们在游戏时同助教开玩笑当作主要消遣的时候，怎能期待孩子们对助教有所尊敬呢？

但是在一个初级走读学校里，男孩子和女孩子、富有的和贫穷的都聚在一处，就不会发生这一类的事情。而且为了防止任何特殊的虚荣心，他们必须穿同样的衣服，并且全都服从同样的规则，否则就离开学校。教室周围应当有一大片空地，在空地上孩子们可以做有益的运动，因为不应该把这个年龄的儿童限制在一次超过一小时的任何久坐的作业上。而这些课外活动完全可以作为初级教育的一部分，因为很多事物，如果以展示实物的形式来介绍就能使孩子增加感觉并感到愉快，如果枯燥无味地讲它们的原理，孩子们就听不进去。例如，植物学，机械学，天文学就是这样；还有诵读、写作、算术、博物学以及自然科学的某些简单实验就可能占去一天的时间；但是这些课程绝不应侵占室外体育游戏的时间。宗教原理、历史、人类史和政治学可以用苏格拉底的谈话形式来进行

① 在讨论这一部分问题时，我借用了前任奥顿主教（Bishop of autun）所写的《论公立教育》那本很明智的小册子中的某些观点。

教授。

在九岁以后准备学习家务或者技工专业的女孩子和男孩子应当转移到别的学校去接受在某种程度上适合于各人目的的教育，男女儿童在上午仍然一起上课，但是下午女孩子们应当进一所学习缝纫、制作女服、女帽等的学校。

能力卓越的或是富有的青年人，现在可以在另外的学校里学习古代和现代语言以及科学原理，并在更为广泛的范围内继续学习历史和政治学，纯文学也不应除外。

这时女孩子和男孩子仍然在一起吗？我听见有些读者提问。是的。除了可能发生些早期恋爱之外，我并不怕有任何其他后果；早期恋爱对于青年人的道德品质虽然有最好的影响，但是也许不完全符合家长们的看法，因为我担心还需要经过一段很长的时间以后，世界才能开明到家长允许子女自己选择他们的终身伴侣，而现在他们只希望子女具有德行。

此外，男女孩子在一起，这将成为促成早婚的一种可靠途径，而早婚会自然产生身体上和道德上的最健康的效果。一个已婚的公民和一个自私的花花公子扮演着多么不同的角色。花花公子只是为他自己而活着，他常常畏惧结婚，怕的是他不能以固定方式生活下去。在一个以平等为基础的社会里，除了很少出现的重大突然事件以外，一个人要准备完成公共生活的责任，只能从经常履行培养个人的次要责任上作起。

按照这个教育计划，男孩子的体格不会为早期的放纵所损害，这种放纵现在使男人变得如此自私；女孩子们也不会由于懒惰和轻浮的追求而变得软弱和虚荣。但是我的前提条件是应当在两性之间建立这样一种程度上的平等，使献殷勤和卖弄风情为之绝迹，可是却容许友谊和爱情来调节心灵，以备承担更崇高的责任。

这将是养成良好道德的学校——准许人类从责任和爱情的纯洁源泉中取得幸福，还有什么样的进步是人类心灵所达不到的呢？社会只能是越有道德，就越有幸福和自由，但是现在社会造成的差别既腐蚀了一切私德又摧毁了一切公德。

我已经激烈地抨击过把女孩子限制在针线活计上和排斥她们参加政治活动和公民活动的习惯作法；因为这样会使她们的心胸趋于狭隘，不适合于完成造化所分派给她们的责任。

她们只是忙于日常生活琐事，必然会变得狡猾。在看到妇女使用狡计来取得她们愚蠢的头脑所念念不忘的无聊东西时，我的心里就常常感到厌恶。由于不允许她们处理钱财，她们就把任何东西都说成是她们自己的，还学着赚点小钱；或者因丈夫不待在家里而得罪了她，或者在引起她嫉妒情绪的时候，一件新外衣或任何一件漂亮的便宜货就能使她舒眉展眼怒气全消。

但是，如果引导妇女去尊重她们自己，如果准许她们参加政治和道德问题的讨论，这种**褊狭的气量**就不会败坏她们的品格，而且我敢肯定这样做是使她们正确注意家庭责任的唯一方法。一个活跃的心灵会照顾到所有的责任，并且觉得有足够的时间来履行这些责任。我敢断言，导致妇女摆脱责任的并不是因为她们大胆地企图同男性在品德上竞赛，也不是因为对文学研究的迷恋，或者对科学问题的不断钻研。不是的，而是因为懒惰和虚荣——爱享乐和爱权势在一个空虚的心灵中占主要的统治地位。我之所以强调空虚是因为现在妇女所受的教育几乎不配称之为教育。因为她们在重要的青春时期所获得的那一点知识仅仅是有关才艺方面的，而且是没有根底的才艺。除非理智得不到培养，否则一切魅力都是表面的和单调的。像经过化妆的面容美丽一样，只在人群中引人注目；但是在家庭中由于内心空虚，这种美是缺少变化的。结果是明显的：我们在欢乐放荡的场合常常碰到这种虚伪的心灵和面孔，因为那些逃避寂寞的人害怕她们的家庭圈子仅次于害怕寂寞；她们既然没有力量去安慰别人和引起别人兴趣，她们也就感到自己的无足轻重，或者找不到任何东西来安慰自己或者引起自己的兴趣。

除此之外，在上流社会中，还有什么比女孩子的"及笄宴"*更为不雅？换句话说，就是把一个待嫁的小姐带上市场。她穿上华贵的衣服从一个公共场所被带到另一个公共场所。虽然这些蝴蝶们在束缚之下混在使人眩晕的社交圈中，然而她们仍是渴望自由飞翔的。她们内心里首先热爱的就是她们自己的体态风度，当她们在准备着一个决定她们终身命运的日子到来的时候，她们要特别小心翼翼地注意她们的体态风度。在我已经概略地指出的学校中，既不追求这种无益的惯例，也不为乏味的展示和无情的仪式而争胜，青年男女们就会多么庄严地培养起互相爱慕之情。在那里，随着年龄的增长，可以用跳舞、音乐和图画作为课外活动。富有的青年应当或多或少地留在这些学校里直到他们成年。那些打算从事专门职业的青年，每星期可以用三四个上午去参加适合于给他

* 原文为"coming out"。在当时的上流社会，女孩子达到相当年龄时，父母为她举行一次宴会，借此把她带进社交界。此后她就可经常参加亲友所举行的宴会，从而找到一个合适的丈夫。——译者注

们以直接指导的学校。

现在我只提出这些意见作为启示；与其说这些意见是一个成熟的方案，不如说是我所想的那个计划的大纲，但是我必须附带说一句，我非常赞成前面已经谈过的那本小册子[①]中所提到的一条规则，就是使孩子们和青年们在惩罚方面不依靠教师。他们应当由他们的同学评判，这可以作为把正确的公平原则巩固在心里的一种可取的方法，并且可以对性情产生最良好的效果。因为压制的方法使他们的性情过早地变成乖僻或暴躁，直到变得乖戾狡猾或极端专横。

我的想象使我怀着无限的热情向那些可爱可敬的成群的孩子们致敬，我不在乎那些冷酷的人们讥笑，他们尽可能随便以自高自大的态度向我攻击，用诅咒的言辞说我想入非非；我要重复一个雄辩的道德学家的话来回答这种攻击："我想一个待人宽厚真正仁慈为怀的人，他的热心使他把每一件事情都看得很容易，我不知道他所提到的那些事情是否比粗暴而令人讨厌的道理更不可取，这种道理常常对公共福利抱冷淡态度，从而给一切能促进公共福利的事情设置了第一个障碍。"

我知道纵欲的人们也会这样喊叫：妇女获得了身心的力量就不成其为女性，而那种女性美，温柔迷人的美再也不会成为人类女儿的装饰品了！我怀有完全不同的意见，我想，恰恰相反，那时我们就会看见庄严的美丽和真正的文雅；为了产生这些，许多强健的身体和精神因素都会结合起来。当然，那不是一种懒洋洋的美或

① 奥顿主教的《论公立教育》。

者不可救药的文雅，而是这样一种美：它显然能使我们尊重人的身体，把它当作古代遗迹中的一座适于容纳一位高贵居民的庄严大厦。

我没有忘记公众的意见，说希腊雕像并不是依照自然雕塑出来的。我的意思是说，不是按照一个特殊的人的各部分雕塑的，而是从不同的身体上选择了那美的肢体和面貌来构成一个和谐的整体。这在某种程度上可能是正确的。一个具有高度想象力所创造的美的理想形象也许比一个雕刻家在自然中所发现的素材更为优美，因此把它称之为人类的模型比把它看作是某一个人的模型也许更为恰当。然而这并不是机械地选择肢体和面貌，而是出于一种热情想象的突然迸发。美术家运用细微感觉和深刻理解选择出真实的素材，把它集中表现在这个形象中。

我说它不是机械的，因为它所产生的是一个整体——伟大淳朴的模型，它吸引我们的注意力并引起我们的尊敬，因为奴性的模仿，即使是对美丽的大自然的模仿，也只能产生乏味而没有生命力的美。然而不管这些看法怎么样，我想人类的体形从前一定比现在美得多，因为那时候没有在我们奢侈的社会状态下产生的那种极端懒惰、野蛮的束缚以及对于身体发生强烈影响的许多因素来妨碍它的发展或者使它变成残废。运动和清洁似乎不仅是保持健康最有效的方法，而且也是增进美的有效方法；但这只是考虑到了身体上的因素，这还是不够的，必须同时考虑到精神上的因素，否则就只不过是那种粗野的美，它只表现在一些心灵没有经过锻炼的乡下人的天真的健康的面容上。为了使一个人完美无缺，应当同时具备身心两方面的美；两者由于互相结合而显得更美。眉头必须表现出判断力,眼中必须发出爱情和心意的光辉,面颊必须呈现出仁爱的条纹,否则最美丽明亮的眼睛,修饰得再漂亮的面貌都是虚有其表的;同时在表现肢体活泼和关节强健的一切动作中应当显示出优美和端庄。但是这种美的集合体不是偶然凑在一起的,它是努力使各种美互相配合所得到的结果;因为判断力只能从深思中获得,爱情只能从履行责任中获得,仁爱来自于对一切生物的同情。

应该把对动物的仁慈作为国家教育的一部分,特别加以教导,因为它现在还没有成为我们国民道德的一项内容。下层等级的人对于驯顺不会说话的家畜所表现的那种怜爱,在野蛮国家中比在文明国家中更为常见。因为文明阻碍了人们在茅舍土屋中接触家畜,从而人们对家畜不会产生感情,因此那些未受教养的人就对家畜施以残暴行为,用来报复他们不得不忍受的上级对他们的侮辱;这些人被富人践踏在脚下,由于社会中所流行的教化,他们只能趋于堕落。

这种习惯性的残忍行为最早是从学校中得来的,在那里虐待那些落在他们手中的不幸畜牲乃是男孩子们非常有趣的游戏之一。在他们成年后,把对家畜施行的野蛮行为转变成为对妻子、子女和仆人的家庭专制是非常容易的。公正或者甚至于仁慈,除非广施于万事万物,是不会成为产生行动的强大动力的。不仅如此,我认为可以提出这样一条原理:看到痛苦而无动于衷的人,不久就可能学会对别人施加痛苦。

庸人是由当时的感情和偶然获得的习惯所左右的;但是片面的感情是不大可靠的,即使它们是正当的;因为这种感情如果没有从沉思中得到加强，就会被习俗削弱，直到几乎消失为止。我们天性中的同情心是从深思熟虑中加强的，但是轻率的运用却使同情心减弱。麦克佩斯*在他最初的一次谋杀时所受的良心责备，比随后必须用来支持第一次谋杀的一百次谋杀所受的良心责备还要多。

但是当我用“庸人”这个词时，我并无意把我的评论只限于穷人，因为建立在当时的感觉，或者一时高兴的基础上的片面仁慈在富有的人当中即使不是更多，也是同样的十分令人注目的。

一个贵妇人为了小鸟饿死在罗网中而掉下眼泪，在有人疯狂地驱赶着可怜的牛或者鞭打那超重负载、蹒跚受罪的驴时就咒骂这些人为披着人皮的魔鬼，然而当严霜刺骨或者大雨敲打着关得密不透气的窗户使她一点也不知道外面的风刮得多么厉害的时候，她却让她的车夫和马在外面等待着她几个小时之久。她带着她的狗睡觉，当狗生病时，她表现出看护的热情，但是却忍心让她的孩子在育儿室中不健全地发育着。我所举的这个例子是从真事中取得的。我所说的这个女人很漂亮，那些不仅注意面貌的丰满美丽而且也注意心灵美的人都认为她是非常漂亮的；但是文学并没有引导她的理智离开女性的责任，知识也并没有破坏了她的天真。不，她是很有女性的，这是按照男人对“女性”这个词赋予的意义说的；并且她也绝不爱那些占据她的子女们应占的地位的娇养的狗，她只不过在无意中说些英语和法语相夹杂的话来取悦于聚在她周围的男人。妻子、母亲、人类，都被不恰当的教育和自私的

* 麦克佩斯(Macbeth)是莎士比亚悲剧《麦克佩斯》中的主人公。——译者注

爱美虚荣心所造成的虚伪性格所埋没了。

我不愿毫无区别地妄加轩轾，我承认我厌恶那个把她的狗抱在怀中而不抱她的孩子的漂亮夫人，同样我也厌恶那个一面鞭打他的马一面宣称他像基督徒一样，知道他什么时候做了错事的残忍男人。

这类蠢事将表明那些准许妇女离开闺房，为了在她们心中培植美德而不培养她们的理智的人们是如何的错误。因为假如她们有理智，她们就会获得家庭趣味，从而使她们以合理的从属关系去爱她们的全家，从她们的丈夫一直到家犬；她也不会对畜牲的舒适比对人们的舒适更为关心，因而也不会侮辱最卑贱的奴仆的人格。

我对国民教育的意见显然都是些提示，但是我主要希望推行的是：必须使两性在一起受教育，以使他们全都成为完人；必须让儿童住在家里，以使他们懂得爱家庭；然而为了使私人感情支持公众感情而不是窒息公众感情，应当把他们送进学校和一些同龄的孩子们混在一起，因为只有在平等的情况下互相竞争，我们才能对自己有恰如其分的看法。

为了使人类更有道德，自然也是为了使人类更幸福，男女两性必须根据同一个原则来行动；但是只允许一种性别看到原则的合理性，怎么能指望做到这一点呢？再有，要使社会契约真正公平，并且为了推广唯一能改善人类命运的进步原则，我们就必须让妇女把她们的德行建立在知识的基础之上，这几乎是不可能的，除非她们和男人受到同样目的的教育这才有可能。因为她们现在由于愚昧和低级欲望已经陷于卑下地位，以至不配和男人并列在一起；不然她们就用蛇一般的狡猾蠕动攀登上知识之树，但是所得到的只是足以把男人引入歧途的东西。

从各国的历史来看，妇女是不能完全限制在家务事上的，因为除非她们有比较开阔的心胸，她们是不会履行家庭责任的。当她们被保持在无知状态时，她们越是成为取悦于人的奴隶，就越与男人的奴隶相称。然而也不能把她们拒之于伟大事业的门外，虽然由于她们的心胸狭隘，她们往往使她们所不能了解的事业遭到失败。

上层人物的放荡行为，甚至于他们的美德，常常会给予某类妇女以支配他们的大权，这些软弱的妇女，在幼稚的情欲和自私的虚荣心的影响下将会对于许多事物有一种错误的见解，而那些本来应当启发她们判断力的男人却用她们的眼光来看这些事物。那些不切实际的男人和那些很自信而且是掌握人事大权的人物，他们在女人圈子里，一般地说，却松了劲；我实在没有必要对粗读历史的人讲述那些由受宠妇女私下通奸所造成的罪恶和压迫的例子，更不要提那些出于善意的愚蠢粗暴的干涉而自然产生的危害了。在处理事务上同坏人打交道比同傻瓜打交道好得多，因为坏人总要坚持某种计划；任何一项有道理的计划都会比突然而来的愚蠢行为更易被人看穿。卑鄙愚蠢的妇女有力量凌驾于具有理智的聪明男人之上，这一点是众所周知的，我只举一个例子。

过去有谁比得上卢梭把妇女的性格描绘得更高尚？虽然总的说来，他经常尽力贬低妇女。为什么他如此焦急不安？他是要为他自己辩护他的爱情是正当的，实际上是愚痴的德丽莎* 的软弱

* 德丽莎(Theresa)是一个长期和卢梭同居的女人，出身微贱而且是一个文盲，卢梭曾和她生有五个子女。——译者注

和美德使他抱有这种爱情。卢梭不能把她提高到妇女的一般水平，所以他尽力把妇女压低到她的水平。他发觉她是适合自己的微贱伴侣，骄傲感使他决定在他所选中的共同生活的人的身上发现一些较高尚的德行；但是在他的生前和死后，她的行为没有清楚地表现出她是“神圣的天真的人”，他对她的这样称谓不是大错而特错吗？不仅如此，在他的内心痛苦中，他自己也悲叹；当他自己身体衰弱得使他不能再把她作为一个女人来对待的时候，她就中止了对他的爱情。她这样做是非常自然的，因为他们之间既然很少有共同的感情，一旦性的关系破裂，还有什么能维系住她呢？她的感觉是只限于男性，不是只限于一个男人，要维系住她的爱情是需要用理性把这种感觉转到广阔的人性途径上去的。许多妇女并没有足够的心力去爱一个女人，或者对于一个男人产生友情。但是性的软弱却能使女人依靠男人为生，从而产生猫一样的爱情，这种爱情使妻子在她丈夫身旁发出得意的叫声，正像她在任何一个喂养她并且抚爱她的男人身旁也一定会这样做的一样。

然而男人却常常满足于这种爱情，以一种兽性的方式把这种爱情据为己有；但是假如他们能变得更有道德些，他们在和一个情妇戏耍之后，一定会希望在炉边和一个朋友谈心。

此外，要使感官的享受多样化和有趣味，理智是必要的，在既没有德行又没有理智使得兽欲具有人的表现形式的时候，若还能把爱情继续下去，这个人按智力的尺度来衡量一定是低下的。但是理性总是压倒优势的；假如妇女不是一般地都提高到和男人一样的水平，某些优秀的女人，就会像希腊的高等妓女似的，把有才能的男人聚集到她们的周围，并且吸引很多公民离开他们的家庭，如果他们的妻子们更理智一些或者由于运用理智和想象力而具有美德的话，那么这些公民本来是可以留在家里的。理智和想象力是趣味的正当源泉。一个有才能的女人，假如她不是绝对的丑陋往往会获得很大的权力——她由于同性们的软弱而被抬高了身份；当男人由于专心运用理性而获得美德和文雅的时候，他们也要求妇女有同样的美德和文雅，但是，她们只能用男人所用的同样的方式来得到它们。

在法国和意大利，妇女曾经把她们自己限制在家庭生活中吗？虽然她们以前没有得到政治生命，难道她们没有非法地取得很大的统治权，腐化了她们自己和那些曾被她们在感情上玩弄过的男人吗？总而言之，不管我从哪一方面来看这个问题，理性和经验使我深信，要引导妇女去履行她们特有的责任，唯一的方法是允许她们共享人类生来具有的权利，以把她们从一切束缚中解放出来。

一旦她们获得自由，她们将很快地变成有德行的聪明人，而男人们将会变得更聪明更有德行，因为改进必须是相互的，否则人类的一半所被迫忍受的不平会使她们对压迫者进行报复，男人的品德将要被他踏在脚下的虫豸所蚌蚀。

让男人们自己选择吧。男人和女人是互为对方而被创造出来的，并非为了成为一体；假如男人不去提高妇女，妇女就会使他们堕落。

我说的是提高和解放全体妇女，因为我知道有少数妇女由于偶然的原因或由于强烈的秉性爱好获得了一些胜于其他妇女的知识，她们的举止往往骄傲自大；但是也有些妇女，她们虽然获得了知识却没有丢掉谦虚，她们也始终没有自矜博学而表现出鄙视那种已经努力从她们自己心灵中驱除掉的愚昧无知。任何劝导妇女学习的忠告所引起来的惊叹,特别是那些漂亮女人的惊叫,往往都是出于忌妒心。当她们有机会看到,在一个比较有理智修养的女子努力转向有理性的谈话时,即使她们媚眼闪烁和轻浮的调笑戏弄,在整个夜晚也始终引不起别人的注意,这时她们的共同慰藉是:这样的女人很少能找到丈夫。有些糊涂女人使用我所未曾见过的各种挑逗手段——一个描写这种花招的确切字眼——来打搅一种富有理性的谈话,使男人们忘记她们是漂亮的女人。

我们承认,无论男人或女人,如果具有特殊能力,确实会产生令人厌恶的自以为了不起的傲慢态度,这也是人之常情,但是当被人讥笑为博学的妇女所获得的一点点知识——仅仅能使她们自己洋洋得意,并在她们同代人以及一些异性当中引起妒忌的那么一点点知识——都被认为稀奇的时候,可见女性的才干已停滞在如何低劣的地步!不仅如此,不是有很多妇女由于有一点点的理性而遭到最严厉的谴责吗?我来谈几个大家都知道的事实,我常常听到有些妇女被人嘲笑,各种微小的缺点都暴露出来,这仅仅是因为她们接受了某些医务人员的劝告,在对待婴儿方面不照老办法那样处理。我居然听到有些人对于革新极端反感,以致把一个明达的妇女诬蔑为不人道的母亲,原因是她一直关心着子女的健康,在她的照顾下,一个孩子却由于婴儿期不可避免的事故而不幸死去。她的熟人们指责说,这是新奇想法,即关于舒适和清洁的新奇想法的结果。那些自命为有经验的人们,虽然他们长期以来固执一种偏见以至于使人类大量死亡(根据最明智的医生的意见),但却几乎都对这个不幸事件表示幸灾乐祸,因为它支持了那种偏见。

诚然,即使仅仅因为这个缘故,国民教育对于妇女也是极端重要的,人类为莫洛克*的偏见做了大量牺牲啊！儿童们因为成年人的淫乱而遭到多少种方式的毁灭啊！很多妇女被男人的赞赏所引诱,放弃了她们的责任,从而缺乏自然的感情;还有一些妇女由于愚昧无知使人的童年处境比兽类的处境更为危险;然而男人们至今还不愿意把妇女放在一个适当的地位上,使她们能够得到足够的理智去了解甚至于怎样哺育她们的婴儿。

这个事实如此强烈地感动着我,以至于我要把我推论的倾向性完全放在这上面,因为任何剥夺母性的倾向都会使妇女不成其为妇女。

但是现在无法希望这种软弱的母亲对于孩子的身体有合理的照顾,假定孩子未受到父亲们罪恶的影响,这种照顾是给健康体格打下基础所不可少的;也无法希望她们对孩子的性情有贤明的指导,使他在长大以后不必去摆脱他的母亲——第一个教育者所直接或间接地教给他的一切东西。如果孩子的心灵没有异乎寻常的力量,他的性格一生都要带有女性的愚蠢。母亲的弱点将传给子女。当教育使妇女依靠她们的丈夫作出判断,其结果必然如此;提高理智不可半途而废,并且任何人也不能靠模仿作出聪明的行动,因为在每一种生活环境中都有个别情况,需要发挥判断力来修改一般规律。在某一方面能够想得恰当走入正轨的人会很快地扩展他的知识领域;有足够判断力来管教子女的妇女不会无视是非地屈从于她的丈夫,也不会耐心地屈从于把妻子看作为无足轻重的

* 莫洛克(Moloch)是古代腓尼基人所奉之火神,以儿童为祭品。——译者注

社会法律。

在公立学校里，为了防止由于无知而造成的错误，应当使妇女学习解剖学和医药原理，这不仅使她们能适当地注意自己的健康，而且也使她们成为她们的子女、父母和丈夫的护士；因为自以为是的老妇人们，对人体构造一无所知，就按自己的办法给病人治疗和吃药，由于她们的错误使得死亡统计数字大量增加。即使从家庭的观点来看，也同样应当使妇女懂得心理分析，所采取的办法是：允许两性共同学习每一种学科，领导她们在科学和艺术的发展中观察人类理智的进步——绝不应忽略道德学和人类政治史的学习。

有人曾把一个人称为小宇宙，而每一个家庭也可以被称为一个国家。诚然，国家通常是用侮辱人格的手段治理着的，而且由于缺乏公正的宪法和平等的法律，世界上贤哲人士的观念令人困惑，以至于他们对于力争人权的合理性更加怀疑。这样，道德在国家这个水库中遭到了污染，送出去的罪恶支流就败坏了政体的各个组成部分；但是假如用更高尚的，确切地说，更公正的原则来规定法律，这些法律应当成为社会的支配力量，而不是那些执行法律的人成为社会的支配力量，那么责任也许就会成为个人行为的准则。

此外，由于身体和心灵的锻炼，妇女就会得到母性品格上所必需的与毅力相结合的精神活力。毅力是行动的坚决，要与固执不正当的缺点区别开来。劝告懒人做事坚决那是危险的，因为她们立刻会变成严酷，并且为了替她们自己减少麻烦，她们会严厉地处罚过失，如果理智地用毅力去耐心办事，这些过错是可以防止的。

但是毅力的先决条件是智力，而智力是可以用懒惰的勉强服从来获得的吗？自己不加判断而要恳求别人的建议就可以获得智力吗？不实行我们大家都需要的忍耐而抱着畏惧心情去服从就可以获得智力吗？我所希望做的结论是很明显的：让妇女成为懂道理的人和自由的公民，她们很快会成为贤妻良母，那就是说，此时男人不忽略作丈夫和父亲的责任。

在讨论我所简单叙述的那种合并公立教育和私人教育制度中产生的好处时，我谈的大部分都是特别与妇女有关的事情，因为我觉得妇女界是受压迫的；然而由压迫产生的罪恶所造成的痈疽是不以患病的部位为限的，而是普遍地蔓延到一般社会；所以当我希望看到我们妇女变为有道德的人时，我的心随着期待那崇高事业的普遍传播而跳动着，只有道德才能把它传播到各地。

第十三章　妇女由于无知所造成的一些愚蠢事例；结束语论妇女习俗的变革必然期望产生的道德改进

很多蠢事——不该做的偏去做和该做的反而不做的违反道理的恶行——在某种程度上是妇女所独有的，但全都是因无知或偏见而产生的。我只是要指出那些看来特别有损于她们道德品质的蠢事。在批评她们时，我特别要证明：男人们出于各种动机竭力想使妇女在智力和体力上的软弱永远继续下去，而这种软弱却妨碍了她们履行女性的特有责任；因为当体力软弱到不容许她们去哺乳子女，智力软弱到使她们的性情遭到败坏时，能说妇女是处于自然状态吗？

第　一　节

我们首先应该注意的是因无知而产生软弱的明显例子，并且应该对之加以严厉的谴责。

在伦敦这个首都，有很多潜伏的吸血鬼，他们无耻地利用妇女的轻信来维持生活，自称会算命，使用左右逢源的欺骗语句；很多因有钱有地位而傲慢、以优越感蔑视普通人的妇女，由于她们轻信算命，就表明她们的优越是毫无根据的，同时她们的思想修养不足以使她们超脱世俗的偏见。因为没有引导妇女把责任视为一件她们必须懂得的事情，也没有教导她们用履行责任的方式来过现世生活，所以她们就非常急于探知将来，想要知道她们能够期待一些什么东西以使生活有趣和打破由于无知而造成的空虚。

我必须严肃忠告那些听信这种无聊谎话的夫人们，因为这些夫人们，家庭主妇们，是不以坐着她们的马车到那个狡猾的人[①]门口为耻的。假如她们中的任何人详读我的这本书，我要请她们出于内心地回答下列问题，并且不要忘记她们是在上帝面前：

你相信只有一个上帝，而且他是最有权威、英明睿智、仁慈善良吗？

你相信万物都是他创造的和世上所有的人都依靠他吗？

你是否信赖他的智慧，这种智慧在他的创造物身上和在你自己身上如此的显而易见，你相信他把一切你所不认识的事物都同样安排得十分和谐以实现他的目的吗？

你承不承认洞见未来以及看见那些不存在的事物就好像存在一样的能力是造物主的属性？假如上帝根据他所创造出来的人们心中的印象，认为应该把时机尚未到来以前所掩盖起来的某件事情告诉他们，那么这个秘密将要通过直接的灵感泄露给谁呢？年深日久的看法会答复这个问题——泄露给可尊敬的老人和以极端虔诚著名的人。

① 我曾经同一个这样狡猾的男人搭过邻居，他是个俊俏大方的男子。我看到那些妇女蜂拥到他的门前，我感到惊奇和气愤，因为她们的外表和随从都可以显示出她们是属于那个受过高等教育的等级。

古代的神谕就是由祭司传达的，他们献身侍奉上帝并且认为上帝赋予他们灵感。这些骗子们周围展示的尘世华丽的耀眼光辉以及诡计多端的政客对他们所致的敬意，在他们的谎言和恶行上蒙上一层神圣不可侵犯的圣洁神秘的纱幕。这些政客知道怎样利用这个有用的机器来使强壮的人屈服于狡猾者的统治。一个希腊或罗马的贵妇人，受到庄严虔诚表现的感动，在她急于预卜未来或询问某些疑难之事的时候去询问神谕，这是可以原谅的，而她的询问，虽然违背理性，却不能被认为是不信神的邪恶行为。但是公开宣称是基督教徒的人能够逃脱这种罪责吗？一个基督教徒能否设想：上帝的宠儿们，最高的受惠者会被迫伪装起来去行骗，使用最不诚实的诡计欺骗愚昧的妇女，从她们手中索取穷人们所乞求不到手的金钱呢？

不要说这种问题是对于常识的侮辱，因为这是你们自己的行为。啊，你们这些愚痴的女人们！这种行为使女性遭到憎恶。这些想法一定会使你们在你们做没有思想、没有理性的祈祷时感到恐惧。因为我并不认为，当你们走进那些神秘的房舍时，你们全都不顾宗教信仰。然而，既然我一直认为我是在和无知的妇女们谈话（因为从这个字的最突出的意义上来说就是愚昧无知），那么要想知道上帝所隐蔽起来的事情是极端愚蠢的，要想说服你们明白这个道理可能是荒唐的。

你们大概不会理解我所说的意思。假如我试图向你们指出：那是与使人类变得既聪明又有道德这一人生伟大目的绝对不相容的；要是那是上帝所许可的，它就会扰乱宇宙间已经建立起来的秩序；要是那是上帝不许可的，那么你们能希望听到真情吗？有些事情能够预言吗？有些事情还未被普遍观察到的时候，能够被一个鱼肉愚人以饱口福的邪恶凡夫俗子预见得到吗？

然而，你们也许真心相信这个魔鬼，并且为了改变这个问题，幻想他会帮助他的信徒；但是如果真正尊敬这样一个与善良和上帝为敌的人的权力，你们能够在受了他的恩惠以后又到教堂去吗？

从算命先生的这种欺诈到一切催眠术士所实行的更时髦的骗局，这个过程是非常自然的。关于催眠术士，同样地应当问妇女们几个问题。

你们知道任何关于人体构造的知识吗？假如不知道，你应该请人告诉你每个孩子所应当知道的一些事情：当完好的身体组织由于不节制和不活动而受到扰乱时，我不是说严重的机能失调，而是说慢性的疾病，就必须慢慢地恢复健康，而如果生活的机能没有受到重大的伤害，那么养生法（节制饮食的另一个名词）、空气、运动以及保健医师所开列的一些药物，这些就是唯一适合一切人的恢复健康的方法，这种方法是经得起考验的并尚待发展的。

你相信这些用戏法手段假装创造奇迹的催眠术士是上帝派遣来的吗？或者他们是在所有这一类难题的解决者——魔鬼的帮助之下吗？

当他们真像传说的那样赶走了药物治疗无效的机能疾病时，他们的催眠术与理性的看法相符合吗？他们是借助于超自然力量来实现这些奇妙的治疗吗？

内行人也许会回答说：这是用一种和鬼神世界相联通的方法。必须承认，这是一种高贵的特权。古代有些人提到过熟悉的鬼神，这些鬼神曾亲切地给他们暗示，保护他们脱离危险，我们猜不出在他们有任何危险临近的时候用什么方法使他们脱离了危险，我们也不能指出他们应当采取什么办法。那些要求享有这种超自然法则的特权者却坚持说这是特别禁欲和虔诚的报酬和结果。但是现在这些奇迹创造者并没有因为特别禁欲和圣洁而突出于他们的同胞之上。他们治疗疾病不是为了上帝的爱，而是为了金钱。这些都是从事江湖医术的祭司们，虽然他们确实还没有合适的手段把弥撒卖给净界中的魂灵，也没有教堂可以展览他们的拐杖和由于摸一下或说句话就被治愈了的肢体的模型。

我不熟悉这些术语，也没有人传授给我秘方，因此我也许说得不恰当；但是很明显，那些既不能遵循理智的规律又不以诚实的方法来谋生的人们，能逐渐地和这样好心肠的鬼神熟悉起来，只能说他们是幸运的。我们实在不能相信他们是聪明的或善良的，否则当他们希望表现出他们是人类益友的时候，他们就一定会选择比较高尚的手段。

不管怎么说，冒充有这种特权的人简直是在亵渎神灵！

从上帝安排的整个意旨来看，某种罪恶就会产生某种后果，对于理智清醒的人来说，这是非常明显的；任何人能如此粗暴地侮辱上帝的智慧以至于这样设想吗？那就是准许奇迹扰乱上帝的一般法则，使纵欲和邪恶的人恢复健康仅仅是为了使他们重新犯罪而免于惩罚。耶稣说过，做个完全的人，不要再犯罪。那些不追随上帝的足迹而为了取得人心给人治疗身体疾病的人能作出伟大的奇迹吗？

谈过这类罪恶的骗子之后再提到基督的名字，也许会使一些读者不高兴。我尊敬他们的热情，但是请他们不要忘记那些欺骗人的人也是假托他的名字，并且公开宣称他们是他的门徒，因为他说过：从他们的催眠术中我们就会知道谁是上帝的儿女，谁是罪恶的奴仆。我承认接触一个圣者的身体，或者被催眠，比抑制我们的欲望或约束我们的情欲更容易些；但是身心的健康只能用抑制欲望和约束情欲的方法才能恢复，否则我们将使最高审判者成为有报复心的不公正者。

基督是一个因怀恨在心而改变态度或惩罚我们的人吗？理智告诉我们说：他——我们共同的父亲——伤害我们不过是为了拯救我们，我们的不规矩的行为产生某种恶果，这就强有力地向我们显示了罪恶的性质。这样我们从经验中就学会了区别善与恶，我们取得的智慧越多，我们就越能爱憎分明。毒药里包含着解毒剂；我们或者改正我们的恶习，不再作恶损伤我们的身体，以便使用圣经上最有力的言语，或者夭亡，即对作恶的惩罚，扯断生命的线索。

对于我们的研究这里有个可怕的障碍。但是为什么我要隐瞒我的意见呢？考虑到上帝的属性，我相信不管什么样的惩罚跟在罪恶后面，都会像疾病的痛苦一样，为了改造的目的使人们认识罪恶的毒害。在上帝的一切作为和我们自己的理性中可以发现上帝的本性，单纯的惩罚似乎与上帝的本性是如此不相容，以至于我宁肯相信上帝没有注意到人类的行为，而不愿相信上帝的惩罚中没有一种仁慈的改造企图。

只要设想既伟大又善良、大智全能的上帝竟会创造出这样的人，他能预见到在五六十年狂热的生活之后会被投入永无止境的苦难中——这是他亵渎神明。这个始终不死的蛆虫将依靠什么来生活呢？你说，靠愚痴，靠无知——假如我竟能采用这种结论，我将为得出这个自然结论而感到愤怒羞愧，并且希望从我的上帝的羽翼下撤退出来！在这个假定上，我满怀敬意地说，上帝将成为毁灭性的火焰。当对他的畏惧吞并了对他的爱，黑暗包围了他的一切意图的时候，虽然办不到，我们也希望从他的面前逃开。

我知道，很多虔诚的人们像服从帝王权杖或魔杖那样地盲目服从上帝的意志，自夸他们所根据的是印度人崇拜魔鬼的同样原则。换句话说，就像办理生活的共同事务的人一样，他们尊敬权力并且奉承那个能把他们践踏在脚下的人。合理的宗教，与此正相反，是对于一个人的意志的服从，这个人是如此极端明智，以致他所有的意志都必然受正确动机的指导——都必然是合理的。

假如我们这样来尊敬上帝，我们能相信那些侮辱上帝的法则的神秘暗示吗？我们能相信（虽然那是显而易见的）上帝会作出奇迹以支持一种错误来制造混乱吗？我们必须或者承认这些不敬神的结论，或者蔑视一切以超自然方法使病体自然康复的谎言，或是蔑视预言的那些事情，而这些事情唯有上帝才能预见得到。

第　二　节

不出家门的教育常常造成女人性格软弱的另一种情况，那就是心灵的浪漫扭曲，人们很恰当地把它称为“多愁善感”。

妇女由于无知就容易受她们感觉的支配，人们只是教导她们在爱情中寻求幸福，提高官能感受，并且采取形而上学的爱情观念，这种观念使她们不知羞耻地忽略了人生的责任，而且她们往往是在这种高尚优雅之中堕入真正的罪恶里去的。

这些妇女喜欢读愚蠢小说家编造的那些梦话,这些愚蠢小说家是不大了解人类天性的,他们编造出一些陈腐的故事,描写一些淫荡的场面,其中充满了伤感的词句,这些词句不但使趣味低下,而且也使人们不再去想日常的责任。在这里我不提理智,因为理智从来没有被运用过,它的沉睡着的力量活动不起来,就像潜伏着的火的微粒,被设想为普遍存在于物质之中一样。

妇女,事实上没有任何政治权力,而且作为已婚的妇女,除了刑事案件外,是不被作为公民存在的,因而她们的注意力自然就从社会利益转移到琐碎事情上去,虽然社会中任何成员的个人责任如果不与公共利益联系起来就必然履行得不完全。妇女生活的大事就是取悦于人,而且她们由于政治和法律上的压迫不能参加更重要的事务,所以多愁善感成了大事,使其行为超出正常情况。假如她们的理智能有比较广阔的活动范围,她们也就不会表现出这种缺点。

但是,她们既然被局限在无足轻重的事情上,就自然而然地吸收那种专给她们这些天真轻浮的人所写的读物中的见解。由于不能把握任何重大的事件,她们认为读历史是一件非常枯燥的任务,并认为富于理智的演说和论文是令人难以忍受的单调乏味和几乎不可理解,这又有什么可惊奇的呢?因此她们必然靠那些小说来消遣。不过,当我反对小说时,我的意思是把小说和那些锻炼理智和节制妄想的著作对比来说的。我认为无论读什么书总比不读好些,因为稍微用一点思考力,心灵就一定会得到一些增益并得到一点力量;此外,即使是那些近于幻想的作品,也可以使读者提高一步,超越粗鄙的情欲满足,从内心对这种满足已没有美好的兴味。

这个看法是从经验中得来的,因为我曾认识几个杰出的妇女,特别是其中的一个人，她是一个非常善良的妇女，她的善良是她狭隘的心胸所能容许的善良，她关心她的女儿们（她有三个女儿），绝不允许她们看小说。因为她是一个有钱的上流人物，所以她请了几位不同的教师来教女儿，而且有一个类似奴仆的家庭女教师专门注意她们的行止。她的女儿们从教师那里学会了桌子、椅子等等在法语和意大利语中是怎样叫法，但是因为摆在她们面前的那几本书远远超过了她们的接受能力，或者说远远超过了她们的信仰接受能力，所以她们既没有获得思想也没有获得感情，当她们未被强迫背诵单词的时候，她们就以修饰打扮、互相争吵或者偷偷地同她们的女仆谈话来消磨时间，一直到她们以待嫁的身份被送到社会上为止。

同时，她们的母亲是个寡妇，正在忙于和有关系的人保持着联系，正如她所说的那样，要多认识一些人，唯恐她的女儿们缺乏适当的人介绍她们进入上流社会。这些小姐们，带着庸俗（在各种意义上的庸俗）的心灵和娇惯了的脾气走入了自命不凡的生活，并且轻视那些在装饰和排场上不能和她们竞争的人们。

在爱情方面，造化，或者说她们的保育者，已经注意教给她们爱情这个词的自然意义；由于她们谈话的题目很少，并且缺乏优美的感情，所以在她们能随便谈话和谈到婚姻的时候，就用一些很不雅驯的词句来表示她们的粗鄙愿望。

这些女孩子难道也是受了读小说的害吗？我几乎记不得她们之中一个人在性格上的暗影；她装出一副近似愚痴的单纯相，并且带着傻笑讲出最不害羞的议论和问题，在她与社会隔绝时她已经充分明白这些问题的含义只是不敢在以高压手段来管教她们的母亲面前说；正如她自夸的那样，她们是在最模范的方式下受教育的，并且在早餐以前就诵读她们的重要篇章，从来没有接触过一本无聊的小说。

这仅仅是一个例子；但是我还记得很多其他妇女，人们既不逐步地引导她们从事适当的学习，也不允许她们作出自己的选择，她们简直是畸形发展的孩子；或者还有些妇女由于同社会接触而得到一点所谓的常识，也就是说，在她们独立生活时看待普通事情的明显方法；但是那些值得叫做智力的东西，即获得一般或抽象概念的能力，或者甚至获得中间概念的能力，都是谈不上的。她们的心灵是死寂的，在没有为那些可感觉到的事物或那一类的事情所激动的时候，她们情绪低落，就会哭泣或入睡。

所以，当我劝告我的同性同胞们不要读那些浅薄的书时，是要她们读一些更高级的著作，我同一位聪明的男人的意见相符合，此人有一个女儿和一个受他照顾的侄女，他对她们各采取了一套完全不同的教育计划。

这个侄女有相当的能力，她在受他保护以前曾经沉溺于读各种书籍。他竭力引导并且真正把她引导到了读历史和道德论文上去；但是他的女儿被一个对子女溺爱的软弱母亲惯坏了，结果这个女儿对每一件勤勉用功的事情都讨厌，于是他就让她读小说；他常常替自己的行动辩护说，只要她对阅读小说感到一点兴趣，他就能有一定基础来对她进行教育，错误的意见总比完全没有意见好些。

事实上，妇女的理智一直是这样被完全忽视，以至于只能从这些污秽的泉源中得到知识，直到某些有优秀才能的妇女从读小说中懂得蔑视该类书籍为止。

我认为，纠正她们对小说的爱好可采取的最好办法，就是嘲笑这些著作，但不是毫无分别地嘲笑，因为那样没有什么效果；但是如果一个明智的人带一点幽默感给年轻的女孩子读几种小说，用各种语调，并用与历史中的动人故事和英雄人物的恰当对比，指出小说是怎样愚蠢可笑地丑化了人类的天性，那么正确的意见是可以代替浪漫感情的。

然而，大多数的男人和妇女在一个方面是相似的，并且同样表现出缺乏趣味和庄重。无知的妇女为保持名誉而不得不重视贞操，她们沉迷在当代小说家们所描绘的不合情理的淫荡场面之中尽情幻想，轻视历史上严肃庄重的事迹和妇女优美形象[①]，而且认为平淡无味；同时男人也把腐朽的趣味带入生活，脱离美德和理性的尊严去追求色情的欢乐。

除此之外，阅读小说使妇女、特别是上流社会的妇女，在谈话中非常喜欢用强有力的词句和夸大的字眼；虽然她们所过的放荡、虚伪生活阻碍她们培养出任何强烈的真实感情，可是她们的如簧之舌总会以矫揉造作的声调讲出热情的语言，而且每一件琐事都会产生突然闪烁的磷光，这种磷光只不过是模仿黑暗中热情的火焰。

第　三　节

造物主在弱者的头脑中所加强的作为自卫原则的无知和错误

① 我现在指的不是那种引导创造理想美的优秀人物，这种人以透彻的眼光观察人生时，发现人生是一个悲喜剧，没有幻想的帮助，就看不出其中有什么使人满意的东西。

狡猾，使女人非常喜爱打扮，由于有了这种爱好自然会变得非常虚荣，以至超出了争强赌胜和宽宏大量的限度。

我同意卢梭的意见：悦人术的有形部分包括装饰品在内，正是因为这个理由，我应该保护女孩子不要传染上软弱的妇女所常有的对于衣饰的爱好，以使她们不停留在这有形部分上。然而，妇女是弱者，她们幻想自己可以长期地使人喜欢而不需要心灵的帮助，换句话说，就是不需要取悦于人的道德艺术的帮助。但是当这种道德艺术（假如用艺术这个词不为亵渎的话）所指的优美是美德的效果而不是行动的动机时，它是永远不会和无知并存的；男女两性中的高级放荡者最喜欢的那种天真戏弄在本质上与这种卓越的优美得体有很大的区别。

对于外表装饰品的强烈爱好在野蛮时代就曾经出现过，不过装饰自己的是男人而不是妇女；因为在这点上允许妇女和男人达到现在这样的同一水平，社会文明至少已经前进了一步。

因此，曾经被认为是女性癖好的注意打扮，我认为对所有人来说都是很自然的。但是我应当说得更明确一些。当心灵还没有充分发展到要求思想上的快乐时，就会极端注意装饰身体；而志趣只会表现在文身或绘在身体上。

这种最初的爱好直到而今依然存在，甚至奴隶制度的凶恶枷锁都不能抑制那些黑色英雄们从他们父母继承下来的这种野蛮的爱美欲望，一个奴隶辛辛苦苦挣来的所有积蓄常常花在俗气的漂亮衣饰上。我很少见不爱好衣饰的善良男仆或女仆。他们的衣服就是他们的财产，我从类比中推论，妇女中这样过分地爱好衣饰来自同一的原因——缺乏心灵的培养。当男人碰在一起时，他们谈的是事业、政治或者文学；但是，斯威夫特说："妇女们多么自然地用她们的手去抚摸彼此的衣裙下摆和褶纹。"这是非常自然的，因为她们没有任何事情使他们发生兴趣，对文学没有趣味，她们觉得政治是枯燥的，这是由于她们的思想尚未转到提高人类和增进共同幸福的伟大事业上来，她们也就没有对人类的爱。

除此之外，男人们出于偶然或由于选择而追求权力和名誉的道路是多种多样的，虽然他们彼此排挤（因为同行是冤家），然而他们与大多数人是不发生冲突的。但是女人们相处，彼此之间的关系却与此不同，她们全都是彼此敌对的。

在结婚以前，她们的事业是取悦于男人；在结婚以后，除了少数例外，她们本能地以坚持不变的顽强精神追求同样的场面。即使有德行的妇女在交际中也从来不会忘记她们是女性，因为她们总是设法使她们自己**讨人喜欢**。女性的美貌和男性的才智似乎都同样地渴望把交际场的注意力引到自己这方面来；而仇恨同代人的才智，更是尽人皆知的。

那么当妇女的精力完全集中在美貌上，其兴趣增加了虚荣的力量时，结果一定会不断地发生竞争，那又有什么可奇怪的呢？她们同时在参加赛跑，假如她们不用怀疑的甚至忌妒的眼光来彼此相对待，她们的品德必然会超出常人。

对于打扮、享乐和权势的过度爱好是野蛮人的欲望；这种欲望占据了未开化人的心灵，他们尚未扩大他们的心灵领域，甚至还没有学会使用一种把产生原则的一系列抽象思想联系起来的能力来进行思维。妇女，从她们的教育和她们的文化生活的现状来看，正处于同样情况，我想，这是无可争论的。嘲笑她们，或者讽刺一个从来不允许按照她自己的理智自由行动的女人的愚蠢，这是既荒谬又残忍的；因为被教导去盲目服从权威的人将会狡猾地尽力逃避权威，这是最合乎情理的，也是必然如此的。

只要能证明她们应当盲目地服从男人，那我就立刻可以同意说妇女的责任是：培养对衣饰的爱好，以便取悦于人；并培养狡猾的癖好，以利于她自己的生存。

然而，由愚昧所支持的德行总是动摇不定的，建筑在沙滩上的房子是经受不住暴风雨的。这几乎没有必要做论断。假如要用权威来使妇女具有品德（这是一个矛盾的说法），那么就把她们禁闭在闺阁之中并且用猜忌的眼光来看守着她们吧。不要怕刺伤她们的心灵，因为能够经得住这样对待的心灵是用刚好能够给肉体以生命的柔软材料做成的。

太柔软的物质上的印记不能持久，
黑色、褐色最易辨认，或者洁白。

最残酷的创伤自然不久就会痊愈，而且她们仍然可以生育，使人充满整个世界，打扮好去取悦于男人，——某些著名的作家认为这就是她们所以被创造出来去实现的目的。

第　四　节

妇女被认为比男人更敏感甚至更仁慈，她们的强烈依恋和瞬间的同情心常被人们用来作为证明；但是这种出于无知的依赖性爱情缺乏高贵的东西，而且大都可以转化成为自私自利，同样也可以转化成为孩子们的感情和兽类的感情。我认识过很多软弱的妇女，她们的敏感完全用在她们的丈夫身上；至于她们的仁慈心实在非常稀少，或者不如说仅仅是一种转瞬即逝的同情心。一个杰出的演说家说过，仁慈不存在于“一个敏感的耳朵里，它是属于内心的也是属于精神的”。

但是这种独占的爱情，虽然它使个人堕落，却不应当拿来作为妇女低劣的证明，因为这是狭隘观点的自然结果；甚至有卓越见识的妇女，由于把她们的注意力转移到琐屑的事务和私人的打算上，也很少能完成英雄行为，除非是在她受到了爱的鞭策的时候！而伟大的爱作为一种崇高的感情，就像天才一样，是累世而不一见的。所以我同意一位道德学家的说法：“女人难得能像男人那样慷慨豁达”；她们常常为了狭隘的感情，牺牲了公正和仁慈，这种感情使女性看来显然是低劣的，特别是当这些感情是因男人而引起的时候；但是我坚持认为，假如妇女不是从婴儿起就被压低了的话，那么随着理智的加强，心胸也会开阔起来。

我知道，有一点敏感再加上极端软弱就会产生对异性的强烈爱慕，而要巩固友情就必须有理性；因此，我承认在男人世界中比在女人世界中有更多的友谊，并且承认男人有较高的正义感。女人的独占爱情看来很像加图*对于他的国家那种最无正义的爱一样。他希望毁灭迦太基，不是为了挽救罗马，而是为了增加他的虚荣心；一般地说，仁慈就是为了同样的原则——虚荣而遭到牺牲，因为真正的责任是彼此互相支持的。

---

* 加图(Cato，公元前 234—前 149)是古罗马的政治家、爱国者。公元前 175 年出使迦太基，发现迦太基的强大，遂坚决主张必须消灭这个城市。——译者注

此外，当妇女身为不公正的奴隶时，她们怎么能公正或慷慨呢？

第　五　节

既然人们公正地坚持认为养育子女，即为下一代的身心健康打下基础，是妇女特有的任务，那么使她们变得无能为力的愚昧，就必然是和事物的自然之理相矛盾的。我坚持认为她们的心灵可以、而且应当接受更多的东西，否则她们将永远不能成为明智的母亲。很多人注意养马而忽略了马厩的管理，这些人竟会如此缺乏理智和感情！他们认为对保育室稍加注意就会降低了他们的身份；可是，有多少儿童纯粹是由于妇女的无知而被杀害的！即使儿童幸免于难，既没有被不近人情地忽视，也没有被盲目的宠爱所毁掉，但是，有几个幼小心灵能得到正确的对待！所以认为在家中会使孩子变坏，为了挫折他的锐气，就把他送进学校去；而学校为了使一些儿童遵守秩序而必须采取的方法几乎把一切罪恶的种子都撒在这块用强力豁开的土地上。

有些孩子感到受束缚，如果能受到公平的管教，他们绝不应当而且也一定不会感到束缚，有时我把这些可怜的孩子的挣扎与我在海岸上见到受调教的活泼小马的绝望蹦跳相比：小马每一次努力要把骑它的人甩掉的时候，它的脚在沙中就越陷越深，直到最后快快地屈服。

我是喜欢动物的，我常常发现有些马在我以仁慈和一贯的态度对待它时，它们总是非常驯服的，所以我怀疑那种采用暴力驯马的方法是否从根本上对它们有害；然而我确信，绝不应当在不恰当地容许一个孩子撒野之后再强迫他驯服：因为在对待孩子的时候，一切违反正义和理性的行为都会削弱他们的理性。经验使我得出结论：他们性格的形成是如此之早，以至于在七岁以前就奠定了道德品质的基础，在这个时期妇女被认为是孩子唯一的管理人。以后最常见的情况就是教育的一半任务是纠正孩子们的错误，而且假如操之过急，常常会做得不圆满，如果做母亲的有较多的理智，她们是绝不会犯这些错误的。

妇女愚蠢的另一个惊人例子也不能不谈。她们在孩子面前对待仆人的态度，使孩子们认为仆人是应当伺候他们的并且要忍受他们的发脾气。孩子应当经常把他接受男人或女人的帮助视为恩惠；而且作为教他们自立的第一课，应当是以母亲的榜样用事实教导他们，不要求别人服侍，在健康的时候要求别人服侍是对人性的侮辱；并且不要引导他们摆出一副自大的神气，而要首先使他们由于感觉到自己的软弱从而认识到人类本是平等的。可是使我非常愤怒的是常常听到傲慢地把仆人叫来侍候孩子们去睡觉，一次又一次地把他们送走，因为少爷或小姐缠在妈妈的身旁总要多停留一会儿。这样奴隶般地服侍这个小偶像，孩子的一切最令人讨厌的脾气都发作出来，这就表明把孩子惯坏了。

总而言之，就大多数的母亲来说，都是把她们的子女完全交给仆人们去照管的；或者因为他们是自己的孩子就把他们当作小神仙般看待，然而我常常看到那些把自己子女当作偶像崇拜的女人很少能对仆人表现一般的人道主义精神，或者很少能对别人的子女有一点疼爱的感情。

可是，这些由于无知而产生的独占的感情，以及对待事物的个人看法，使女人在进步方面永远处于停滞状态，而且使其中很多人把整个生命献给子女，其结果不过是削弱了他们的身体和惯坏了他们的脾气，同时还破坏了较有理性的父亲可能采用的任何教育计划，因为倘若没有母亲合作，对子女严加管束的父亲会永远被认为是一个暴君。

但是，体格健康的妇女在履行母亲责任的同时，仍可以认真地保持她自己容貌的整洁并且帮助管理她的家庭，假如需要的话；或者用读书的方法和用没有区别地与两性谈话的方式来提高自己的思想。因为造物主已经明智地把一切事情安排妥当，如果妇女哺乳子女，她们就会保持自己的健康，并且在每一个孩子出生的前后都会有一段间隔期间，使我们不至于看到满屋里都是婴儿。她们如果执行行动计划，而不把她们的时光消耗在追求时髦衣饰的奇想上，那么管理家庭和子女就不至于把她们关在文学的大门之外，而且不会妨碍她们以加强心智的坚定见解去爱好一种科学，也不会妨碍她们练习一种能培养趣味的美术。

但是，炫耀衣饰的拜访、打牌和舞会，还有早晨无聊地忙于琐事，这些都使妇女放弃了她们的责任，使她们成为无足轻重的人，使她们成为讨人喜欢的人，按照讨人喜欢这个词语的现在通用意义来说，是除了讨她们的丈夫喜欢外还讨一切男人的喜欢。因为在一场欢乐中并不运用什么感情，这种欢乐就不能说是增进了理智，虽然它被错误地叫做见世面。这种无意义的交际甚至在它不再使人感到愉快的时候，它由于习惯仍然是必不可少的。然而由于这种交际，一个人却变得内心冷酷、对责任感到厌恶。

但是，在社会没有建立起更多的平等以前，在等级被消灭、妇女获得自由之前，我们是不会看到妇女有深厚的感情的，也不会看到那种崇高的家庭幸福，这种幸福的纯朴庄严是无知的人和腐化堕落的人所不能领略到的；并且在人们宁愿看重妇女的心智而不再看重她们的外表的时候，重要的教育工作才会真正开始。因为盼望愚蠢无知的女人成为良母，就如同盼望莠草上长出谷粒或荆棘上生出无花果，是一样的。

第　六　节

我没有必要告诉聪明的读者，说我现在已进入结束我的意见的阶段，因而这个题目的讨论只在于提出一些简单原则和清除那些使它们模糊不清的废话。但是读者并不全都是聪明的，所以我必须稍加解释，以使有理性的人彻底弄清楚这一问题。我指的是那种懒惰的有理性的人，他们因循轻信别人的意见并且顽固地支持这些意见，为的是省去自己思考的麻烦。

道德学家们曾经一致同意，德行若没有自由来培养，将永远得不到应有的力量。我把他们涉及男人的论述推广到全人类，同时坚持认为，在一切情形下，道德必须固定在不变的原则上；一个人若服从除理性权威外的任何权威，就不能被称为有理性的或有道德的。

为了使妇女成为社会上真正有用的成员，我认为应当大规模地培养她们的理智，以此来引导她们获得一种以知识为基础的对她们国家的合理的感情，因为很明显，我们对于自己不了解的东西不会感到多大的兴趣。为了使这种一般知识受到应有的重视，我已经竭力说明：除非理智开阔了心胸，人们绝不会恰当地履行他们个人的责任，而公德不过是私德的总和。但是社会造成的差别把两者的基础全都破坏了，把品德的坚固金锭锤打得仅仅成为遮盖罪恶的金箔为止；因为当财富比品德更受人尊敬时，人们将在追求品德之前先追求财富；当妇女的外表被宠爱，幼稚的傻笑表现出内心空虚时，其心灵就会荒芜。然而真正的感官之乐必须是从心灵产生的——因为有什么能和相互间的爱情所引起的、由相互间的尊敬来维持的那种感情相等呢？那些冷漠的或狂热的肉欲爱抚是什么呢？它与纯洁爱情和高尚想象的端庄表露相比不过是孕育着死亡的罪恶罢了。是的，让我告诉富于幻想的放荡者，当他轻视女人的理智时，他所不重视的心灵会产生热烈的爱情，只有从这种爱情中才能产生快乐，虽然这种快乐是短暂的！而没有道德的性爱就会像蜡台上的油脂蜡烛一样，一定会熄灭，产生一种令人不能容忍的厌恶。为了证明这点，我只须指出，那些把大部分生命消耗在和妇女厮混而且渴望和她们一起追求享乐的男人们，对于妇女怀着最卑鄙的看法。德行快乐的真正提炼者！假如愚蠢的人要把德行从地上吓走，以便不受限制地放纵他们的肉欲，那么某些懂得风情趣味的好色之徒将会爬上天去把德行请回来以使欢乐增添妙趣！

现在妇女由于无知而变得愚蠢和邪恶，我想这一点是无可争议的；而从妇女作风的“变革”中可以期望产生的有助于提高人类最有益的效果，似乎至少已经看到它出现的可能了。既然婚姻被称为人类脱离禽兽的令人欢喜的慈爱本源，那么财富、懒惰和愚蠢在两性间产生的堕落的交往就比人类一切其他罪恶全加在一起还更普遍地有害于道德。因为在结婚以前,男人由于同女人过分的亲密,学会了把爱情当作一种自私的满足——不仅学会把爱情和敬重分开,而且也学会把爱情和仅仅建筑在含有一点人性的习惯上的爱分开,所以最神圣的责任牺牲于淫乱的肉欲。正义和友情遭到了蔑视,那种能自然地引人去欣赏感情的朴实流露而不欣赏矫揉造作姿态的纯洁趣味也遭到了败坏。但是那种敢于以本来面貌出现的高尚纯朴的爱情,对于好色之徒是很少有吸引力的,虽然它是一种魅力,并且由于巩固了婚姻的纽带,使温暖爱情的结晶——子女——获得了必要的父母之爱;因为父母之间若没有友情存在,子女就永不会受到正当的教育。一个内部有纠纷的家庭没有德行可言,一群魔鬼就会驻扎在这个家里。

当丈夫和妻子的追求如果不相同时,他们之间就必然很少有共同情感,也不大可能在家庭里建立起相互的信任,在这种情形下,他们的爱情不可能是纯洁的。那种能产生深情的亲密不会、也不可能在邪恶的人们中间存在。

所以,我坚持说,男人们所热烈主张的那种两性差别是毫无理由的,曾和我谈过这个问题的几个有理性的男人承认我所论述过的一个论点是很有根据的;这个论点简单地说就是:在男人中很少是贞洁的,并且由于他们不重视廉耻,从而男女两性都会趋于堕落;进一步说,在廉耻被普遍地尊重以前,作为妇女特征的端庄往往只不过是掩饰放荡的虚伪面纱,而不是纯洁的自然反映。

我坚决地相信,女人的大多数愚蠢行为都是从男人的专制中产生的;我承认狡猾目前是女人性格的一部分,同样我也一再竭力证明女人的狡猾是由于男人的压迫造成的。

例如，那些反对国教的人不是被千真万确地描述成一伙狡猾的人吗？我是否可以在这个事实上来强调证明：当理性以外的任何力量压制着人们的自由精神的时候，人们就会运用欺骗的手段，而且自然会采用各种各样变化的计谋呢？巴特勒[*]对于反对国教者的讽刺使我们想到：过分注意礼法已经达到拘谨的程度，以及切在琐事上的无聊忙碌和自尊自大的庄严神气，这些把他们的外貌和内心都塑造成为一本正经的卑鄙小人形象。我是就整体而言，因为我知道在各派的教徒中有不少代表人性的宝贵品质；然而我敢断言，就像妇女对于她们的家庭所抱的偏见一样，在社会上那一部分反对国教者中间也流行着关于他们的宗派所抱的狭隘的偏见，虽然他们在其他方面都是可敬佩的；而且他们也有着和妇女同样的胆小谨慎或倔强努力，这些常常使两种人的奋斗遭到羞辱。这样，压迫在他们性格上形成的许多特点完全和人类中受压迫的那一半人的特点相吻合；因为反对国教者就像妇女一样，喜欢聚在一起谈话，彼此征求意见，直到用一些错综复杂琐屑的诡计来达到一些琐屑的目的，这难道不是人所共知的吗？反对国教者和妇女界同样重视保持名誉，这也是很显然的，并且是由于同样的原因产生的。

在主张妇女应当与男人共同争取权利的同时，我并没有试图掩饰她们的过失；我只是要证明这些过失是由于她们所受的教育和她们的社会地位而自然产生的结果。如果是这样，那么就有理

---

* 巴特勒(Alban Butler，1711—1773)是天主教徒，传记作家。——译者注

由认为，当她们在身体、精神和公民的意义上获得自由的时候，她们就会改变自己的性格，并且纠正她们的罪恶和愚蠢。[①]

让妇女分享权利，她们将和男人在品德上竞争；因为当她们解放了的时候，她们必然会长得更完美，否则就证明把这样软弱的人束缚在她的责任上的那个权威是正确的。假如是后者的情况，那么同俄国开办贩卖鞭子的新行业是很有利的：鞭子是做父亲的应当在他的女婿举行婚礼的日子赠送给他女婿的一件礼物，做丈夫的用这条鞭子作为工具可以维持他全家的秩序；他不违反任何公正的支配权，挥舞着这根权杖，就成了统治他的家庭的唯一主人，因为家中只有他具有理性：——宇宙主宰赋予人们的神圣的、不可废除的尘世统治权。假如妇女承认这种情况，那么她们就没有任何固有的权利可要求；根据同一的法则，她们也就没有了义务，因为权利和义务是不可分的。

那么，你们这些有理智的男人们还是公平些吧！不要注意女人所做的错事比注意你们所喂养的马或驴的恶习更为严厉——你们既然否认她们有理性的权利，那么就承认她们有无知的特权吧，否则，期待从造物主没有赋予理智的人身上看到品德，那你们将比埃及的监工更为恶劣。

① 我曾经进一步论述过，作为妇女风俗改善的结果，可以有理由期待所产生的利益，即社会的全面改革；但是我以为还是用这些想法来结束本书最后一章更为恰当。

妇女的屈从地位

〔英〕约翰·斯图尔特·穆勒

第　一　章

这篇论文的目的是要尽我所能解释清楚：在我对社会或政治的事态开始形成见解的最早时期我就持有的一个意见的根据。随着思考和生活经验的进展，这些根据不但未淡薄下去或有所修改，反而不断地在增强。我确认，规范两性之间的社会关系的原则——一个性别法定地从属于另一性别——其本身是错误的，而且现在成了人类进步的主要障碍之一。我认为这个原则应代之以完全平等的原则，不承认一方享有权力或特权，也不承认另一方无资格。

阐明我的任务所需要的恰当词句表明了这个任务的艰巨。但是如果以为其难处一定是由于我的信念所依托的理性根据不足或不明晰，那就错了。困难在于，像在所有案件中存在的那样，要同大多数人的情感抗争。举凡牢固地扎根于情感的意见，每遇分量占优势的反对论点，它并不失去反而更增强了其坚定性，得大于失。因为如果争论的结果这个意见被接受了，反驳它的论点可能动摇其信念的坚定性；但是如果该意见单凭情感支持，在争辩的比赛中，它的处境越不妙，其追随者越会相信他们的情感必然有对方的论点够不到的更深一层的根据。只要情感依旧，它会不断地给论争提出新的防御工事以修补旧工事可能有的漏洞。有那么多原因将使与该问题相关联的情感，成为聚拢来保护旧制度和旧习惯的所有情感中最强烈最根深蒂固的，以致我们不必怀疑在现代伟大的精神和社会的变迁中，此种情感较诸其他的更少遭受破坏或变得松散；我们也无须设想，男人坚守得最久的野蛮习性必然比他们早些时候放弃了的野蛮习性略胜一筹。

攻击一种几乎是众口一词的意见的人们，各方面的负担是沉重的。他们一定是很幸运，一定是特别有办法，才能获得一次听诉理由的机会。他们欲获得一次审判，比任何诉讼当事人要获得判决困难更多。假如他们强行索取一次听诉，他们必须接受同要求于其他人的完全两样的合逻辑的条件。在一切其他案例中，提供证明的应是正面人。若是某人被指控谋杀，得由控告者提出其罪行的证据，而不由某人证明自己的无辜。如果对某个尚未证实的历史事件的真相有不同看法，一般并不牵涉人们的情感。以围困特洛伊为例，主张发生过此事件者在持相反意见者被要求讲话之前应该提出他们的证据，任何时候对他们的要求都不超过表明他人提供的证据并无价值。又如，在实际事情上，提供证据的应是那些反对自由者，那些为争取限制和禁令而斗争者。既定的推断是赞成自由和公平的。人们认为，普遍的公众利益不应不要求限制，法律不应视人的地位与重要性予以不同对待，而应一视同仁，除非有确实实在的原因或出于正义或出于政策考虑，需要有不同的对待。但是，上述的关于证据的许多规则，无一有利于坚决支持我的意见的人们。毋庸讳言，主张男人有权发号施令、女人有义务服从，或男人适宜女人不适宜当政这个信条者是居于这个问题的正面，他们必须为其主张提出肯定的证据或承认他们的主张遭到拒绝。对我同样无益的是，如果我说那些坚持不给妇女以男人被正当地允诺的任何自由和特权这个信条的人，要受到双层的冒昧无礼的谴责，即他们反对自由、主张不公平。这些人必须为他们这一案提出最严肃的证据，除非他们的成功达到了排除了一切怀疑的程度，否则，对其案的判决应是否定他们的。在通常案例中，这些都会被视为有力的答辩，但在此案上则不然。在我能希望造成任何印象之前，不但要求我回答对方在这个问题上曾说过的一切，还要想象到他们可能说到的一切——发现他们是合理的，还要回答我发现的一切。除了要驳斥所有赞成的论点外，还将要求我以不可战胜的正面论点去证明一个否定的论点。即使这一切都办到了，给对方留下一批未经答复的反对他们的论点，驳斥了对方所有的论点，我仍将被看作很少作为；因为一方面为普遍习俗另一方面又为公众情感的巨大优势支持着的一种目标，似乎拥有有利于它的推断，其推断比任何诉诸理性的力量在除了高级智者外的所有智者中产生的信念更优越。

我列举这些困难并非抱怨。第一，因为抱怨是无用的；这些困难是同需要通过人们的理解去向情感和实际趋向的敌对做斗争分不开的。想要求人类的大多数如此地相信自己衡量论点的能力，以致在他们无力合理地抵抗第一个论战进攻时便放弃他们在成长和教养中形成的、成为世界上大量现存秩序的基础的实际原则，在这个要求可以实现之前，在他们的能力可以被信赖之前，现在比已往任何情况下更需要更好地培养其理解力。因此，我不因他们在论战中太少信心，只为他们太相信习惯和众人皆有的情感而同他们争吵。十九世纪对十八世纪的反动的特有的偏见之一，就是赋予人类天性中的非理性因素以像十八世纪似乎已赋予理性因素那样的绝对可靠性。我们已用对本能的崇拜代替了对理性的崇拜。我们把自己有的找不出理性基础的一切都称之为本能。比对理性崇拜更加无限低下的对本能的崇拜，是当今各种错误崇拜中最为有害的，现在成了它们的主要支撑。它大概将坚持下去直到它让位给一种健全心理，这种心理将揭露很多崇拜的真正根源在于屈从于自然的意愿和上帝的旨意。关于目前的问题，我愿意接受偏见带来的不利条件。我同意旧习惯和普遍情感肯定是于我不利的，除非能够表明一代一代因袭下来的习惯和情感得以存在并非由于其牢固性而有其他原因，并且表明它们是从人类天性中不大好的部分而非较好的部分获得力量的。我情愿判决于我不利，除非我能证明审判官曾被贿赂。让步，并不像可能显现的那么大，因为要证明这一点，显然是我的任务中最容易的部分。

一种习惯具有了普遍性，在某些情况下就是一个强有力的推测，即它是或无论如何曾经是有助于值得赞许的目标的。某种习惯最初形成或以后保持下来作为达到值得赞许的目标的一种手段，并且是根据目标可能最有效地达成的方式的经验，这个问题就是如此。如果男人对妇女的权威在最初确立时曾是有意识地比较了组成社会的政府的不同方式的结果；如果在试行了社会组织的其他各种方式——女人驾驭男人、双方平等以及可能设计出的诸如混合的和分离的方式——在经验证明了的基础上作出决定，这种方式，即妇女完全受男人管理，公共事情不许她们过问，私下里，每个妇女对她的命运所系的男人只有法律上的服从义务，是对于双方幸福和安宁最有利的安排；那么，它的普遍推行就相当可能被认为是种证据，证明当它被采用时，它是最佳方案，虽然在当时选择它的种种考虑可能像很多原始时代最重要的社会现象一样，随着时代的推移不再存在。但是，这个问题的情况在各方面均与之相反。首先，赞成现行制度，即较弱的女性全然从属于较强的男性，其意见仅仅以理论为根据，因为从未试行过其他方式，以致在同理论平庸地对立意义上的经验，不能自称已经宣告任何判决。其次，采用这个不平等的制度，从来也不是深思熟虑或预先盘算的结果，不是任何社会观念或什么有助于人类的利益或社会良好秩序的意见的结果。这个制度的兴起只是因为在人类社会最早的黎明时期，每个妇女（由于男人给予她的价值，加上她的体力不及男人）就是处于为某个男人所奴役的状态。法律以及政治体制总是从承认两性之间已存在的关系开始。它们把仅仅是生理的事实变成了法律的权利，使之得到社会认可，其主要的目的是使确认和保护这些权利的公共的而有组织的手段代替不守纪律的和目无法纪的体力冲突。那些已被强迫服从的人就这样从法律上被捆绑了起来。奴役，从只是主人和奴隶之间的强迫的事情变成了正式的、主人们之间的契约事情。他们为了共同保护互相结合在一起，以他们集体的力量保证每个人的私有财产，包括其奴隶。在早期，男性的大多数以及女性的全体都是奴隶。许多时代逝去了，其中也有高度文明的时代，没有一个思想家有勇气对这一种或那一种奴役状态的合理性和绝对的社会需要提出过质疑。这样的思想家渐渐地出现了，并且（在社会总的发展的协助下）至少在基督教欧洲的所有国家（虽然其中之一只是在近些年）终于废除了对男性的奴役制，对女性的奴役也逐渐变成一种较温和的依附形式。但是，现在存在的这种依附由于公正和社会利害的考虑有了新的开端，并非原来的样子——它是原始的奴役状态在继续，虽然那些使一般习俗不那么僵硬、使所有人和人的关系较多地被置于公正和人道的影响之下的诸种原因，已使它不断地有所减轻和限制。它并未失去其残酷无情的渊源的污点。因此，从它存在这个事实并不能做出赞成它的任何推定。可能有的唯一的这类推定，必然是立论于它已经持续存在至今，而那么多从可憎的相同的渊源传下来的其他事物都已经不存在了。这样，就确实使一般人听到男女之间权利的不平等是来源于最强制的法律而不是其他的断言会感到奇怪。

这种说法必然具有自相矛盾的效果，在某些方面是对文明的发展以及人类道德情操进步的称颂。我们现在生活在——即是说，世界上一两个最进步的国家现在生活在——一种状态中，在这种状态里，似乎作为调整世界事务的原则的最强制的法律已经彻底废除了：无人承认它，在大多数人与人的关系中，不允许任何人去执行它。当任何人成功地执行它时，也是以某种借口为掩饰，好像他赢得了某些普遍的社会兴趣似的。这就是事物的佯装状态，人们高兴地告慰自己，单凭暴力的统治已结束，最强制的法律不能成为迄今依然保持充分运转的任何事物存在的原因。他们认为，不论我们现在的制度是如何创建的，它们能够保留到这个进步文明的时期，是因为对它能够适应人类天性并对普遍利益有帮助，有一种富有根据的情感。他们不了解置正义于权势一边的习俗制度其生命力和耐力多么强大，它们是怎么紧紧被抱着不放的，那些掌权人的好的和坏的倾向和情绪都是要保留它；不了解坏的习俗制度让位是多么缓慢，一个一个地，首先是最软弱的制度，也就是开始于那些最少同日常生活习惯交织在一起的制度；不了解最先有体力才取得合法权力的人，在体力转移到对立面之前会丧失其权力是多么罕见。这类体力的转移在妇女方面从未发生过，这个事实，加上妇女方面的一切独特的特征，一开始就决定了这个把正义建立于权势上的制度的一个分支，虽然在其早期最凶残的方面较其他分支温和一些，但它将是最后一个消失。不可避免，这个建立在暴力之上的社会关系的事实将存在下去，经过几代建立在平等正义之上的制度，成了它们的法律和习惯的一般性质的几乎是唯一的例外。但是，在它不正式宣布其起源、讨论尚未揭示其真正性质之前，人们并不感到它同现代文明的冲突，也并不感到比希腊人的家庭奴隶制度同他们自信是自由人民的冲突更大些。

事实是，现在的人和前两三代人对于人道的原始状态早已失去了一切实际的辨识力，只有少数几个准确地研究历史的人或者常到代表过去时代的活着的人居住的地方去的人，能对当时的社会是什么样子在脑子里形成某种图像。人们并不知道，在以前各个时代，优势力量的法律完全统治着生活，不知道它是如何被公开地坦白地承认的，我并不是带讽刺意味地或侮辱性地这样说——因为这些字眼包含着某种可耻的感觉，而在那个时代，除了哲学家和圣人之外，任何人都不会有此感觉。历史赋予人类天性以残酷的经验，它表明了对于任何阶级的人的生活、财产和全部尘世幸福的不论怎么关注，总是以他们拥有的强制权力来衡量的；它表明了对拥有武装的当局进行任何反抗的人，不论他们被激怒的原因是多么可怕，他们不但要遭到强制的法律而且要遭到一切其他法律以及社会责任观念的反对;在被他们反抗的人的眼中,他们不但犯了罪,而且是犯了最恶劣的罪,应受到能给予人的最残忍的惩罚。一个长官承认下属的某些权利,这种责任感的最初小小的痕迹是从他为了方便起见被说服向其下属作出若干许诺开始的。虽然这些许诺即使是以最庄严的誓词认可的,却在几个时代里由于最微小的恼怒或诱惑就被废除或违反。但很可能,这样做很少不受良心的痛责,除非那些人的道德低到平均水平以下。古代的共和国大多数是最初基于某种相互的契约或无论如何是由一些力量相当的人联合起来形成的,其结果是,它们提供了避开一部分人类关系并把它置诸于强制法律之外的另一种法律统治之下的先例。虽然原来的强制法律在他们和他们的奴隶之间、在一个国家和它的庶民之间(除有特殊的契约限制的例外),或一个国家同其他独立国家之间,仍然充分起着作用,即使从如此狭窄的领域中废除那个原来的法律,使一些被经验证明了的对物质利益也有很大价值的情操的产生,开始了人类天性的复活,自此以后,人类天性也只是要求扩大,而不是创造。虽然奴隶不是国家的一部分,他们在自由城邦内是首先被认为具有人的权益的。我认为,斯多噶学派是第一个(除犹太法例外)教导说,人们对他们的奴隶是受道德责任约束的,这是道德的一部分。基督教教义得势后,从理论上说,无人再对之感到陌生,天主教会崛起后,并非无人站出来维护它。但是,要强制推行却是基督教义遇到的最困难的任务。教会坚持推行了一千多年,成效甚微。这并不是教会对人的头脑没有权威,其权威是惊人的。教会可使王公贵族向它献出最贵重的财产。它能使正处在生命最红火,尘世利益最丰硕时期的数以千计的人,把自己关在修道院中以穷困、禁食和祈祷寻求得到拯救。它可使千千万万的人跨过陆地,越过海洋,去欧洲和亚洲,为了拯救圣墓献出生命。它可以使帝王舍弃宠爱的妻子,因为教会宣称他们是在第七级关系中(按我们的计算是第十四)。这一切教会都做到了,但它不能使人们互相少斗殴,或使人少残酷地虐待农奴,或在人有权时少虐待市民。它不能使人们放弃使用暴力,从事战斗的暴力或获致胜利的暴力。他们永不会被诱导去这么办,直到轮到他们自己被居于优势的暴力所强制为止。只是由于国王权力的增长,才终止了除国王与国王或王位争夺者之间的争战以外的斗殴。只是由于在设防的城镇成长起 个富有的好战的布尔乔亚,一个在原野上被证实比无纪律的武士强有力的平庸的步兵的出现,才使贵族对布尔乔亚和农民的暴虐受一些约束。这种暴虐一直不仅存在到那时,而是在被压迫者获得力量能够经常进行明显的报复以后很久还存在着。在欧洲大陆上,许多暴虐持续到法国革命时期,虽然在英格兰,民主阶级有较早较好的组织,通过建立平等的法律和自由的国家制度,而比较早地就把它废除了。

如果人们大多很少知道,在我们人类存在的大部分时间里强制的法律是如何完全被公认为人们的一般行为的规则,其他的法律只是特定纽带的特殊的例外的结果,而且是从怎样的近期起,社会的一般事情才装模作样地根据什么道德的法律来调整,那么正如很少能使人记忆或考虑到,除了这种强制的法律外,什么制度和习惯并无任何根据,最后在进入公认的时代和状态,也从来没有允许它们首先建立起来。不到四十年前,英国人还可以依据法律把人当做可买卖的财产对待:在本世纪内,他们可以劫持这些人,把他们带走，并简直可以处死他们。这种强制的法律的极端事实，受到那些能够容忍几乎一切其他方式的专制权力的人的谴责，所有持不偏不倚立场的人情感上最反感的莫过于现在活着的人仍记起的文明的和基督教的英格兰的法律。三四年前，在盎格鲁—撒克逊的半个美国不但存在奴隶制，而且在南方雇佣奴隶的各州，买卖奴隶和专为买卖而养育奴隶的现象普遍存在。然而，不但有较强烈的情绪反对它，至少在英格兰赞成它的情感或兴趣比赞成其他习惯的滥用暴力要少一些，因为其动机是纯粹地毫不掩饰地爱财；然而从中得利者是全国很少一部分人，所有对之无个人兴趣的人，其自然的情感是有增无减的憎恶。有这样一个极典型的事例，再谈其他似乎是多余了，但是要考虑专制君主政体的长期存在。在英国，现在几乎普遍认为军事专制是强制的法律的一个案例，它没有其他的起因或口实。在欧洲，除英国外，所有大国仍然存在军事专制或者只是刚刚停止存在，即使现时，在各个阶层、特别是在有身份有影响的人中，仍有一批强有力的人是赞成它的。这就是已建立的制度的威力，即使它远非全能的。历史上几乎每个时期都曾有过相反的制度的重大而著名的例子，但几乎无例外地都是由最显赫最繁荣的社团提供的。在这种事例中，拥有不正当权力的、对之直接有兴趣的只是一个人，而从属于它并深受其害的几乎是其他所有的人。这种奴役对于所有的人自然而然地是耻辱的，除去在位者最多还有准备接班者不在内。这些事例同男人驾驭妇女的权力是多么不同啊！现在我并不预断其无可非议的问题。我只是说明它不能不比那些无论如何已延续到我们这个时代的其他统治远远地更持久，即使它是不正当的。不论拥有的权力怎样满足其自豪感，也不论行使权力有什么个人利益，这件事并不局限于某一阶级，而是全体男性都共有的。它不像大多数支持者需要的主要是抽象的东西那样，也不像派系之间通常竞争的政治目标那样除了对领袖外，对其他任何人均无私人的重要性，这件事直接关系着一个家庭的男性家长本人及其家庭，以及将要成为家长的每一个人。庄稼汉行使的或即将行使的他那份权力同最高等的贵族的是等同的。在这件事上，对权力的渴求最强烈，因为每个渴求权力的人都想把这种权力凌驾于对他最亲近、同他一起生活、同他共同关心的事最多的人之上，凌驾于任何不服从其权威、最经常容易干预他个人爱好的人之上。如果在上述的其他事例中，权力明显地只建于暴力之上，得不到多少支持，而要排除之竟如此缓慢如此困难，那么，在这件事上必然更加缓慢困难得多，即使它并不比其他那些事例有更好的基础。我们还必须考虑到，在这件事上，拥有权力者比在其他事例中的拥有权力者有更多的防止反抗的手段。每个从属者生活在主人的眼皮底下，也可说几乎是在他的手掌之中，同他比同自己的伙伴亲近得多，没有联合起来反抗他的手段，没有哪怕是局部的征服他的力量；另一方面，却有寻求他的欢心，避免得罪他的最强烈的动机。在谋求政治解放的斗争中，大家都知道斗士们是多么经常地被贿赂收买或被恐吓吓倒。在妇女这件事上，受支配的阶级的每个人都处于长期的贿赂加恐吓的状态之中。为树立抵抗的标准，很多领导者、更多的追随者，必须几乎完全牺牲享受，牺牲缓和他们个人命运的东西。如果有一种特权和强制屈从的制度，其奴役是用铰钉紧紧地钉在被制服者的脖子上的，妇女的事例就是。我还未说明它是个错误的制度，不过所有能对此问题进行思考的人必须看到，即使它是错误的，它也将比所有其他形式的不公正的权威存在得更久远。当其他形式中一些最粗鄙的形式依然在许多文明国家内存在，在另一些国家也只在最近才被废除时，若是那个最根深蒂固的制度已在什么地方被明显地摇撼了，这真是很奇怪的。有更多理由令人惊异，反对它的抗议和证词竟像现在这么多、这么有分量。

有人会提出异议：男性的支配不能公平地同我列举的不公正的权力形式相比拟，因为那些例子是随意的，只是篡夺的结果，而相反，男性的支配是自然的。不过，何曾有过某种统治在统治者看来似乎是不自然的？曾经有个时期，把人分成两大类：一类是居少数的主人，另一类是居多数的奴隶，即使是最有教养的人看来也是自然的，是人类唯一的自然状态。不比亚里士多德差，也不比他对人类思想的进步贡献少的大智者毫无怀疑和疑虑地同样持有这种观点。其立论的前提同确认男人统治妇女的立论的前提一样，即人类具有不同的天性，自由天性和奴隶天性。希腊人是自由天性，色雷斯人*和亚洲人中的野蛮种族具有奴隶天性。但是，我何必追溯到亚里士多德呢，难道美国南方各州的奴隶主不是坚持同样的信条吗？他们就曾以全部的狂热坚持可以证实他们的激情并使他们的个人利益合法化的理论的。难道他们不曾呼天号地地证明白人对黑人的统治是自然的，证明黑种人生来就是不会自由的，生来就是被划归于奴隶的吗？有人甚至走得更远，说手工劳动者的自由无论在哪里都是事物的一种不自然状态。再者，专制君主制

* 居住在爱琴海北岸一个地区的人。——译者注

度的理论家们总是断定它是唯一自然的统治形式；它从那种原始的、自发的社会形式的家长制中产生，以社会前的父系模式为框架，他们坚信那是所有的权威中最自然的权威。不但如此，为了此事，强制的法律本身对于那些不能为其他法律辩护的人说来，似乎总是行使权力的一切根据中最自然的根据。征服的种族就拿它作为造物主的旨意，说被征服者应该服从征服者，或按其悦耳地解释的意思，即较弱的、不那么好战的种族应屈从较勇敢的、较强壮的种族。对中世纪人类生活很少的知识表明，封建贵族对地位低微的人的统治在他们看来是多么高度地自然，而下等阶级的人要求同他们平等或要求向他们行使权力的观念又是何等不自然。屈从的阶级也很少不这么看。被解放了的农民和市民，即使在最激烈的斗争中也从未佯装要分享权力，仅仅要求多少限制一下对他们施暴虐的权力。不自然，通常的意思是不习惯，一切惯常的事都是自然的，这是千真万确的。妇女从属于男人是个普遍的习惯，任何背离这种习惯就自然地显得不自然。然而，即使在这个事实上，这种情感是由习惯来决定，它整个地还是由丰富的经验表现出来的。远方世界的人初次了解英国时，最吃惊的是英国在一位女王统治下，这在他们看来似乎是很不自然的，甚至几乎是难以置信的。英国人不认为有什么不自然，因为他们习惯了，但是，女人当兵或当国会议员使他们感到不自然。与此相反，在封建时代，并不认为战争和政治对妇女是不自然的，因为都是平常的事；特权阶级的妇女应具有男子性格，除体力外，不比其丈夫和父亲差，似乎是自然的。妇女的独立对希腊人比对其他国家的人显得不那么不自然，是由于亚马逊神话（他们认为是历史的）* 和斯巴达妇女提供了例子。斯巴达妇女虽同希腊其他城邦的妇女在法律上同样地处于从属地位，但事实上却比较自由，她们同男人一样地受锻炼体格的训练，充分证明了她们并非天然地不合格。斯巴达妇女的经验使柏拉图在他诸多的学说中想到了男女两性间社会的和政治的平等的主张，这可能是有点疑问的。

但是，应该指出，男人对妇女的统治与其他形式的不同在于它不是暴力的统治，它是自愿地接受的，妇女不抱怨并同意参与。开始，妇女的大多数是不接受这种统治的。自从妇女能够通过写作（社会允许她们的唯一的宣传方式）使她们的情感为人们知晓以来，越来越多的妇女对她们的社会状况表示了抗议：最近，以公众中最杰出的妇女为首，有几千妇女向议会请愿，要求议会选举权。在同样的知识领域里，妇女要求同男人一样切实受教育的呼声越来越强烈，并且很有希望成功，同时，妇女还要求允许她们进入迄今仍对她们关闭的职业和专业的呼声与年俱增。虽然，不像在美国，在这个国家没有定期集会，没有一个有组织的政党鼓吹女权，只有几个由妇女组织和管理的活跃的会社，在争取获得参政权这个有限的目标。并不只是在我国和美国，妇女正在开始或多或少地集体抗议她们的劳动条件太差，法国、意大利、瑞士和俄国现在也在进行。还有多少妇女在默默地怀着类似的热望，没有一个人能够知道；但是有充分的迹象表明，有多少妇女必定会怀着这种热望，如果她们不是被如此卖力地教育，要克制这种对女性不相宜的情绪的话。还应记住，没有一个被奴役的阶级是一开始就要求完

* 实际是据希腊神话，说她是一族女战士中的一员，住在黑海海边。——译者注

全自由的。当西门·德·孟德福*召集平民代表第一次出席国会时，他们有谁曾梦想过要求由他们的代表选举的议会应就建立和破坏政府各部、应就国事向国王发指令呢？这类想法不会进入他们之中最有野心的人的想象之中。贵族已经有了这些意图，平民什么也不要求，只要求免除任意的捐税，不受国王的官吏们对他们施加强大的个人的压迫。那些在古代起源的任何权力之下的自然政治法律，从来就不是以抱怨权力本身开始的，而只反对其压迫性的运用。妇女从来不需要抱怨丈夫的虐待，如果抱怨不会最大地激起虐待的重复和增多，那抱怨就会更加无限地多起来。这就是想要保持权力但又不使妇女受其虐待的一切尝试遭到挫折的原因。一个人（除非是孩子）从法律上证明他受了伤，而由罪犯用其体力去赔还他，这样的事是没有的。因此，即使其身体受到极端的长期的虐待，妻子们也很少敢于使用为保护她们而制定的法律。如果出于一时难以压制的气愤或由于邻人的干预，她们这样做了，事后她们会竭尽全力使之尽可能少地公开出去，并请求原谅丈夫，不给以应得的惩处。

种种社会的和自然的原因，使妇女不大可能集体地造男人权力的反。她们仍处于不同于其他从属门类的地位，她们的主人要求她们的，有比实际服务更多的东西。男人并不只是需要女人顺从，他们还需要她们的感情。除了最残忍的男人之外，所有男人要求于同他们最亲密地结合在一起的女人的，不是一个被迫的奴隶

* 孟德福（约 1208—1265）是反对英国国王亨利三世的大贵族反对派首领之一。在刘易斯岛战斗中打败国王后，于 1265 年成为英国实际上的统治者（摄政官），召开了英国第一届国会。——译者注

而是一个心甘情愿的奴隶，不只是个奴隶，还是他们所宠爱的。他们因此采用一切办法奴役其头脑。其他一切奴隶的主人为了保持奴隶顺从，靠的是畏惧，或是对他们自己的畏惧，或是对宗教的畏惧。妇女的主人需要比简单的顺从更多的东西，他们动用了教育的全部力量以达到他们的目的。所有妇女从最年轻的岁月起就被灌输一种信念，即，她们最理想的性格是与男人的截然相反：没有自己的意志，不是靠自我克制来管束，只有屈服和顺从于旁人的控制。一切道德都告诉她们，女人的责任以及公认的多愁善感的天性都是为旁人活着，要完全地克己，除了同她们喜爱的人之外，没有其他生活。所谓她们喜爱的人是指准许她们拥有的人——她们与之结合的男人，或是构成她们同一个男人之间的另一个不可消除的纽带孩子。当我们把三件事合在一起时就是：第一，异性之间天然的吸引力；第二，妻子绝对地依靠丈夫，她的每个特殊利益和享受，或者是丈夫的礼物或者是全然依赖于他的意志；人的追求和谋求的主要目标，一般地她只能通过丈夫去获取，如果吸引男人这个目标未成为妇女的教育和性格培养的最领头的明星，那真是咄咄怪事了。一旦获得这种影响妇女头脑的重要手段，一种自私的本能就使男人最大限度地使用它，作为使女人屈从的手段，向她们再提出温顺、服从、把她们的一切个人意愿置于男人手中作为性的引诱力的一个重要部分。如果存在一种相同的手段，能否怀疑任何一种已被人类废除的其他形式的奴役会一直存在到今天，并被小心翼翼地使用，使她们的头脑屈服于它呢？如果使每个年轻平民以做某贵族的宠儿，使每个年轻农奴以做某领主的宠儿，当作他们生活的目标；如果以接受他的教化、分享他个人的情感作为他们应去寻求的奖赏，那么最有才能和最富热望的人就能指望得到渴求的奖赏；而且在获得这种奖赏之后，如果他们被铜墙隔绝了所有不是以他为中心的一切利益，隔绝了所有不是他享有的和他反复灌输的情感和渴望，那么他们就不会是农奴和领主、平民和贵族，就不会像今天的男人和女人那样被广泛地区别开吗？除了一个思想家外，难道各处所有的人都相信这种差别是人类天性中一个基本的不可改变的事实吗？

上述种种考虑足以表明，习惯，不论是多么普遍的习惯，在这件事上并不提供推断，也不应造成任何偏见来赞成把妇女置于屈从男人的社会和政治的安排。可是我可以进一步主张历史的进程和人类社会进步的趋势，不但不提供赞成权益不平等的制度的推断，而且是强烈地反对的。迄今为止，人类进步的全部过程，现代趋势的总潮流如若对此问题有什么正当的推断，那就是这个过去的遗迹同未来是不调和的，必然是要消灭的。

那么什么是现代世界的特点，即区别于早已过去的时代的现代制度、现代社会观念、现代生活呢？那就是：人不再是生而即有其生活地位并不可改变地被钉在那个位置上，而是可以自由地运用其才能和有利的机会去获取他们最期望的命运。旧时代的人类社会是以一种非常不同的原则组合的。所有的人呱呱坠地就有固定的社会地位，而且大多是由法律加以维持的，任何可使他们跳出这种地位的手段均被禁止。正如人生而有白人和黑人之分，有些人生而是奴隶，另一些人则是自由人和市民；有些人生而为贵族，另一些人则是平民；有些人生而是封建贵族，另一些人则是平民。除非主人愿意，一个奴隶或农奴永远不能解放自己，也不能成为自由人。在大多数欧洲国家，直到中世纪行将结束，由于王权增长的结果，平民才能被授以爵位。即使在贵族中，长子生而就是其父的财产的唯一继承人，父亲可以不以他为继承人是过了很长时间才被完全确立的。在经营事业的各类人中，只有那些生而是同业公会会员的或被会员认可入会的人，才能合法地在地区界限内从事其事业。不按法律形式——权威地规定的程序，无人得以从事任何重要的职业。制造业者因想采用新的进步的方法而遭众人耻笑。在现代欧洲及大量参与现代进步的大部分地区，现在则盛行完全相反的信条。法律和政府并不规定任何社会的或工业的工作将由谁或不由谁去进行，也不规定以何种方式进行才是合法的。这些事情都由个人自由选择。在这个国家，甚至关于要求工人应经过学徒期的法律也已被撤销：要有充分保证，在一切情况下，学徒期是必要的，其必要性本身就足以强制其实行。旧的理论是，留给个人选择的可能应是最少的，需要他做的，都应在最实际的范围内，由他的上司的智慧为他安排。留给他自己，他肯定要做错。积一千年经验的结果，现代理论则认为，同个人直接利害相关的事，如不交由他自己处理，永远办不好；除非是为了保护其他人的权益，任何以权威来管理他们肯定都是有害的。这个缓慢地形成的结论，直到与之相反的理论几乎在每次运用时都招致灾难性的后果之后才被运用。现在，在最先进的国家（在工业部门）才普遍盛行，在所有自称有某种进步的地方也几乎是普遍地占优势了。并非所有步骤似乎都是同等优良的，并非所有的人对一切事情都是同等地合格；而是个人选择的自由已被公认为是唯一可以获致采取最好步骤的事情，是唯一可以使每件工作交到最合格的人手中的事情。无人认为有必要制定一条法律，规定只有臂力强者可当铁匠。自由和竞争足以使铁匠是臂力强壮者，因为臂力弱的到更适合他们的职业中去工作可多挣钱。与这个信条相一致，人们感到，如果在一般的推断上，预先确定某些人不适合干某些事情，就是超越了权威的恰当界限。现在，众所周知并且承认，如果存在诸如此类的推断，没有绝对无误的。即使在大多数情况下有很好的根据（很可能并非如此），也将在少数例外的情况下站不住：在这些情况下，既对个人不公平，又设置障碍不让他们为自己的利益也为他人的利益去发挥其才能，从而于社会有害。另一方面，在真正地不适宜时，人类行为的通常动机就总体而言将足以阻止不合格者去做或坚持要去做。

如果这个社会的和经济科学的一般原则不正确，如果个人有知其人者的意见的帮助，对他们自己的能力和职业并不比法律和政府有更好的判断，世界就不能立即废止这个原则回归到管理和无能的旧制度。但是，如果这个原则正确，我们就应像是相信它那样地行动，而不要去规定，生而为女孩而非男孩，生而为黑人而非白人，生而为平民而非贵族，将终身确定其地位——将同所有社会地位较高的人隔绝，被禁止从事除少数以外的一切体面的职业。即使我们承认，最大限度地自称现在保留给男人的一切功能都是最适合的，同样的理由也可运用来否定国会议员的合法资格。如果十几年中有一次合格性的条件排除了一位合适的人就是真正的损失，而排除几千个不适合者也无所得，因为如果选举团体的构成使他们倾向于选择不适合的人，总有很多这类人是可以从中选择的。对一切困难的和重要的事情，能干得好的人总比需要的少，即使进行最不受限制的自由选择：在选择方面的任何限制，使社会丧失由胜任者服务的一些机会，而从来也不能防止不胜任的人。

目前，在较进步的国家里，妇女之无资格是唯一的事实，除了一种情况例外，法律和制度根据人的出身规定其终生不能为某些事情进行竞争。那个例外情况就是王室。王位是生而得之的，没有一个人，没有统治家族能够占据王位的，即使这个家族中，也没有一个人能通过世袭继承以外的任何手段获取王位。其他一切尊严和社会利益都对所有男性开放，其中许多确实只有用财富去获取，但任何人都可为财富奋斗，实际上，许多出身微贱的人获得了财富。对于大多数人，如无意外的运气，困难确是不可克服的；但没有一个男人受到法律的禁令，不论是法律或舆论都不在自然障碍之上额外增加人为的障碍。如我已指出的，王室是例外。每个人都感到它是个例外——现代世界的一个异例，它同现代世界的习惯和原则明显地对立，只是由于非常特殊的权宜措施才得以成立；虽然各人和各国在估量其分量上各不相同，事实上，权宜措施无疑是存在的。但是，在这个例外的事例中，作为重要的原因，是根据出身而不是通过竞争赋予一个高级的社会职能。所有自由国家图谋实质上恪守那个使他们名义上丧权的原则，因为他们用条件限制这个高级职能，这些条件是他们自认为故意要防止表面上拥有此高级职能的人真正地去执行它，同时运用此职能的人，负责的部长确实是经过竞争获得其职位的，那是一场无一成年男性公民是从法律上被排除在外的竞争。因此，妇女生而就属于无资格，是现代立法中的唯一事例。除这个涉及人类半数的例子外，没有另外的例子是由于出身的命运被排除于高级社会职能之外的，妇女的这种命运还不是任何努力、任何情况的变化可以克服的。即使是宗教上无资格（在英国和欧洲实际上几乎已不存在）也并不阻挠不合格的人的前程，一旦他改变信仰。

妇女的社会的从属性就这样成了现代社会制度上的一个孤立的事实，成了唯一违反其基本法律的事实，它也是在各方面即在思想和实际方面均已被推翻的旧世界在这件最普遍关注的事情上留下的唯一遗迹；犹如一个巨大的石桌状墓标，或者犹如朱庇特·奥林匹斯山的一座大庙占据了圣保罗的位置每天接受朝拜那样，而人们只在斋戒日和节日才去周围的基督教教堂。一个社会现实同与之相伴的所有其他现实之间的全部矛盾，以及它的性质同现代世界引为自豪的连续地清除了类似性质的一切的进步运动之间的剧烈对立，理所当然地使一个对人类趋向进行认真观察的人把它看做应该思考的一件严肃的事情。它为不赞成的一方提出了一个初步的设想，这个设想在这种情况下比它的习惯和用途能给赞成的一方造成的分量远远要重得多，至少足够使它像在共和政体和王权之间的选择一样，成为一个平衡的问题。

最少可以要求，这个问题不应以现存的事实和现有的意见造成的偏见去考虑，而应根据事实，作为一个正义和利害的问题讨论其价值。像对人类的其他社会安排一样，对这个问题的决定取决于对趋势和后果的开明估计可能表明是对不区分性别的一般的人道最为有利。讨论必须是真正的讨论，深入到基础，而不是满足于停留在空泛的一般的无根据的断言上。例如，不能以一般的措辞断言，人类的经验已表明是赞成现行制度的。迄今只有一种进程的经验，经验是不可能在两种进程之间确定的。如果有人认为两性平等的学说只是理论上的，那么不要忘记相反的学说也只有理论的支持。直接经验证明了赞成它的理由，不过是人类曾经能在这个制度下生存并获得了我们现在可见的进步和繁荣；如果在另外的制度下，或许繁荣早已获得，或许比现在更为繁荣，经验并没有说明。另一方面，经验的确说明，改进的每一步都是那么确定地与提高妇女的社会地位同步的，历史学家和哲学家已率先采纳以妇女地位的提高或贬低作为从整体上说对一个民族或一个时代的文明的最可靠的检验和最正确的尺度。经过人类历史所有的进步时期，妇女的状况已接近于同男人平等，这本身并不证明必须继续同化以达到完全的平等，而是确定地提供了事情即是如此的一些的推断。

至于说两性的天性使他们适应了现在的职能和地位，这种状况对他们是合适的，这种说法也是无益的。站在普通常识和人类头脑的结构立场上看，我否认有人知道或能够知道男女两性的天性，如果他们始终只处于现在的相互关系中。假如男人曾经生活在无女人的社会，或者是有女人没有男人的社会，或者假如是一个有男有女的社会，其女人并不在男人统治下，也许有可能略知两性固有天性中智力和道德的差异。现在被称之为妇女的天性明显地是人为的事——在某些方面是强制压迫的结果，在另一些方面是不自然的刺激的结果。可以无疑问地确认，没有另外一类从属者其性格之自然均衡是完完全全地被他们与主子之间的关系所扭曲，因为即使被征服的和奴隶的种族在某些方面曾受到更强有力的压制，无论如何他们内心未被铁鞋摧毁的东西一般就不再受到干扰，而且只要留有一点发展的自由，它就按自己的法则去发展。

可是对于妇女，为了她们主人的利益和享乐，温室和炉灶经常培育着她们天性中的某些才能。另外，一般的有生命力的力量的某些果实在这个可以取暖的环境中，在积极的培养和浇灌下，繁茂地萌发出来，有了很大发展，而同根生的其他嫩芽，被遗弃在室外的严寒里，周围有故意堆上的冰，其生长就受阻碍，有些被火烧掉。男人不认识自己的、可以辨别缺乏分析头脑的工作，懒洋洋地相信树自然而然地会按照他们采用的培植方法生长，并且相信如果它不是一半保存在蒸气中另一半保存在雪中，它就会死去。

现在，阻碍思想发展和形成关于生活和社会安排的言之有据的意见，其最大困难是人类对形成人的性格的各种影响存在着不可言状的无知和忽视。某一部分人，不管他们现在是，或看起来是某种人种，人们推测，他们有一种自然倾向表明他们是这一人种，甚至关于他们置身其中的环境的最初步的知识，也清楚地说明什么原因使他们成为这个样子。因为有一个住在茅屋的对地主负债累累的佃农不勤快，就有人认为爱尔兰人是天然地懒惰的。因为被任命执行宪洗的当局反转来反对宪法，宪法可能因而被废弃，就有人认为法国人是没有能力有自由政府的。因为希腊人欺骗了土耳其人，而土耳其人不过只是抢劫了希腊人，就有人认为土耳其人自然地是更为诚挚的。因为妇女，正如常说的那样，除了她们的人格外，对政治毫无兴趣，人们就推测妇女自然地不如男人对公共事务的兴趣大。历史，人们现在比以前更好地理解的历史给我们上了另外一课，它指出人类对外部影响异常敏感的天性，以及它在表现形式上的可以认为是最普遍、最一致的极端多样性。但是在历史中，如同在旅行中一样，人们只看到那些在自己头脑中已经有的东西，很少人从历史学到许多东西，他们对历史的研究也不提供多少东西。

因此，关于那个最困难的问题，男女两性之间的天然差别是什么——一个在当前社会的状况下不可能对之获得完全的、正确的知识的题目——几乎每个人都对之持独断的主张，几乎所有人都忽视或不注意唯一能够获致公正的洞察的手段。这就是心理学的最重要部分的分析性研究，环境影响性格的规律。因为男人和妇女之间道德的和智力的差别不论多大，多么明显地不能根除，而他们之间是有天然差异的证据却都是否定的。除去被认可用教育或外界环境加以解释的男性或女性的每个特征，剩下的只能推论为天然的，不大可能是人为的。任何人即使想肯定作为道德的和理性的存在的两性之间有差别，他必须掌握关于性格形成的规律的最深渊知识，更不必说要说明差别是什么了。迄今尚无人具备这种知识（因为以重要性为比例，恐怕没有一个题目是研究得如此少的），无人有资格对之有什么确实的意见。目前只能作揣测，揣测的近似性的大小是根据性格形成的心理学规律的知识允许程度的大小。

即使是两性间现在的差异是什么这样的初步知识，不涉及他们是如何成为现在状况的全部问题，也依然处于最粗糙最不完全的状态。医务人员和生理学家已在某种程度上确认两性在身体结构上的差别，对心理学家来说，是一个重要的因素，但是，医务人员中很难有心理学家。他们关于妇女的智力特征的观察并不比对普通男人的观察更有价值。这是一个难以知其结果的题目，因为只有妇女自己才能真正知道它，而她们只给了很少证据，并且这很少的一点大多是教唆出来的。了解愚蠢的女人是容易的。愚蠢在全世界都差不多。一个蠢的人的观念和情感可以从他周围圈子中占优势的那些人可靠地推断出来，而意见和情感是从他们自己的天性和才能中溢发出来的那些人则并非如此。到处只有一个男人正是对自己家庭中的妇女的性格能有一定的了解。我的意思并非指才能，没有人知道它，即使她们自己也不知道她们的才能，因为大多未曾显示过。我说的是实际存在的她们的思想和情感。许多男人认为他很了解妇女，因为他同几个，也许是很多个妇女有过恋爱关系。如果他善于观察，他的经验既包含数量也包含质量，他可以了解她们天性的一小部分——无疑是一个重要部分。但是，对于所有其他部分，少数人通常是更加无知的，因为对这些少数人是小心翼翼地加以隐瞒的。一个男人通常得以了解一个女人的性格的最有利的情况，就是对他自己的妻子，因为接触机会较多，并且完全同情的事例并非不可言状地稀少。我相信，事实上对此有价值的知识通常地是来源于此。但是，多数男人并无机会以这种方式去了解多于一个的单个事例，而一个人要从他对一般妇女的意见中推断他的妻子是什么样的，几乎是达到可笑的程度。为使这个例子取得某种结果，这位妇人必须是值得了解的，这位男人不但是一个合格的裁判，而且在品质上要富有同情心，又很适应她的性格，使他得以以同情的直觉洞察她的思想，或者他没有任何使她羞于暴露思想的东西。我认为，恐怕没有比这种诸般条件联合出现的事更罕见的了。通常的情况是：对整个外界事物，其情感完全一致，兴趣完全相同，但是相互很少介入彼此的内心生活，犹如只是普通的相识。即使双方有真正爱情，一方有权威，另一方是从属的，就难以有完全的信赖。虽然并不故意地抑制什么，但表露出来的却很少。在类似父子之间的关系中，大家必定观察到了相应的现象。正如父子之间那样，有多少这样的事例，在这些事例中，不管父子双方有着真正的感情，对全世界来说，父亲显然并不了解也不怀疑其儿子的性格，而这些性格却是儿子的伙伴或同辈人所熟悉的。事实是，站在高人一头的立场上看别人，是非常不利于同他完全真诚相见和开诚布公的。害怕在他的看法中或情感中失势的心情是那样地强烈，以致在一个性格直率的人身上，也有一种下意识的倾向，只表露其好的方面，或虽非最好的，也是他最喜欢看到的方面。因而可以有把握地说，相互之间彻底了解恐怕从未有之，除非两人不但是亲密的，而且是平等的。那时，这一切又该是多么更加真实啊！当一方不但是处在另一方的权威下，而且她已被反复教诲，她的责任就是认定一切事情都要服从于他的舒适和享受，并且不让他看到或感到从她那里来的他不同意的任何东西。所有这些困难都妨碍一个男人完全了解即使是一般说来他有充分机会去了解的唯一妇女。当我们进一步考虑到，了解一个女人并不需要了解其他女人；即使他能研究某一层次或某一国家的许多妇女，他并不因此便了解其他层次或其他国家的妇女；而且即便他能够了解，也仍然只是历史上一个特定时期的妇女。我们可以有把握地断定，男人可获得的有关妇女的知识，即使是关于她们的过去和现在而不涉及她们将来可能怎样，也不幸地是不完整的、表面的，并且直到妇女本身说出她们要说的一切以前，将永远是如此。

这样的时刻尚未到来，它只能逐渐地到来。妇女的文学成就被认为是合格的或妇女被社会允准向公众说话，只不过是昨天的事。不过,很少妇女敢于说男人不愿听的话,她们的文学成就得依靠男人。不要忘记,直到最近即使是男性作家表达的不寻常的意见或被认为是古怪的情感,经常是并在一定程度上仍然是以什么样的态度被接受的。因此,我们可以形成一些模糊的概念,被教养得把习惯和意见当成她的最高统治规则的妇女,如果试图在著作中表达源于自己天性深处的任何东西,会受到什么阻碍。生前曾在她的国家的文学中留下了足以赢得显赫地位的作品的真正伟大女性认为有必要在她最勇敢的作品的前面作为箴言写道:“男人可以反抗舆论,女人必须顺从舆论。”[①]女作家写的关于妇女的大部分作品不过是对男人的阿谀奉承。至于未婚妇女,她们的很多作品似乎只是想增加择偶的机会。许多已婚和未婚的妇女走得更远,超过了除了最粗野的男人以外的一切男人所要求或喜爱的、反复灌输的屈从。不过现在这类现象已不常见,甚至在不久前的一个时期,它仍然是有的。从事文学创作的妇女正在变得比较自由地发表意见,比较愿意表达她们的真实情感。不幸的是,特别是在这个国家里,她们是自己这种人为的产物,她们的情感是混合的,少量成分来自个人观察和个人意识,而很大一部分获自与外界的联系。这种情况将越来越少,但它将在很大程度上保持不变,如果社会制度不允许妇女有像男人可能有的同样的发展独创性的自由。当那个时刻到来时,而不是在此之前,对了解妇女的天性以及使其他事情适应它的必要性,我们不仅将会听到,而且还会看到。

我已经谈了许多目前阻碍男人真正了解妇女的真实天性的困

① 斯塔尔夫人在其长篇小说《黛尔菲娜》的扉页上。

难，因为在这一点上像在许多其他事情上一样，“舆论丰盛，最多的原因是贫穷”。当人们自以为完全了解，其实多数男人是一无所知时，不可能对之有理性的思考；而且目前不可能使任何男人或所有男人能够具有合格的知识去制定关于什么是或什么不是妇女的职业的法律。令人高兴的是，与妇女在社会和生活中的地位相联系的实际目标并不需要此种知识，因为根据现代社会所包含的一切原则，这个问题取决于妇女自己——由她们自己的经验和运用自己的才能来决定。无法知晓一个人或许多人能做什么，除非经过试做——旁人也无法替她们去发现，为了她们的幸福该做什么，不该做什么。

有一点我们可以肯定——想要让妇女做违反她们天性的事，她们是从来不会因为仅仅给她们的天性提供了自由运用的机会而去做的。人类害怕天性不得实现其意向而急于去干预是完全不必要的。妇女不能用天性做的事，禁止她们去干是完全多余的。她们能做的，但不如其竞争者男人做得好的，竞争就足以排除她们；从来没有人要求有利于妇女的保护性义务和布施，人们只要求取消现行的对男人有利的保护性义务和布施。如果妇女对某些事较诸其他事有较大的天然倾向，没有必要用法律或社会的教导使她们中的多数都比较地愿意干前者，而不是后者。实行自由竞争，最需要的妇女服务将给予她们以最强烈的刺激使她们去干。最需要她们的事情就是最适合她们做的，由于把最适合她们做的事分配给她们，男女两性共同的才能可以在整体上发挥，取得最大量的可贵的结果。

男人的一般意见被认为是，妇女的天然职业就是当妻子和母亲。我说被认为，是因为从事实判断，即从整个现存社会制度看，人们可以推断他们的意见恰恰相反。他们可能被认为，他们想的是所谓的妇女的天然职业是所有事情中同她们的天性最不调和的；不调和至如此程度，如果她们可以自由地去做其他事情——如果有其他的生活手段或占用她们的时间和才能的职业是开放的，又有机会对她们显得是合意的——她们中并没有多少人愿意接受所谓的对她们是自然的条件。如果这是一般男人的真实意见，那么应该说出来就好了。我愿听到有人公开宣布那个信条（在关于这个题目的诸多著作中已隐含了的）——“社会需要妇女结婚生儿育女。除非被迫，她们不愿意。因此，需要强迫她们。”此事的是非终于得到清楚的说明。这就同南卡罗来纳州和路易斯安那州的奴隶主的事情一模一样。“需要种棉花和甘蔗。白人不能种植。不论我们给多少工资，黑人也不愿干。因此，必须强迫他们。”更接近其要害的例子是强制服兵役。绝对地需要水手去保卫国家，常常是他们不自愿参军。因此，必须有强制他们的权力。这个逻辑是多么经常地被采用！若不是因为其中有一个缺陷，无疑这个逻辑直到今天仍将是成功的。但它引来了反驳——首先付给水手以他们的劳动的正当价值。当你使他们感到为你服务同为其他雇主服务是同样值得，你就不会比旁的雇主更难以获得他们的服务。这样，除非是“我不愿意”外，就没有其他合理的回答了。因为现在的人不仅羞于而且也不渴望掠夺劳动者的工资，所以强制服兵役已不再提倡了。那些企图以关闭妇女一切其他路子的办法来强制妇女结婚的人，自己就面临同样的反驳。如果他们指的就是他们所说的话，他们的意见显然是：男人没有使结婚的条件让妇女感到那么合意，以引诱她们为这些条件的可取之处而接受它。当一个人允许的只是不得挑选“非此即彼”时，这并不是一种迹象，此人认为提供的这种恩惠很有吸引力。我想，这就是那些对妇女有同等自由的主张抱有真正反感的男人的情感的端倪。我相信，他们并不害怕妇女不愿结婚，因为我不认为实际上有人有这种忧虑。他们害怕的是妇女要坚持在平等条件下结婚，害怕所有有精神，有才能的妇女宁愿做她们看来并不丢脸的几乎任何事情而不愿结婚，如果结婚只带给她们一个主子，并且也是她们所有财物的主人。说真的，如果这个结果是必然地同婚姻相联系的，我认为忧虑是很有根据的。我同意那个想法，认为不大可能有多少能办其他事情的妇女，在有其他一些手段可向她们提供生活上有传统尊严的位置的时候，会选择这样的命运，除非是在不可抗拒的牵制下，才使她们一时不能察觉它。如果男人决心使婚姻法成为暴虐法，单从政策观点看，他们只留给妇女“不得挑选”就没有错。但是，如果是那样，现代世界为了解脱加在妇女头脑上的锁链所做的一切就是错误的了。从来就不该允许她们接受文学的教育。在现存的事物的制度下，读书的妇女、更多的从事写作的妇女就是一个矛盾，并且是一个不安定因素，因为培养有才能的妇女是错误的，只需要培养宫廷的女奴或是家庭的女仆就够了。

第 二 章

对这个题目的详尽探讨，最好从我们研究的过程引向的特定方面开始：这个国家和所有其他国家的法律附加在婚姻契约上的诸般条件。结婚是社会给妇女指定的目标，是妇女成长起来的前景，所有妇女均应寻找结婚的对象，除非是相貌太不招人喜欢没有男人会选之为伴侣的女人。人们可能认为已经尽了一切努力使条件尽可能对她们合适，认为她们可能没有理由不满意没有选择其他的权利。然而，在这个问题上以及最初在其他各种问题上，社会宁愿用险恶的而不是公正的手段达成其目标，可是甚至到今天，社会依然坚持这样做，这是唯一的事例。原先是用武力抢夺妇女，或由她们的父亲正式地把她们卖给其丈夫。欧洲直到近代历史以前，父亲有权按自己的意愿和爱好处理女儿的婚事，毫不考虑女儿的心愿。确实，教堂迄今是忠于较好的道德，在婚礼仪式上要求女方正式的答称"是"，但没有什么可以表明她的同意不是被迫的。如果父亲坚持，女儿实际上不可能拒绝听从，除非她或许已下决心去进行修道起誓，从而获得宗教的保护。古时候（在基督教以前），婚后男人操妻子生死之权。她不能对他诉诸法律，男人是她唯一的裁判和法律。长时间以来，他可以责骂她，而她对丈夫却无同样的权力。按英格兰旧法，丈夫被算作“妻子的权贵”，实际上他被看作她的最高统治者。妻子谋杀了丈夫就被称作叛逆（有别于弑君或叛国的小叛逆），对她的惩处是烧死，较诸对通常的叛国更为残酷。因为诸如此类的酷刑已终止使用（大多并未正式废除，或直到已长期停止实行才废除），男人就认为，关于婚姻契约，现在一切正常。我们不断地被告知，文明和基督教已恢复了妇女的正当权益。当时，妻子是丈夫实际上捆绑的仆人，就法律义务而言，不比通常称作奴隶的好些。在神坛上她宣誓对他终生顺从，法律规定她一生要信守誓言。诡辩者可能会说，在参与犯罪时就要停止顺从的义务，但它肯定延伸到其他一切事情上。没有丈夫的允许或至少是默认，她什么也不能做。除非为了他，她不能获得财产；从财产成为她的那时起，即使是继承来的，财产实际上就变成他的了。在这方面，英格兰的不成文法比许多国家关于奴隶的法律更坏。例如，根据罗马法，一个奴隶可以拥有私产，在一定范围内法律保障其独自享用。在这个国家里较高等级的人避开法律通过特殊的契约给她们的女人以类似的方便，如男人给妻子或女儿以零用钱等等。既然父亲的父女之情比他们同性的等级感情要强烈，通常父亲总是偏袒自己的女儿而不是陌生人女婿。通过协商和解，富有者通常总是设法把妻子继承的全部或部分财产从丈夫的绝对控制下抽出来，但也无法使之处于她的支配之下，她们最多能做到的是防止丈夫挥霍，同时阻止其合法的拥有者使用，财产本身是双方都够不着的。至于从财产得到的收入，对妻子最有利的和解方式（被称作“归她独用”）不过是排除丈夫替代她本人获取：必须经她之手。但是如果在她取得这笔收入时，丈夫以个人暴力强行夺取，他既不会受到惩罚，也不会被强迫归还。这就是在这个国家的法律下，最有权力的显贵能给予自己女儿对付其丈夫的一点保护。在绝大多数情况下是达不成和解的：因为一切权益、一切财产以及一切行动自由被完全合并。为了推论出她的一切就是他的，夫妻二人被称为“法律上的一个人”，但是永不会作出平行的推论，他的一切都是她的。这个格言不是用来反对男人的，只是使他为妻子的行为对第三者负责，犹如主人要为他的奴隶或牲畜的行为负责一样。我远非讳言通常妻子受的待遇并不比奴隶好，但是没有一个奴隶像一个妻子那样是竭尽一切所能的奴隶，是体现了“奴隶”这个字眼的全部含意的奴隶。除了直接同主人本人直接相联的奴隶外，几乎没有一个奴隶是时时刻刻的奴隶；通常，奴隶像士兵一样，有他固定的任务，当任务完成之后，或当他下班时，他在一定限度内支配自己的时间，有自己的家庭生活，主人很少干预。在第一个主人属下的“汤姆大叔”在他的小屋里有自己的生活，几乎相当于任何一个离家外出工作的人，可以有自己的家庭生活。但是，妻子不可能这样。最重要的是，（在基督教国家里）一个女奴隶有公认的权利，而且被认为有道德上的责任去拒绝主人的极端亲昵。妻子则不然。不管她不幸地被一位多么野蛮的暴君拴住——虽然她可能知道他恨她，虽然他可能把折磨她当做每天的享乐，虽然她可能感到不能不厌恶他——他可以违反她的意愿，强制她进行人类最堕落行为，以她为发泄兽欲的工具。当她被拴在最恶劣的奴役中时，对于她和主人有着共同利益的孩子，她的地位怎样呢？按照法律，孩子是丈夫的。只有他一人对孩子有合法的权利。除非经他授权,她对孩子或关于孩子不能有任何行动。即使他死后,她也不是孩子的合法监护人,除非他在遗嘱中给了她这种权利。他甚至可以把孩子送走,剥夺她同他们见面或通信的手段,直到有了萨金特·塔尔福尔德法,男人的这种权利才在一定程度上受到限制。这就是她在法律上的地位。她自己是无法从这种地位脱身的。如果她离开她的丈夫,什么东西她都不能带走,包括她的孩子或合理地属于她的东西。如果他愿意,可以根据法律或用体力强迫她回来。他可以把她挣到的或她的亲友赠给她的任何东西攫为己用,以满足自己。只有法庭判决了合法离异,她才得以另外居住,不被愤怒的狱卒戴上手铐送回去,或者判决她有权使用自己的所得,她才不必害怕或许有朝一日二十年未见面的一个男人突然跳出来抢走她的一切。直到最近,法庭不允许这种合法的离异用于较高等级以外的任何人。即使今天,也只准许用于遗弃或极度残暴的案例。然而,每天都有人抱怨允许离异太容易了。当然,如果一个妇女除了当暴君的个人的肉体仆役外,生活没有其他机遇,她的一切指望就是有机会找到一个不只是把她当成做苦工的而是倾向于喜欢她的人。若是只准许她试一次,只能更残酷地加重她的厄运。事态的这种状况的自然的结果和必然结果就是:既然她的全部生活取决于获得一位好的主人,就应该准许她一次一次地更换,直至找到一个好的为止。我并不是说,应该允许她有这种特权。这是统统不同的考虑事项。包括再婚自由含义的离婚问题不是我着手研究的目的,我不拟论及。现在我说的是,对只被允准服役的人说来,自由选择其服役就是唯一的安慰,虽然这种安慰是很不够的。拒绝给予自由选择就使妻子同奴隶——并非最温和的奴隶制下的奴隶完全一样了。因为在一些奴隶法规中,奴隶在某种虐待的情况下可以合法地强迫主人把他出卖。但是,在英格兰,不管怎样虐待,如无外加通奸行为,做妻子的是不会从她的折磨者手中获得解放的。

我无意夸大,也不需要对这种事情加以夸大。我叙述的是妻子在法律上的地位而不是她的实际待遇。大多数国家的法律比执法的人坏得多。许多法律之所以能保持为法律只是因为它们很少或从未被执行过。如果单从法律上看,结婚后的生活像法律期待的那样,那社会将成为地球上的地狱。幸运的是,在很多男人中已排除了的情感和兴趣,极大地缓和了导向暴虐的冲动和习性,在这些情感方面,使男人与其妻室结合的纽带,在正常状态下都提供了无可比拟的强有力的例子。在整个接近中间,这根在他和他的孩子之间的唯一纽带,除了特殊的情况以外,是趋于加强第一个纽带,而不是与之相冲突。正因为这样,又因为男人如果执行他依法获得的所有暴虐的权力,一般地并不使妇女遭受痛苦,妇女也就不忍受那样的痛苦。现存制度形式的捍卫者认为,它的一切不公正都是正当的,任何对它的抱怨不过是在同为了每一件大好事而付出代价的邪恶争吵。但是实践中的缓和同在充分的合法的暴力中保持这种或其他种类的暴行并非不相容,它并不为暴政辩护,只是证明人类在反抗最恶劣的制度时具有何等力量,证明人类天性中善和恶的种子以何等的生命力在传播和繁殖。可用于家庭的暴虐的词汇,无一不可用于政治暴虐。专制帝王并不坐在窗前欣赏被他迫害的人的呻吟,也不撕去他们最后的一件破衣服,把他们赶到街上去使他们发抖。路易十四世的暴政不是菲力普·勒·贝尔或纳迪尔·沙阿*的暴政,或卡利古拉**的暴政。但要为法国革命辩护,甚至宽容其恐怖也是够糟的。如果诉诸妻子和丈夫之间的强烈情感,对家庭奴役也同样可以这么说。在希腊和罗马,奴隶宁死于酷刑而不背叛其主人是相当平常的事。在罗马内战时的判刑布告中指出,妻子和奴隶都是英勇和忠诚的,而儿子则通常是背叛的。不过,我们知道许多罗马人是多么残忍地对待奴隶。事实上,这种强烈的个人感情在任何地方也达不到像在最罪恶的制度下那样丰富的地步。在人的身上被唤起的人类天性似乎对其易受影响的、最强烈的忠诚感恩之情,倾注于那些有权力彻底摧毁人的存在而又自愿地放弃使用此权力的人,这也是一种生活的嘲弄。如果要问在多数男人中这种饱满的情感即使在宗教虔诚中占多大位置,这也是有点残忍的。我们每天见到他们对苍天感恩,多么像是由他们的同胞的希望激起的,而上帝对这些人并不像他对他们自己那么仁慈。

不论要捍卫的是奴隶制、政治极权或是家长的专制主义,我们总应从其最好的实例去加以判断。我们所见到的是两种图景,一方面是权力的亲切的执行,另一方面是对之亲切的服从——高级智慧为依附者的最大利益提供一切,因而博得他们的笑容和祝福。如果任何人佯称根本不存在好人,这一切就很得要领。谁人怀疑

---

* 纳迪尔·沙阿(1688—1747)伊朗统治者。1739 年与印度交战进入德里掠夺大量财物回伊朗。为人生性残暴,后为部下暗杀。——译者注

** 卡利古拉(12—41)罗马皇帝,本名盖约·恺撒,37—41 年在位。极为残酷,嗜杀成性。——译者注

在一个好人的专制政府中可能有很好的美德、很大的幸福和强烈的感情？同时，法律和制度要求适合于坏人，而不是适合于好人。婚姻并非为挑选的少数人设计的制度。并不要求男人在婚礼之前以品格证书证明他们适合于被委托去行使专制权。一般的社会感很强的人，同妻子和孩子之间的感情和责任的纽带是很强的，许多对其他社会纽带并不敏感的人亦如此。但是，对社会纽带有各种等级的敏感性和不敏感性，正如男人中有各种等级的善良和邪恶，直到最低级的任何纽带都不能约束的那些人，社会对他们不能采取什么行动，只有通过最后手段即法律的惩处。在这种下降的阶梯的每一级上，男人都有做丈夫的一切合法权力。最可恶的罪犯都有一些不幸的女人与之结合，他对她除杀死外可施任何暴行，如果干得谨慎，就能够不受到法律惩处的危险。每个国家的最下层等级中有多少万男人，在其他方面不是法律意义上的罪犯，因为他们的侵犯行为到处遭反抗，他们便放纵自己对倒霉的至少是成人的妻子，实行最厉害的习惯性的肉体暴虐，她既不能抵抗又不能逃避其暴行。女人过分的依赖激起了他们卑鄙野蛮的天性，他们对于将生命完全寄托在他们的仁慈之上的女人，没有一点大度的耐性，没有一点出于尊敬的行为检点，相反，他们认为，法律把她当做他们的东西交给他们，任他们随意使用，对她并不需要像对待其他人那样的关照。直到最近，法律对家庭压迫中即使是极端的暴行实际上并未处罚，其间几年只做了一些加以阻止的无力的尝试。但尝试无效，也不可能期望有多大效果，因为可以设想，当受害者仍处在行凶者的暴力之下时，要能够真正地制止暴行，是同理性和经验相违背的。直到判决人身侵害罪，或无论如何在第一次判罪后又重复再判，实际上才使女人有权离婚或至少是法庭裁决的离异，若以法律的处罚制止此类"严重侵害事件"，将因无原告或无证人而失败。

在任何一个大国内，不知有多少比禽兽略胜一筹的男人，可以无阻挡地通过婚姻法获得一个牺牲品，单是以滥用这个制度的方式造成的人类悲剧其广度和深度已达到了骇人听闻的地步。不过，这些只是极典型的例子。它们是最深的深渊，而在够着它们之前，存在一个很可悲的深而又深的系列。家庭的暴虐犹如政治暴虐，这类专制恶魔主要地说明了制度，只要暴君愿意，在他统治下什么恐怖都可能出现，从而开始让人看清了略轻些的残暴必然是以如何可怕的频率在发生着。专制恶魔犹如天使一样罕见，也许更稀罕些；有点人性的凶恶的野蛮人仍然是常有的。在他们同可敬的人类代表的宽广间隔之间，存在着多少形式和多少类别的兽行主义和自私自利，它们时常在文明乃至在有教养的外表掩饰下，同法律和平共处，在非它们统治下的所有人中保持值得称赞的外表，但常常足以对所有在它们统治下的人的生活构成一种折磨，一种负担！重复关于男人一般地不适宜有权力的老生常谈令人厌烦，经过几个世纪的政治讨论，每人都会背诵，但简直无人想到把这些格言运用于那样一种情况：即在其他一切权力之上可以运用的权力，并非交给随便一个男人，而是赋予所有成年男性，直到最卑下最残忍的人。并不因为一个男子未被发现违反圣经的十诫，或因他同他不能强迫与之交往的人打交道时保持了可敬的性格，或因他对无义务容忍他的人不发脾气，人们就可以估计他在不受限制的家庭里怎样行动。即使最普通的人在他无力对抗的人们中间，也会收敛其性格中的暴躁、闷闷不乐和不加掩饰的自私的方面。优越者和依附者的关系是恶劣性格的温床，无论它存在于其他什么地方，也是从这个根子蔓延出来的。一个人对与他同等的人脾气很坏或暴躁，肯定他曾在比他差的人中间生活过，他可以恐吓他们或使他们服从。如果像通常所说，最好状态的家庭是一所同情、温存、可爱的忘我的学校，对于一家之长，它更经常地是一所任性作威作福、无限制的自私放纵和根深蒂固的理想化的自私的学校，其中，奉献只是一种特殊的形式：对妻子和孩子的关心，仅仅是作为男人自己的利益和财产的一部分来关心他们的，为了他最小的爱好，他们在各种形式下牺牲了个人的幸福。在现存制度的形式下，还能找到什么更好的事例呢？我们知道，人类天性中的坏习性只是在无机会沉溺时才受到约束。我们知道，几乎每个被旁人服从的人，是出于感情冲动和习惯而非出于确定的目的，不断地侵扰旁人直至他们被迫起来反抗为止。这就是人类天性的通常倾向。现在的社会制度给予一个人对至少是另一个人的无限权力——那个人同他住在一起，经常接受他的赠予——这种权力从他天性最偏僻的角落找出并唤起了潜伏的自私自利的萌芽，把它最微弱的火花和闷燃的余烬煽了起来，许可他放纵原来天性中的那些特点，这些特点是他在其他各种关系中发现必须加以抑制或隐藏的，而对它们的这种抑制将会适时地变成他的第二天性。我知道，问题还有其另一面。我承认，妻子如不能有效地拒绝，至少可以报复，她可以使男人的生活极度不舒适，并用这种能力能够使她应该有的和不应该有的许多特点占据优势。但是这个自我保护的手段——可以称之为斥责者的权力或脾气暴躁的制裁——有致命的缺点，它对不那么暴虐的上司最有效，又有利于较少得到帮助的依附者。它是易怒的任性的女人的武器，它是一旦有权就滥用权力的人以及通常利用权力于坏事的人的武器。和善的人不能使用这样的手段，品格高尚的会鄙视它。在另一方面，它最有效地对付的是较温和的、不那么惹人讨厌的丈夫，是那些即使挑动也不会被诱导去粗暴地使用其权力的丈夫。妻子不讨人喜欢的能力通常只是建立一种相反的暴虐，并且主要轮到不那么倾向于当暴君的丈夫做牺牲品。

那么，真正地减轻权力的腐蚀作用并使之与我们实际看到的大量善行相容的是什么呢？单凭女人的甜言蜜语虽在个人事例中有重大影响，却对改变态势的一般趋向效果甚微，因为她们的能力只持续到当妇女是年轻诱人时，即常常只是在她的魅力很新鲜、其光彩不曾因亲密而减损时；而对许多男人来说，任何时候也无多大影响。减轻权力的腐蚀作用的真正原因是：随着时间的增长，男人的天性易受感动的程度和女人的性格能够同他非常情投意合地去刺激爱情；他们对孩子的共同关心以及对第三者的一般共同兴趣（虽然有很大限制）；妻子对他日常的舒适享受的真正重要性以及为了他个人利益而赋予她的价值，这对一个能够替他人着想的男人就奠定了关心她的基础；最后，几乎所有的人都自然而然地受到接近他们的那些人（如果不是不讨他们喜欢的）的影响，他们通过直接恳求以及其感情和性情的不易觉察的影响的蔓延，除非被一些同等强烈的个人影响抵消，是经常能够在某种程度上左右其上司的行为的。通过诸如此类的手段，妻子经常对男人甚至使用过多的权力，她能够在她可能并无资格长久地影响的事情上影响他的行动，她在这些事情上的影响可能不仅是落后的，而且使用在道德的错误的方面。如果由他自己去行动，他会做得好些。但是，在家庭事务或政府事务中，权力都不是丧失自由的补偿。她的权力常带给她的是她无权享有的东西，但并不使她得以确保自己的权利。一位苏丹的得宠的奴隶，下面拥有众多奴隶，她向他们施暴虐。但是最好是她不应有奴隶，她自己也不当奴隶。一个妻子把自己的生存完全寄托在丈夫身上，在有关夫妻共同关系的所有事情上，只有丈夫的意志没有她的意志（或者使丈夫相信她没有自己的意志），把笼络丈夫的感情当作她毕生的事业，她依靠这些可以从影响或很可能是败坏丈夫的行动得到满足，在他的对外关系方面的行动，她是从未具备资格加以判断的，或者她自己是全然受一些人的影响或受其他偏爱和偏见的影响。如前所说，现在事情就是这样。那些对妻子最和善的事，在延伸到家庭之外的一切利害方面，常被妻子的影响搞坏。人们告诉她说，她与家庭以外的事无关，因此她对它们很少有什么正经的和认真负责的意见，所以她从来不是为了任何正当的目的而通常只为了某种利益的目的才干预它们。她既不知道也不关心在政治上哪个是正确的方面，但她懂得，什么事情能给她带来钱财和请柬，能给她的丈夫带来头衔，能给她的儿子以职位，或使她女儿获得佳偶。

但是，人们会问：没有政府任何一个社会能存在吗？犹如一个国家中一样，在家庭中，必须有一个人是最后的统治者。在夫妻意见分歧时，谁来作决定呢？双方不能各行其是，而决定必须按这样或那样的方法做出。

在两人之间所有自愿结合上，若说其中一人必须是绝对的主人，这是不对的。更不对的是，法律必须决定他们中的哪一个人应该是绝对的主人。最常见的自愿结合的事，是次于婚姻的商业上的合伙，并不以为或者认为在每个合伙关系中必须规定为法律：一方对商业具有完全控制权，其他人必须服从他的命令。无人会在这样条件下进入合伙关系，这些条件将使他承担一位首长的责任，而只具有办事员或代理人的权力和特权。如果法律像对待婚姻一样地对待其他契约，它将规定，一个合伙者将像对自己的商行那样去管理共同的公司，其他人只应有授权的权力。这个合伙者应由法律的一些一般假定指定，例如作为最年长者。法律绝不这么做：经验也并不表明在合伙者之间有必要存在任何理论上的不平等，或者合伙关系在他们的协议条款之外应该有什么其他条件。但是，承认独享的权力在商业合伙中比在婚姻关系中似乎对居劣势者的权利和利益较少危险，因为他有自由退出联合从而取消这种权力。妻子无此权力，而且即使有，她也应在这样做之前，试用一切其他手段，这几乎是永远合适的。

确实，必须每天决定的事情，不能自身逐渐调节的或者不能期待一种妥协办法，应该依靠一个人的意志，必须有一人是唯一的管理人，但是并不意味着应该永远是同一个人。自然的安排是两人分掌权力，每人在各自分管的行政部门有绝对权力，任何制度和原则的变更需双方同意。分工不能也不应该由法律预先规定，因为分工必须依据个人的能力和适合性。如果两人愿意，可以在婚约上预先约定，譬如金钱的安排现在常是预先约定的。由双方相互同意决定这类事情应很少遇到困难，除非婚姻是那类不愉快的事情之一，以至于一切其他事情以及这件事情成了争吵和争论不休的问题。权利的分配将自然根据义务和职责的分工，那是经过同意已经做了的，无论如何不是根据法律而是根据通常的习惯，由双方乐意修改过的或可以修改的习惯。

对于事务的真正实际的决定，谁有合法的权威，即使在今天很大程度上也取决于资格的比较。单是他通常是最年长的这个事实，将在大多数情况下给予男人以优势，至少直到双方已达到年龄的差距并不重要那样的生活时期。不管哪一方得到了支持的手段，这一边就有较多的潜在声音，这也是很自然的。由此原因造成的不平等并不依靠婚姻法而是依靠现在形成的人类社会的一般条件。一般的或特定的智力优势的影响以及性格上的较优决断的影响必然是很大的。目前总是如此。这个事实表明，以为生活伙伴（犹如商业的合伙）不能通过他们之间的协议满意地解决权力和责任的分配，这种忧虑是多么没有根据。它们经常是这样地分配的，除了婚姻制度中失败的例子。事情总不会发展到一方具有完全的权力而另一方只能服从的地步，除非双方的结合全然是个错误，而解除了关系对双方都将是个幸福。有些人可能会说，使分歧得到友好解决的唯一的因素是众人皆知的隐藏着的法律的强制力量。人们服从仲裁，因为背后有法庭，他们知道他们会被迫服从。但是，为了使事情达到对应的目的，我们必须假定法庭的规则不是审问原因而是永远为一方，例如替被告一方作出判决。如果果真如此，原告的动机就是服从几乎是它的任何判决，而被告则恰恰相反。法律给予丈夫的专横的权力可能是使妻子同意权力实际上在两人之间分享的任何妥协的一个原因，但它不可能是丈夫同意的原因。在行为正当的人们之间总是有一种实际的妥协，虽然其中之一至少不是生理或道德需求方面的，这种妥协表明，天然的动机导致以双方都可接受的方式自愿地调整两人的共同生活，就总体而言，除不顺利的事例外，是占优势的。如果法律的条例规定，自由政府的上层建筑将建立在一方专横跋扈和另一方服从的法律基础上，如果暴君所做的每一个让步，只要他高兴，不必事先预告，即可收回，那么，事情肯定是得不到改善的。此外，当掌握占有权在如此不确定的条件下时；当法律向一个天平盘投入如此巨大的重量，自由的条件也不大可能是最公正时；当调整在两个人之间进行，其中一人被宣称给予一切，另一人除了当前者正在享乐时以外，不仅一无所有，而且在最沉重的道德和宗教的义务下，对任何过分的压迫都不去反抗时，自由也就没有多少价值。

被推向极端的一位固执的对手可能说，丈夫确实是愿意讲理的，不需强迫就向妻子作出公平的让步，但妻子却不然。如果允许她们有自己的权利，她们便不承认任何旁人的权利，从来不愿在任何事情上让步，直到她们迫于男人的一点权威而让出一切。几个世纪之前许多人会这么说，那时讽刺妇女是流行的风尚，男人把侮辱妇女，说她们系男人创造，视为聪明之事。但是，现在无一值得管理的人会这么说了。当今的信条已不是妇女不如男人对友好情感不敏感，不是不如男人对以最强有力的纽带联结的人考虑那么多。相反，人们总是对我们说，女人比男人好，说这样话的人是完全反对这样对待妇女的：好像她们是那么好。因此，这个名言已成了令人厌烦的口头禅，意欲在伤疤上贴金，又像《格列佛游记》* 中

* 《格列佛游记》是英国最杰出的讽刺作家约纳森·斯威夫特(1667—1745)的名著，写于 1721—1725 年。“小人国”是假想的一个国家，那里的人高仅六英寸左右。作者通过“小人国”等寓言小说讽刺时政。——译者注

小人国的国王总是在公布最残暴的法令前举行庆祝皇家仁慈盛会。如果妇女有什么优于男人的话，那必定是她们为自己家庭的成员作出的自我牺牲。只要妇女普遍地被教导说，她们生来就是为着自我牺牲的，我就不大强调这一点。我相信权利的平等会减弱被夸大了的自我克制这个目前人为的女性性格的理想，而且我还相信，一位好的妇女不会比最好的男人更富于自我牺牲精神。但是另一方面，今后男人将比目前更不自私、更富于自我牺牲精神，因为不会再教导他们去崇拜自己的意愿，似乎那是多么伟大的东西，以致它实际上成了另一有理性的人的法律。没有什么像自我崇拜是男人那么容易学会的，所有有特权的人和有特权的阶级都有自我崇拜。我们越是下降到人性的阶梯上，自我崇拜就越强烈，最强烈的是那些不曾被、也永远不可能期望被提升到除了不幸的妻子和孩子之外的任何人之上的人们。值得尊敬的是按比例地比几乎任何其他人类弱点方面更少的例外。哲学和宗教不是去制止这种弱点，而是通常被唆使去维护它。除了人类平等，即基督教义理论的实际情感之外，没有什么东西控制它，而基督教义永不会实际地教诲，而只是认可建立在对一个人比对另一个人武断的偏爱基础上的制度。

毫无疑问，有些妇女，也有些男人，不能满足于体贴的平等，他们只有自己的意愿，若要考虑任何别人的意愿或希望时便无宁日。这类人正是离婚法的恰当对象。他们只适合独居，不应强迫什么人与之在生活上结合。但是法律的属僚倾向于认为这类人物中常常是妇女多些而不是少些。如果男人使用其全部权力，自然是妇女被压倒；但是，如果放纵她，又允许她掌权，就没有什么规则去限制她的侵犯行为。法律不决定她的权利，但在理论上不允许她有任何权利，实际上则宣称，她能够设法得到的就是她有权利使用的手段。

夫妻在法律面前平等并不是使这种特定关系能够做到对双方公正并有助于双方幸福的唯一方式，但它是使人类的日常生活在任何高级意义上成为道德修养的一所学校的唯一的手段。尽管这个真理可能未来的几代人感觉不到或不被普遍承认，唯一的真正的道德情操的学校是平等的人之间的社会。迄今为止，人类的道德教育主要地来自强制的法律，并且几乎只适应暴力创造的关系。在社会不大发展的阶段，人们差不多不承认与他们对等的人的任何关系。对等就是敌手。社会从它最高的位置到它最低的位置是一条长长的链条，或更确切些说，是个阶梯，每个人不是在他的近邻之上就是在近邻之下，他不能发号施令时，他必须服从。因此，现有的道德主要地是适合命令和服从的关系。然而，命令和服从只不过是人类生活中不幸的需要，平等的社会才是它的正常状态。在现代生活中，而且随着它日益进步地改善，命令和服从已经是，并且越来越成了生活的例外之事，而平等的联合则是它的常规。早期时代，道德是以服从权力的义务为依据，以后的时代，是以弱者的权利受强者容忍和保护为依据。一种社会和它的生活方式能多久满足于为另一种社会设立的道德呢？我们曾有过服从的道德，侠义和宽厚的道德，现在已到了公平的道德的时候了。在以前的时代，当对社会的平等有任何接近时，公平就断言它是美德的基础。古代的自由共和国就是这样。但是即使在那时最好的共和国里，平等也只限于自由的男公民，奴隶、妇女以及无公民权的居民则在强制法律的统治下。罗马文明和基督教义的联合影响消除了这些区别，在理论上（如果只是部分地在实践上）宣称，人的这类要求较诸对于性别、阶级或社会地位的要求是至高无上的。曾开始被拆毁的障碍又被北方的多次征服再次筑了起来。全部现代历史就包含着从那时以后它们被逐渐削弱的缓慢过程。我们正进入一种秩序，在这种秩序中，公平将再度成为主要美德，如以前基于平等一样，现在也基于同情心的联合。它的根不再植于平等者自卫的本能而植于他们之间存在的有教养的同情心。现在，平等的手段施予所有的人，无一被漏掉。人类不能清晰地预见自己的变化，其情绪是适应于过去而不是即将到来的时代，是不足为奇的。能看到物种的未来永远是知识精英的特权或向他们学习的人的特权，具有未来的情感，曾是罕见的精英的特征，同时也是通常的殉葬品。制度、书籍、教育、社会都在新事物到来之后很久仍在为旧的事物训练培养人，当新事物正在到来时，尤其如此。但是人的真正的美德是适合作为平等的人一起生活，他们自己都无所求，只求自由地承认其他人，把各种命令视为例外的需要，在一切情况下都是一项暂时的需要，并且只要可能就赞成那种领导和被领导可以轮流或者互换的社会。对于这些美德，像在现在形成的生活中，没有什么通过训练给以培养。家庭是专横暴虐的学校，在那里，暴虐的美德，但还有它的邪恶，得到大量地培养。自由国家中的公民身份，部分地是社会平等的学校，但公民身份在现代生活中只占很小的位置，并不接近日常习惯或深处的情操。公正地组成的家庭将是自由的美德的真正的学校。它也一定足以成为一切事情的学校。它将永远是孩子顺从的学校，是双亲发号施令的学校。需要的是，它应该是同情平等的学校，是共同生活在爱之中的学校，没有一方有权另一方服从的现象。父母亲之间应该是这样。它将实行这些美德，每一种美德都要求他们适应其他一切的交往，要求他们成为孩子们的感情和行为的楷模，这种楷模是他们用顺从的手段进行暂时的训练以期成为孩子们的习惯的，因而也是自然的。人类的道德训练永远不能适应人类一切其他进步为之准备的生活条件，直至在家庭里实行同样的适合于人类社会的正常结构的道德规则的条件。一个成为最接近最亲爱的人的绝对主人的男人，他身上能有的任何自由的情操，不是真正的或基督教义的热爱自由，而是古代和中世纪的一般的热爱自由，即对他自己的人格的尊严和庄重的一种强烈的情感，使他蔑视对他的羁绊，不管他对它没有抽象的憎恨，但为了自己的利益和炫耀自己，他仍充分准备把它强加于旁人。

我欣然承认(这正是我的希望的基础)，有不少结了婚的人即使在现行法律下(在英格兰的上层阶级可能是多数)也生活在平等的公正法律的精神中。如果没有道德情操优于现行法律的一些人，法律将永不得改进。这些人应该支持这里所提倡的原则：原则的唯一目标是使一切已婚的夫妇同这些人的现状相似。但是，即使有相当道德价值的人，除非是思想家，很容易相信，他们本人没有体验过的邪恶的法律或实践并不产生任何邪恶，而(如果似乎是普遍地赞同)大概是有益的，并相信反对它们是错误的。然而，对这类结了婚的夫妇去作猜想就是一个大的错误，因为在一年之中他们一次也不曾想到使他们结合的纽带的法律状况，因为他们在各方面的生活和感觉好像他们在法律上是平等的，还因为只要丈夫不是讨厌的恶棍,其他结了婚的夫妇同他们是一样的。如果这样推想,无异于表明对人类天性和对事实同样地无知。一个男人越是不适于拥有权力,就越少有可能被允许对任何人在自愿同意的情况下去实施其权力,就更加窃喜地意识到法律给予他的权力,要求其合法权利到习惯(像他那样的男人的习惯)可容忍的程度,并且仅仅为了活跃其愉快的拥有感,高兴地运用其权力。更有甚者,在下层阶级的那一部分天生最野蛮和道德上未受过教育的人中间,由于合法的奴役妇女,有点把妇女当成工具,使她们仅在肉体上屈从男人意愿,这就使得他们感到对自己的妻子有种不尊重和轻蔑,这种不尊重和轻蔑是他们接触其他任何女人或任何旁人所感觉不到的,因而它们使她似乎成了男人的各种轻蔑的适合的目标。找一位对感情征兆有敏锐观察力又具有必要的机会的人,让他判断事情是否是这样的。如果他发现是这样,他就可以毫不奇怪地感到对制度的厌恶和蔑视的任何分量,因为是这些制度自然而然地把人类的心力引导到这种败坏状态的。

或许有人会对我们说,宗教强加于人的是服从的义务,当每个确定了的事实坏到无任何辩护的余地时,总是被说成是宗教的训谕。诚然,教堂在仪式书里对之有训谕,但是,难以从基督教中得出诸如此类的训谕。有人对我们说,圣保罗说过:“妻子们,服从你们的丈夫。”但他也曾说过:“奴隶们,服从你们的主人。”激励人们反抗现行法律,不是圣保罗的事,也同他宣传基督教教义的目标不一致。使徒照原样接受所有社会事业机构,不能被解释为不同意在适当时候加以改进的尝试,这并不亚于他的宣言“权力注定于上帝”使军事暴虐得到了他的批准,而且仅批给作为基督教政治统治的形式，或命令对它的消极服从。借口基督教而企图使现存的政府和社会定型化，并且保护它们反对作改变，就是使基督教降低到伊斯兰教或婆罗门教的水平。正因为基督教没有这样做，它已成了人类中进步的那部分人的宗教，而伊斯兰教、婆罗门教等等则成了人类中不变的，或更确切地说（因为真正不变的社会是没有的事）成了衰退的那部分人的宗教。在基督教的各个时代，很多人试图把它变成同类的东西，使我们转变成一种基督教回教徒，把圣经换成可兰经，禁止一切改进。他们的权力很大，许多人为抗拒他们牺牲了性命。但是，他们是被顶住了，抵抗使我们成了如今的样子，并且将决定我们的未来。

在谈了关于服从的义务之后，再谈点什么包含在一般之中的较特殊之点——一位妇女对自己财产的权利，几乎就是多余的了，因为我并不希望这篇论文对那些对妇女继承的遗产或赢利在婚后应像以前一样为她自己所有这个观点还需进行说服的人造成什么印象。规则是简单的：未婚前属于男女双方各自的东西，婚后应由他们独自管理，这些东西同留起财产不用为孩子保存的权力不相干。有些人感情用事地被在钱财上有各自的利益的观点吓住了，认为是同两个人的生命理想地融合为一不一致的。就我个人而言，当财产拥有者的感情完全一致时，一切东西均为两人共有，我是共有财产的最强烈的支持者之一。但我不喜欢基于我的就是你的，而你的并不是我的这个信条的财产共有，我将拒绝同任何人达成这样的契约，尽管我可能是从中得益的。

这种对妇女的特别不公正和压迫比其他各种邪恶更明显地引起了共同忧虑，它不必牵涉任何其他邪恶便可治愈，因而不必怀疑，它将是最早得到治愈的邪恶之一。在美利坚合众国的许多新的州和几个老的州里，甚至在成文宪法中写进了条款，保障妇女在这方面的权利平等，从而在婚姻关系中在物质上改善了那些妇女的地位，至少这些有财产的妇女没有因签字而失掉一种权力工具，并且也防止了可耻地滥用婚姻制度。当一个男人为了得到她的钱这个唯一的目的，设圈套使一个姑娘在没有聘礼的情况下与之结婚，这个制度是作了恶的。当一个家庭并非靠财产而是靠赚得的钱维持生活时，通常的安排是男人挣钱妻子管理家庭开支。据我看来，一般地这是两人之间最合适的分工。如果在生孩子的生理痛苦以及初期抚养和教育孩子之外，再加上为了全家的舒适，妻子要仔细而经济地使用丈夫赚来的钱，她不只是承担了她那公平的一份义务，而且经常是较大的部分，即为他们的共同生存而需要作出的体力上的和精神上的努力。如果她再承担追加的部分义务，也难以从原来的部分解脱，只会妨碍她把事情做好。她自己不能照料孩子和家务，就无人代替她。存活下来的孩子，他们可能很好地成长，然而家务的管理可能很糟，即使从经济上考虑，妻子赚得的钱，其价值也是得不偿失的。因此，我想，在一种不公平状态下，让妻子用劳动所得增加家庭收入不是可取的习惯，她这样做可能对她有用，使她在法律上的主人男人眼中有更多价值。但是在另一方面，这使他更加滥用他的权力，强迫她去工作，让她负担家庭生活，而他则用大部分时间去饮酒或闲荡。能挣钱的能力对妇女的尊严是重要的，如果她没有独自的财产。但是，如果婚姻是平等的契约，不包含服从的义务，如果其结合已不再压迫那些认为结合纯系灾难的人，而在道德上应享有在公正条件下分手（我现在不谈离婚)的资格的任何妇女可以获得离异,如果在此之后她发现一切值得尊敬的职业像对男人一样地对她自由开放,那么,她在婚期内就没有必要为了保护自己而把能力用于这个特定的用途上。正如男子挑选职业时一样,当一位妇女结婚时,一般地说可以理解为她是选择了管理家务、生儿育女作为她努力的第一个目标,为此目的,可能要求她花费她生命的许多岁月,然而她并不拒绝其他目标或职业,只是拒绝与第一个目标的要求不协调的职业。根据此原则,经常地或定期地进行实际的户外职业,或从事诸如不能在家中进行的职业,将实际上排除多数已婚妇女。但是,把一般规则运用于个人的适合性应有最大的灵活性。不应有什么东西阻碍特别适合于其他职业的能力,尽管是结了婚也不要阻碍服从其才能。在她执行其全部家庭主妇的日常功能方面,应做相应的准备,以弥补可能是不可避免的短缺。一旦舆论对这个问题有正确的导向,这类事情可以完全妥善地留给舆论去调节,无需法律干预。

第　三　章

对待妇女公正的平等问题涉及的另外一点，即接纳她们进入迄今为男人独占的一切职务和职业，我预料不难说服任何跟我一起探讨妇女在家庭中的平等这个题目的人。我认为，坚持她们在家庭之外无资格的说法只是为了保持她们在家庭生活中的从属地位，因为一般的男性尚不能容忍同一个平等的人生活在一起这个观念。如果不是为了这个缘故，我想，在现有的政治和政治经济的舆论状态下，几乎人人都承认排除人类的一半于多数赚钱的职业和几乎所有高级社会职务之外是不公正的。她们从呱呱坠地起就注定不能或不可能变得适合从事职业，而这些职业对最呆笨最卑贱的男人是合法地开放着的，或者不论她们可能是多么适合，也不允许她们从事这些职业，以便为了男性的独有利益而保留给他们。在上两个世纪，当人们认为需要提出除此之外的其他原因（很少有这样的事）以证实妇女之无资格时，很少把妇女的智力才能较差作为一个原因。有时在公共生活的斗争中真正进行个人才能的考验时（所有妇女并不除外），无人真正相信它。在那些年代提出的原因并不是妇女不适合，而是社会的利益，即指男人的利益，犹如国家的理由即指政府的方便以及对现行当局的支持一样，是足以作为狂暴残忍罪行的解释和借口的。今天，有权力者使用一种平和的语言，不管他压迫什么人，总是借口为了他们的利益。因此，当禁止妇女做什么事时，人们认为有必要说而且愿意相信她们没有能力去做，当她们热望去干时，就说是脱离了成功和幸福的真正道路。要让这个理由听来似乎真实（我不说有确实根据），力陈者必须准备把它讲得比任何人面对当今的经验去做冒险事业更为详尽。只讲妇女的平均天赋不如男人的平均天赋，有一定数目是属于较高智力才能的职业，或者说适合做最高级的智力性质的职业或职务的妇女少于男人，都是不够的。必须主张没有妇女适合做这些事，最杰出的妇女的智力才能也比不上目前这些职务委诸的最平庸的男人。因为，如果执行职务是由竞争或任何一种与公共利益相关的选择的方式来决定，不必顾虑任何重要的职业会落入不如中等水平男人的妇女之手，或不如她们的男性竞争者的平均水平的妇女手中。这样做的唯一结果将是在这类职业中妇女少于男人，如果从大多数妇女总感到她们宁要无人与之竞争的职业看，这是在任何情况下必然会出现的结果。现在，最坚决地轻视妇女的人也不会冒险地去否认，当我们把近期的经验同几个时代前的经验加在一起时，许多妇女，不只是少数几个妇女已证明她们能做男人做的一切事情，可能无一例外，而且做得很好，值得称赞。最多只能说，有许多事她们没有一件干得像一些男人已干过的那么好——其中有许多达不到最高等级。但是也有极少数完全靠智力才能的事，她们尚未达到次于最高的等级。在执行这些职务中不允许妇女同男人竞争，难道还不够、还不无以复加地形成对她们的暴虐，对社会造成损害？说这些职务常被远不及许多妇女更适合的男人占据着，而在任何公正的竞争中男人会被女人击败，难道这不纯粹是老生常谈吗？可能在什么地方有干其他事情的男人，他们对所说的事情可能比这些妇女更适合，这有什么关系呢？不是在一切竞争中都存在这种情况吗？难道适合高级职务的男人是那么过剩，致使社会得以拒绝可靠的人的服务吗？难道我们有把握永远能为正在空缺的有社会重要性的职责或职务找到一个男子，使我们把禁令加在占人类半数的人身上，预先就拒绝使用她们的才能，不管她们可能是多么出色，而我们却不损失什么吗？而且即使没有她们我们也能做，难道拒绝她们公正地分享尊严和荣誉或拒绝给她们以所有人都有的平等的道德权利去按自己的爱好不顾自己的危险选择其职业（对旁人无损害），这能是公正的吗？不公正并不限于对她们，那些处于由她们的服务而得益的地位的人也分担了不公正。规定某类人不能当医生、不能当律师或不能当国会议员，不但伤害了他们，也伤害了雇用医生、律师，或选举议员的所有人，使他们被剥夺了竞争者在这种努力中所产生的强烈竞争的刺激效果，被局限于个人选择的较狭窄范围内。

也许在我的详尽论述中，只限于公共性质的职务就足够了，因为如果论述是成功的，大概人们就会甘愿承认，妇女应被接纳到她们是否被接纳是至关重要的一切其他职业。在此，让我作为开始提出一种同其他一切职务有很大区别的职务，她们对此的权利完全同可能提出的关于她们的才能的任何问题无关。我指的是选举权，国会的和市政的选举权。对要去执行公众委托的人分享选择的权利，同为此委托而竞争完全是两码事。如果没有一个人投不适合当候选人的一位国会议员的票，这个政府无疑将是狭隘的寡头政治的政府。在选择将统治自己的人时表示自己的意见，是每个人应有的自卫手段，虽然他永远要被排除在统治的功能之外。妇女被认为是适合有这种选择的，可以从下面的事实推测，即法律已在最重要的事情上给了妇女自己以选择的权利，因为选择统治妇女终身的男人，总是被假定为她自愿作出的。在对公众委托的选举事情中，宪法的法规同一切需要的安全和限制包围着选举权，但是，无论什么安全在男性的事情上是充分的，在妇女的事情上就不必要求其他安全了。在无论什么样的情况下，在无论什么限制内，允许给男人有选举权，在同样情况下，不允许妇女有选举权是毫无理由的。任何阶级的大多数妇女不大会同这一阶级的大多数男人在政治意见上分歧，除非是以某种方式涉及妇女的利益的问题。如果是这样，妇女要求选举权就是为了保证她们得到公正平等的考虑。这点应是明显的，即使是对不赞成我主张的信条的人也是如此。即使每位妇女都是妻子，并且如果每个妻子都应是奴隶，这些奴隶更加需要法律的保护，而我们知道，当法律是由她们的主子制定时，奴隶享有什么样的法律保护。

关于妇女的适合性，不仅是参与选举，而且还有她们自己担任职务或担任涉及重要的公共责任的职业。我已说过，这个考虑对于争论的实际问题并不重要，因为在公开职业上成功的任何妇女用事实证明了她是合格的。在任公职方面，如果那个国家的政治制度是排除不适合的男人，它也将平等地排除不适合的妇女，如不是这样，它接受的不适合的人可能是女人或是男人，这个事实并不增加邪恶。因此，只是承认少数妇女可能适合于这些职务，在这些例外的情况上就关了门的法律，是不能由任何关于妇女的一般能力的意见证明其正当的。虽然上述的考虑并不重要，但它远非不相干。对它的不带偏见的观点，给反对妇女无资格的论点增添了力量，并以对实际用途的高层次考虑增强了这个论点。

让我们首先完全取出一切心理学的考虑，这种考虑趋向于表明，所谓存在于男人和女人之间的智力差别，不过是他们在教育和环境上的差异的自然结果，并不表明天性上的根本差别，更不必说极端低劣了。让我们只就妇女已经是或她们被公认曾经是什么样的去考虑妇女，考虑她们已实际地表现出的能力。她们已经做了的，如果没有其他什么，至少证明了她们能够做。当我们考虑到她们不是向着而是避开一切为男人保留的职业或目标被勤奋地训练时，当我凭着她们实际上已获得的成就加以判断时，很明显我为她们是采取了非常谦恭的立场。因为，在这件事上，反面的证据没有价值，而任何正面的证据却具有决定性的意义。不能推断一位妇女不可能成为荷马，或是一位亚里士多德，或是一位迈克尔·安吉洛，或是一位贝多芬，因为还没有妇女在任何一个卓越的行业中实际上产生过可与他们相比拟的作品。这个反面的事实充其量是使问题不确定并引起心理学的讨论。但相当肯定的是，一位妇女可以是伊丽莎白女王，或是底波拉*，或是贞德**，因为这并非推断而是事实。现在有一个莫名其妙的考虑，现行法律排除妇女做的那些事情正是她们已经证明她们是能够做的事情。没有法律阻止妇女创作出莎士比亚的所有戏剧或谱写莫扎特的所有的歌剧。但是

* 《旧约全书》所载女先知和女豪杰。在她鼓舞下，以色列人打败迦南人。——译者注

** 贞德（1412—1431）法国民族女英雄，唤起法国民族精神抵抗英国，后被烧死。——译者注

如果伊丽莎白女王或维多利亚女王不继承王位，就不可能被委以最小的政治责任，在这方面伊丽莎白女王显示了她同最伟大的人物是平等的。

如果不用心理分析，从经验可以推断出什么决定性的东西，那就是，不允许妇女做的事情正是她们特别有资格去做的，因为通过给予她们的很少机会，她们的政治才能已开辟了它的前程并变得引人注目，而在明显地是向她们自由地开放的卓越行业中，她们却未显著地为自己扬名。

我们知道，历史上进行统治的女皇较诸国王其数目何其少。在这很少的数目中，有非常大的比例的女皇表现出治政的天才，尽管其中许多位是在困难时期登上皇位的。值得注意的是，在很多事例上，她们已以其优点扬名，这些优点同想象的和传统的妇女性格正相反，她们在智慧方面曾以其统治的坚定性和活力著称。如若在女皇和皇后之外，加上摄政以及省的总督，那么曾经当过人类的卓越的统治者的妇女的名单将增加到很长。[①] 这个事实是如此地无法否认，以致很久之前有人试图进行反驳，并把承认了的事实变成一种侮辱，说什么女皇比国王好是因为在国王统治下是妇女

① 如果我们考虑欧洲也考虑亚洲，则更是这样。如果印度的公国是坚强地、警惕地和经济地被治理着，不用压迫去维持秩序，耕种在扩展，人民兴旺，那么，四个公国中有三个是由妇女治理的。我全然未预料到的这个事实，是我从印度政府一个很长的官方材料中找到的。有许多这样的事例：虽然按印度的制度，妇女不能治理国家，但继承人尚未成年时，她是这个王国的合法的摄政；常有尚未成年的继承人由于不活动和过度纵欲而早逝。当我们考虑到那些女摄政王们从未公开露面，从未同自己家庭成员以外的任何男人谈过话，除非有帷幕相隔，她们不读书，如果读书，也无她们文字的书能就政务给她们以最少的指导，她们提供的妇女对政务的天然能力的范例是非常惊人的。

当政，而在女皇治下则是男人当政。

为反对一个拙劣的笑话去争论似乎是推理的浪费，但这类东西确实影响人的思想。我曾听到男人们援引这个说法，似乎他们很神气地认为此中还有点什么。无论如何，它可以当作讨论的开始。当时，我说，在国王统治下妇女当政是不真实的。这类情况全然是例外，常有能力弱的国王如同通过女人一样通过他宠爱的男子的影响而把国家统治得很糟的。当一个国王仅是由于色情的习性而受一个女人统治时，就不大可能出现好的政府，虽然也有例外。不过，法国历史上出现过两位国王在许多年内自愿地交出了对事务的指挥权，一个交给他的母亲，另一个交给他的姊妹。其中之一，查理八世还是个孩子，他是遵循其父王路易十一世的意愿，而路易十一世是他那时代最有能力的帝王。另一位，圣路易是从查理曼时代以来最好的最有活力的统治者之一。这两位公主执政的方式是她们同时代的任何王子难以比拟的。查理五世皇帝*是他那时代最精明的帝王，拥有一个统治者罕有的大量有才能的人为他服务，是统治者中最不爱因个人感情而牺牲其利益的，让他家族中的两位公主相继任尼德兰的女摄政，并在他在世的全部岁月让她们保持其官职(后来她们又为第三人继承)。两位公主执政很成功，她们之中的一人，奥地利的马格丽特**是她那个时代最能干的政治家之一。这些就是问题的一面。现在，谈谈问题的另一方面。当人们说在女皇统治下男人当政时，是否了解为与国王被女

* 查理五世(1500—1558)是神圣罗马帝国皇帝，1515—1556 在位。——译者注

** 马格丽特(1480—1530)是哈布斯堡王朝的统治者，曾于 1507—1515、1519—1530 年两次任尼德兰女摄政，辅佐其侄子。——译者注

人统治是同一个意思呢？是否指女皇选择她们个人享乐的伙伴作她们政府的官员呢？即使在后一点上最不检点的像叶卡捷琳娜二世那样的女皇，也很少这么做。被认为是由于男性影响而出现好政府，也并不在这些事例中。此外，如果果真在女皇统治下比在一般国王统治下，行政权掌握在较好的人手中，这必定是女皇在挑选人才上有很强的能力。妇女必定是比男人更有资格担任统治者的职位，担任首席部长的，因为首相的主要任务不是自己本人去管理，而是发现最合适的人选去管理公共事务的每个部门。被认为妇女高于男人的一个方面的对人物最敏锐的洞察力，使她们在其他方面与男人的资格相似时，比男人更适合选拔人才，这几乎是每个统治者的最重要的任务。即使不讲道德心的美第奇·德·卡特琳*也能感觉到德·奥皮塔尔大臣的价值。但是，多数伟大的女皇是由于她们的治国的天才而变得伟大的，而且因为这个原因，她们的下属也工作得好，这也是真的。她们自己掌握事务的最高方针，如果她们听取好的顾问的意见，她们就用这个事实有力地证明她们的判断使她们适合于处理政府的重大问题。

认为适合担任较重大的政治职务的人却不能胜任次要的职务，是不是合理呢？王子的妻子和姊妹不论什么时候只要被请求就可以像王子那样胜任他们的事情，但是政治家、行政官员、公司经理和公共机构总管的妻子和姊妹就不能干她们的弟兄和丈夫做的事，在事情的本质方面有没有任何理由呢？原因很明显，公主

* 卡特琳(1519—1589)，法国历史上的杰出人物。1560 年 12 月，她的儿子法兰西斯二世国王夭亡，她出任查理九世的摄政。——译者注

们，借助她们的等级被抬高到大多数男人之上的程度大于由于其性别被置于男人之下，人们从未告诫过她们，她们自己不适合于同政治发生关联，而是允许她们对周围发生的重大事情，像任何有教养的人一样，自然而然地感到很大兴趣，并且还可能被请去参与这些事情。统治者家庭的贵夫人是被允许对发展的兴趣和自由有同男人一样的范围的唯一的妇女。正是在她们身上找不到任何卑微之感。恰好在那里并按比例对妇女的从政能力进行过试验的，她们就按这个比例被发现是适合的。

这个事实是同迄今世界上不完美的经验似乎已经显露的、关于妇女特有的倾向和癖性的最好的一般性结论相一致的。我不说她们将继续这样，因为正如我已经不止一次地说过的，我认为任何人借口用天然素质来决定妇女是什么或不是什么，能做什么或不能做什么，是失于冒昧的。迄今为止，关于自发的发展，她们一直是被囿于如此不自然的状态，以致她们的天性不能不被极大地扭曲和伪装起来，没有一个人能有把握地断言，如果让妇女的天性像男人的一样自由地选择其方向，如果除了人类社会的条件所要求的并同样地给予两性的以外，无人试图给它以人为的扭曲，那么，在妇女所显露的性格和能力上，会同男人的有任何重大的差别吗？或任何一点差别吗？现在我将证明，现在存在的即使是最少争论的差别都只是由于环境产生的，没有天然的能力的差别。但是，以妇女所知的经验去看待妇女，在这个问题上可以用比其他大多数笼统的概括较多的真理说，妇女的才干的一般趋向是朝着实际发展的。这个说法是同妇女现在和过去的整个社会历史相一致的，也同样地为普通的日常经验所证实。让我们来研究一下具有才干的妇女的智力能力的特性吧。它们都是一种使她们适合于实践并使她们走向于实践的。什么叫妇女的直观洞察能力？它指的是对当前事实敏捷正确的洞察。它与一般原则无关。从来没有人凭直觉去了解一个关于自然的科学定律,也不能凭直觉得出关于责任或谨慎明智的一般规则。这些是对经验进行缓慢而又仔细的积累和比较的结果。男人或女人的直觉通常在这方面并不突出,除非他们自己可以获取必要的经验。因为所谓他们的直觉的睿智使他们特别易于得到能从他们个人的观察积累的这类一般的真理。结果,当妇女只要像男人一样,通过学习和教育偶然也得到旁人经验时(我使用“偶然”这个字是经过考虑的,因为就适合她们去更广泛地关心生活的知识来说,唯一受教育的妇女是自我教育的),她们一般地就比男人较多地具备熟练和成功的实践所必需的主要条件。受教育很多的男人容易缺少对现实的敏感,他们不明白他们被请去处理的事情中真谛是什么,而是他们接受告诫去期待的东西。一些有能力的妇女很少是这样的,她们的“直觉”能力使她们防止这种缺点。具有同等经验和一般能力的妇女,对于眼前立即出现的事物,通常比男人要明白得多。现在这种对现实的敏感,是有别于理论的实践能力所依靠的主要品质。发现一般原则属于思索能力,洞悉和区别在什么情况下它们可用或不可用构成实际的才能,在这方面,像现在这样的妇女具有一种特殊的适合性。我承认没有原则就不会有好的实践,并且承认观察的敏捷在妇女的能力中所占的主要位置,使她特别容易根据自己的观察形成操之过急的笼统概括,虽然同时随着她的观察的拓宽她也同样容易改正这些概括。然而改正这个缺点的方法是增加人类的经验,增加普遍的知识——这正是教育可以最好地提供的东西。一个妇女的错误就是一个聪明的自我教育的男人所特有的那种错误，这种男人常常看到经过常规教育的男人所看不到的东西，但是因缺少早已为人所知的知识而犯错误。当然，他获得了许多早已存在的知识，否则他将难以为继，但是，像妇女一样，他的知识是他片断地拾取或随意地获得的。

不过，妇女思想的这种偏重于眼前的、真实的和具体的事实，其独特之处既是错误的来源，也是对相反错误最有用的反作用。纯理论的头脑的主要的和最具特征的错乱恰恰是缺少对客观事实的生动的洞察力和永不消失的敏感。因为缺少这一点，它们常常不只是忽视外露的事实对它们的理论的矛盾，而且完全看不到思索的正当目的，让思索走入迷途，进入没有真正生命居住的、没有生气的或无生气的，甚至是理想化了的领域，进入由形而上学的幻觉或仅仅文字纠葛所制造的人格化的影子的领域，并认为这些影子是最高的最卓越的哲学的适当对象。一个从事理论和思考的男人，不是通过观察去搜集知识的材料，而是通过对行为科学和法则的综合真理的思考过程去努力获得，对于这样的男人，没有什么比在一个真正优越的女人陪伴和批评下去进行他的思考对他有更大的价值。如果能使他的思想保持在真实事物和自然现实的范围内，那就没有什么东西比得上它了。妇女很少疯狂地追逐抽象概念。作为个人而不是集体，她处理事情的习惯的思想倾向，以及(与之密切关联的)她对人的眼前情感更加浓厚的兴趣，使她首先考虑任何自以为用于实际的事情，考虑以什么方式使人们受其影响，这两件事使她根本不大可能相信任何使个人的见解被搞糊涂的思索，因此她处理这些事情就好像它们是作为完全想象的利益而存在的，是这种思想的一些纯粹的创造物，是不可能分解到生物的感情之中的。因此，妇女的思想给予爱思考的男人以现实是有用的，而男人的思想则给予女人的思想以宽度和广度。在有别于广度的深度方面，即使是现在，妇女比男人有什么不利条件，我很怀疑。

如果妇女现在的智力特点即使在思索的帮助下也是可贵的，那么当思索已经完成，将把思索的成果运用于实践时，它们就更加重要了。由于已陈述过的理由，妇女是比较地不见得会犯男人通常的错误，即在一桩事情的特点使之不属于规则可以适用之列，或者规则需要特殊的改变时，他们仍要坚持这个规则。我们现在研究一下人们公认的能干妇女的另一优点，即较快的理解力。这不是适合务实的人的一种卓越的品质吗？在行动中，每件事都不断地要求迅速作出决定，在思索中，无此必要。只思索的人可以等待，可以拿出时间去考虑，可以搜集更多的证据，他不必担心会失去时机而要即刻完成他的哲学。在哲学研究中，从不足的材料中得出可能是最好的结论，这个能力确实并非无用；用所有已知的事实创立一个临时假设，常常是进一步探索的必要基础。而这个能力比哲学的主要的条件更有用处，为了辅助的和主要的工作，哲学家愿意用多少时间都行。他不需要有快干的能力，倒是需要有耐心，慢慢地工作，直到不完全的真理已变得完全，一个推测已成熟为一个定理。相反，那些同瞬间即逝和易于消失的、一个一个事实而非各类事实打交道的人，思维敏捷的重要性仅次于思想能力本身。在行动的偶然事故中，他若没有能力立即运用控制力，他就等于完全没有能力。他可能适于做批评，而不适于行动。正是在这一点上，那些妇女和这些最像女人的男人就被公认为杰出的人。另外一种男人，不问其能力可能多么高超，在充分运用时却很迟缓，即使在他很熟悉的事情上，判断的迅速和审慎行动的敏捷，则是逐渐的和后期的刻苦努力形成习惯的结果。

或许，人们会说，妇女的神经比较敏感，不大适合于家庭生活以外的事情。神经敏感使她爱动，易变，过于强烈地受一时的影响，不能顽强坚持，运用才能的能力不相等、不确定。我想，这些集中了通常认为妇女不适合做较高级的、严肃的事务的大部分意见。这许多弱点不过是过剩的神经活力变成浪费，如果把这种活力引向一个具体目标就会终止。这些弱点也是有意识的和无意识的教养的结果，一如自从"发歇斯底里"和晕厥已不再时髦，我们就看到它们几乎绝迹了。此外，高层阶级的许多妇女(虽然在我国少于其他国家)像温室中的植物，全然未经历过空气和温度的变化，未经任何职业的训练，未对循环和肌肉系统进行过刺激和发展的体育锻炼，同时，她们的神经系统，特别是其感情冲动的部分，却保持在不自然的活跃状态，她们之中那些未死于肺病而成长起来的体格，易于因细小的内部或外部原因而精神错乱，没有支持连续工作的体力或脑力的耐力，是不足为奇的。但是，被培养为生计而工作的妇女就无此类病态的特征，除非她们确曾在不通风不卫生的屋内做过度久坐的工作。年幼时同她的弟兄分享健康的体育和身体自由的妇女，晚年有充足的清新空气和足够运动的妇女，很少有致使她们无资格从事活跃工作的过分的神经过敏。的确有一定比例的男人和妇女，其超常程度的神经敏感是体质带来的，这种性格明显地变成了他们的生理组织的特征，对其生命现象的整个性质产生了极大影响。这个体质像其他生理构造一样是遗传的，遗传给女儿，也遗传给儿子，但是很可能是，并且大概是，这种（如通常所说的）神经气质的遗传是女人多于男人。我们假定这是事实，那么我要问，神经气质的男人是否不适合通常由男人担任的职务和事业？如果不是这样，为什么有同样气质的妇女就不适合呢？这种气质的特点无疑在一定限度内会妨碍某些职业的成功，虽然在别的职业中对它有帮助。但是，当职业适合这种气质时，有时即使不适合，有高度神经敏感的男子也不断地做出最光辉的成功的榜样。他们的实际表现突出，主要是由于对较高程度的刺激比另一种生理构造的人敏感。他们的力量被激发起来后，同其他表现为通常状态的人有较大差别。仿佛他们被抬高到自己之上，做起事来轻而易举，是他们在其他时候办不到的。但是，除了体质弱的之外，这种高度兴奋并非一刹那即逝不留永久痕迹的，并不同坚持不变地对目标的追求相矛盾。神经气质的特点是能够保持兴奋，持续长时间的工作。这就是精神具有的意义。它使良种赛马不放慢速度地奔跑，直到它躺倒为止。它使那么多纤弱的妇女不仅是在这种利害关系中，而且是通过长期的有准备的脑力和体力的一连串磨难，保持着最崇高的坚定性。很明显，具有这种气质的人特别适合可称之为人类领导的行政部门。他们是伟大的演说家和传道者的材料，是道德影响的令人佩服的传播者。他们的体质也许被认为不大利于内阁中的政治家或审判官所需要的品质。如果这种后果的产生必然是由于人们易于兴奋，他们必须永远处于兴奋状态，那就会是如此。但这完全是一个训练的问题。强烈的感情是强烈的自我控制的工具和因素,但需朝这方向培养。培养之后,它不但造成冲动的英雄,也造成征服自己的英雄。历史和经验证明,最易动感情的人,他们对责任的情感是最狂热最严格的,如果他们热情曾被朝着那个方向训练的话。在一件案子中,审判官的情感是强烈地倾向于另一方的,而他能作出公正的判决,是他从那种同样情感的力量获得了正义责任的坚强意识,使他得以战胜自己。这种使人离开他日常性格的崇高热情的能力,也反作用于日常性格本身。当他处在这种不寻常状态时,他的愿望和力量变成他用来比较和用来估量他在别的时候的情感和行动的典型。他的习惯性目标表现为一种在崇高的兴奋的时刻形成的并与之同化了的性格,虽然从人的身体本性看,这些只能是短暂的。种族的以及个人的经验并未表明,具有兴奋气质的人比不易兴奋的人一般地较为不适合思索或实践。法国人和意大利人的天性无疑比条顿族人更易于神经兴奋,至少同英国人相比,他们更多地习惯日常的情感生活,然而他们在科学、公共事业上,在法律和法庭的高位上,或在战争中,就不那么伟大吗?有充分的证据说明,古代希腊人是人类最易激动的种族之一,他们的子孙和继承者依然如此。要问在人类的成就中哪一项他们不领先,那是多余的。罗马人作为同等的南方民族,大概也有同样的原来的气质,但他们国家严格的纪律性,像斯巴达人那样,使他们成了相反类型的民族性格的典型。他们的天然感情的较大力量主要表现在强度上,这种强度使原来相同的气质可能给予人为的气质。如果这些事例为一个天然地易于激动的民族可能是怎样形成的树立了榜样,那么,爱尔兰的克尔特人提供了一个最合适的范例,说明在无人干扰时他们是怎样的(如果几个世纪都在坏的政府的间接影响下，并在天主教统治集团和笃信天主教的直接训练下，可以被说成是听任他们自己生活的）。因此，爱尔兰人的性格必须看成是不利的例子，可是当个人环境变得全然有利时，什么民族对最为多样的个人地位表现了较大的能量呢？正如把法国人同英国人相比、把爱尔兰人同瑞士人相比、把希腊人或意大利人同日耳曼种族相比一样，拿妇女同男人相比，一般说来，可能发现他们做同样事情，在特别卓越的种类上有些不同，但是，如果她们受的教育和培养是适于改正而不是加重其气质易有的弱点，那她们在整体上是完全可以做得很好的，我看不出有任何理由去怀疑。

然而，假定妇女的思想生来就比男人的灵活些，很少能长时间地坚持作同样继续的努力，更适合把能力分散在许多事情上，而不是只沿着一条道路走到可能达到的最高点；现在就她们（虽然不是没有大量的和为数不少的例外）而言，可能是真的，这正是在一组观点和职业中最需要吸收整个思想的事情上，可能说明妇女落后于男人的最高等级的原因。可是这个差别只能影响其卓越的种类而非卓越的本身或其实际的价值。有待证明的是，这种头脑的一部分的独特的工作，这种于单一的题目上吸收整个思想的能力，以及把能力集中在单一的工作上，是否是人类能力的正常的和健康的状态，甚至是为了思索之用。我认为，由这种集中于特定的发展上之所得，就在思维能力中失去了生活的其他目的。我的肯定的意见是，即使在抽象思维中，时常地回到一个困难的题目上比不间歇地停在它上面，脑子可以工作得多些。无论如何，为了实践的目的，从它的最高级到最低级的部门，迅速地从一个研究题目转到另一个，在二者之间不让智力的泉涌低落下去，这种能力是更为可贵的能力。正由于被批评为好动，妇女突出地具有这种能力。她们也许生来就有这种能力，但她们肯定是由于教育和训练才有的，因为差不多妇女的职业就包括管理细小而众多的琐事，在每一件琐事上思想哪怕是一分钟都不能停留就必须转到另外一件事情上，如果有什么事要求较长的思考，必须在额外的时刻赢得时间。确实，妇女在几乎任何男人都不想思考的情况下和时间内所表现出的思考能力，思考常常引起人们的注意。妇女的头脑虽然可能只被一些小事所占据，但很少允许它闲着，而一个男人，如果他没有思考他认为是他一生的事业时，脑子则常是闲着的。妇女的日常生活的任务是平凡的事情，但像世界的运转一样，很难停止。

但是，（据说）男人的智力才能高于妇女是有解剖学的证据的：男子的脑子大些。我的回答是，首先，这个事实本身就是可疑的，从未确定女人的脑子小于男人。如果只是因为妇女身体的骨架通常比男人的小而作出这种推断，必将引出奇怪的后果。照此说法，骨骼高大的男人其智力一定比矮小的男人奇妙地高超，大象或鲸鱼必然大大超过人类。解剖学家说，人类脑子的大小与身体的大小不成比例，即使头部同样大，脑子的大小也不同，一个脑子绝不能从另一个脑子得到推断。可以肯定，有些女人的脑子同任何男人的一样大。据我所知，有一个称过许多人脑重量的人说，他所知道的最重的脑子是一位妇女的，比库维尔（以前记录的最重的）的还重。其次，我必须指出，人们尚未很好地了解脑子和智力的准确关系，这还是有很大争论的问题。我们不怀疑二者之间有很密切关系。脑子无疑地是思想和感觉的物质器官，并且（在把关于不同的智力才能专属脑子的不同部分这个未决的大问题加以抽象化的时候）我承认，如果器官的大小对这种功能全然无关，如果不能从器官的大小得到能力的相应增加，那将是一种反常现象，并且是我们所知的生命和人体组织的一般规律的例外情况。但是，如果器官仅仅以其大小造成影响，那么，反常现象或例外情况将是同样多的。在本能力量的一切更精密的作用中，有生命的创造作用是最精密的，其中又以神经系统最为精密，效果的差异则取决于身体能因的量的差别，也取决于其质的差别。如果器官的质量是由它能做工作的优良和精细程度来检验，迹象指明了在女人的脑子和神经系统中平均说来质量的优良比男人好。除去难以证实的质量的抽象差别外，一个器官的效率不只是取决于其大小，而且在于其活动：关于这一点，我们有一个血液流经它时的能量的大概测定，刺激和恢复的力量主要地依靠循环。并不令人惊讶的是，——的确有一个假设同实际观察到的两性智力活动之间的差异很吻合——如果一般说来男人在脑子的大小上占优势，那么女人在大脑循环的活力方面占优势。基于类似的推测，其结果会引导我们预期器官的差异同我们最常见的相对应。首先，可以预期男人的智力活动可能慢一些，他们既不像妇女那样思路敏捷，又不能感觉敏锐。大个子的人进入充分的行动需要更多的时间。另一方面，一旦充分行动起来，男人的脑子能承受更多的工作。它在最先从事的行业中持续最长，从一种行动方式转换为另一种行动方式，就会有较多困难。但是，它在正在做的事情上，可以长时间地去做，不会失去力量，或者无疲劳感。我们不是发现男人最胜过女人的事是那些需要对某个思想进行苦苦思索和长时间琢磨的事情，而妇女干得最好的是那些必须很快完成的事吗？女人的脑子容易疲劳，容易较快地用尽，但在耗尽的一定程度上，我们应预期它能较快地恢复。我再重复说一下，这种推测完全是科学上的假设，充其量它不过是提出一条探索的路子。我以前曾谴责过那种观点：认为已经肯定知道两性的平均强度或智力才能方面的任何根本自然差别，就不谈这种差别是什么了。也不可能知道这个差别，只要对性格形成的心理规律作过少量研究，甚至是一般方法的研究，并且在特殊的事情上从未完全科学地运用过；只要性格差别的最明显的外部原因习惯地被忽视——被观察者忽略，以及被自然历史和精神哲学的流行学派以一种高傲轻蔑的态度所对待时，不论是谁，不论他们是否在物质世界或精神世界寻找造成人与人之间主要差别的根源，他们总是同意诽谤那些倾向于用人同社会和生活的不同关系来解释这种差别的人。

对妇女的天性形成的观念，纯属先验的概括，没有哲学和分析，它是建立在最初存在的一些事例上，其可笑的程度致使在不同国家流行的观点各有不同，根据这个国家的舆论和社会环境给住在这个国家的妇女以某种发达的或不发达的专长。一个东方人认为妇女天生地是特别耽迷肉欲；在印度的作品中，可以看到基于此观点对妇女的粗暴辱骂。一个英国人通常认为妇女生来是冷漠的。关于妇女多变的谚语大多起源于法国，来自弗朗西斯一世著名的两行为一节的上下诗句上。在英国，普通的评语是说妇女比男人多么坚贞不变。不坚贞，在英国比在法国较长时间被认为是妇女不足称道之处。此外，英国妇女最深处的天性是较多地屈服于舆论。顺便说一下，值得提及的是英国人处于特别不利的地位去判断什么是自然的或什么是不自然的，这不但是对妇女，而且也对男人,或者对所有一起的人,至少如果他们只运用英国的经验去判断是如此,因为没有什么地方像在英国那样,人的天性表现出的原始特征那么少。在好的和坏的方面,英国人比任何其他的现代的人民离原始状态较远。比起任何其他的人民,他们更多地是文明和纪律的产物。英国是一个社会纪律获得最成功的国家,这倒不在于战胜而在于压制一切可能与之冲突的东西。英国人比任何其他人民,不但更多地按规则行动而且按规则感觉。在别的国家,教育舆论或社会要求可能成为一股较强大的力量,但在其下面,个人天性之激励常常可见并常常与之对抗:规则可能比天性更强有力,但天性仍在。在英国,规则已在很大程度上代替了天性。生活的大部分不是追随规则控制下的爱好,而是无爱好,只有服从规则。无疑,这有其好的方面,虽然也有极坏的方面,但是它必定使英国人特殊地无资格从自己的经验判断人类天性的原来趋向。别处的观察家在这问题上易犯的错误属于另一种性质。一个英国人对人类天性无知,一个法国人则对它有偏见。英国人的错误是消极的,法国人的错误是积极的。一个英国人总以为事情并不存在,因为他从来看不见它们;一个法国人认为它们必定永远存在并且必须存在,因为他看见了它们。一个英国人不了解天性,因为他不曾有机会观察它;一个法国人通常对它了解很多,但常常了解错误,因为他只看到不纯真的和扭曲了的天性。社会引起的人为状态以两种不同的方式掩盖了作为观察目标的事物的自然趋向:消灭天性或改变天性。在前一种情况下,只留下天性垂死的残余供研究,在后一种情况下,天性留下很多,但是它可能向任何方向、而不是向其自发地生长的方向扩展。

我曾说过，现在尚不能了解男人和妇女之间的智力差别究竟有多少成分是天生的，多少成分是人为的，是否完全存在某种天生的差别，还是要去掉一切假设的差别的人为原因，将会显露出来什么样的天生性格。我并不准备去尝试我曾认为是不可能的事，但怀疑并不禁止猜想，何处肯定难以达到，那里依然有办法达到某种程度的可能性。首先，实际观察到的差别的起源是思索最易取得的，我将试着通过可达到它的唯一途径，通过探索外部影响造成的智力后果去接近它。我们无法把一个人同其环境条件隔开去试验性地确定他按天性应是怎样的，但我们可以研究他是什么人、他的环境怎样以及一个人是否可能被塑造成另一个人。

然后，假使我们除去的仅是体力强壮的肉体的一个方面，让我们看一看观察提供的妇女明显不如男人的唯一显著的事例。没有称得上是第一流的哲学、科学或艺术的作品出自妇女之手。如不假定妇女天生地不能创立它们之外，还有什么方法说明其原因吗?

首先，我们可以公正地提出问题，经验是否提供了引发这种现象的充足理由。除了极少的例外，妇女从开始在哲学、科学和艺术上一试其才能以来，尚未满三代人。只是在当前这一代，她们的尝试才多一些，即使现在，除英国和法国外，其他地方仍是极少的。还有一个有关的问题：在思索或艺术创造中，一个具有一流水平要求的头脑，是否只能靠预测的机会，在时间流逝的过程中，在其情趣和个人地位允许她们奉献给这类事业的这类妇女中间找到呢?在尚有时间从事的一切事情上——除了在卓越阶梯上的最高等级以外，特别是在她们曾经最长期地从事工作的部门，文学（散文和诗）——妇女写得不少，从她们从事文学的时间和参加竞争的数量来说，曾获得高级奖的人数已达到了预期目标。如果追溯到早期，很少妇女做此种尝试，然而这些少数人中的一些人仍然做出了突出的成绩。希腊人总是把莎孚*列为他们的伟大诗人。我们也可以设想，据说曾当过平德尔的教师的米尔蒂斯和五次从他那里领走诗的奖金的科林娜必然至少有足够的优点才被认可同那伟大的名字相比拟的。阿斯帕西娅未留下任何哲学著作，但苏格拉底向她求教并公开承认受到教诲，已是公认的事实。

如果我们研究现代妇女的作品，并把它们同男人的相比较，在文学或艺术领域，可能被发现较次于男人的，主要地集中在一件事上，然而这是最重要的一点，即缺乏独创性。不是完全没有独创性，因为每一件具有某种实际价值的精神产品，总有它自己的独创性，即头脑本身的一种想象，不是其他某种作品的复制品。从自己的观察或思考过程产生而不是借来的独创思想在妇女的作品中是很丰富的。但是她们尚未产生出构成一个时代的思想的伟大而发光的新观念，也未在艺术上产生根本的新观念，开创一种前所未有的可能的思想效果的前景，并建立一个新学派。她们的作品大多是以现有的思想为根据，因而她们的创作同现有的类型无大的差别。这就是她们的作品表现出的较差方面，而在技巧、运用思想之细致以及文体的完美方面并不次。在写作上，在处理细节上，我们最好的小说家大多是妇女。在所有现代文学中，没有比斯塔尔夫人的风格更富于表达思想的技巧，作为纯艺术精品的样板，没有比桑德夫人的散文更优美的，她的风格对神经系统的作用犹如海顿

* 莎孚是纪元前600年左右的希腊诗人。——译者注

或莫扎特的交响乐。正如我已说过的，主要是缺少构思的高度独创性。现在来考虑一下，是否有什么方法可以解释这个缺陷。

那么，让我们记住在纯粹思想的范围内，在世界存在的所有时代，在教养进步的过程中，伟大的和富有成果的新的真理只能靠天才的单一力量来获得，很少靠预先的研究和知识积累。在所有这些时代，妇女没有进行整个的思索。从希帕蒂娅*的时代到宗教改革时期**，著名的海罗伊沙几乎是可能有这类成就的唯一女性，并且我们不知道，由于她的生活的不幸可能对人类损失了她的多大的思索能力。自从相当数量的妇女开始培育严肃的思想以来，要获得独创性的条件并不容易。用独创能力的单一力量可能达到的一切思想差不多早已达到了，而独创性，在这个字的任何高度的意义上说，除了经受过严格训练并非常精通以前的思想成果的人以外，现在几乎没有人能具备。我想，正是莫里斯***先生，曾对现在的时代评论说，最有独创性的思想家是那些最熟知其先辈想过什么的人，而且今后将永远是如此。现在，给大厦增添的每一块石头都必须放在那么多其他石头的顶之上，谁想参加现在阶段的工作，都需经过向上爬和携带石头的长过程。有多少妇女经历过这

* 希帕蒂娅(约370—415)，新柏拉图主义哲学家，第一位著名的女数学家。她是学术和科学的象征；那时学术和科学被早期的基督教徒看成是与异教徒信仰一样的货色。因此，在基督教徒和非基督教徒之间的紧张关系和骚乱中，她成了一位中心人物。骚乱曾使亚历山大城多次遭难。她于415年遭一群狂热的基督教徒杀害。——译者注

** 欧洲十六世纪的宗教改革，结果是新教的成立。——译者注

*** 莫里斯(1805—1872)，英国神学家、著作家、基督教社会主义创始人。——译者注

个过程？也许妇女中只有萨默维尔太太懂得，为了做出任何重大的数学发明，现在需要尽量多的数学；她没有能成为那两三位在一生中把她们的名字同这门科学的某些惊人的进步相联系的妇女中的一个，这能证明妇女较差吗？自从政治经济学成为一门科学以来，有两位妇女对之懂得不少，足以就此写出有用的东西，在同一时期曾对之写过文章的无数男人中，老实说有多少人可以说出更多的意见呢？如果迄今没有一位妇女成为伟大的历史学家，有多少妇女曾有过必需的渊博学识呢？如果没有一位妇女成为伟大的语言学家，有多少妇女学过梵文和斯拉夫语、《亚吠陀》经解合刊的古波斯语和乌尔菲拉的哥特文呢？* 即使在实际问题上，我们都知道未经训练的天才其独创性有多少价值。它意味着，在发明的初步形式中，重复发明已经发明的并且经过许多后继的发明者改进了的某种东西。当妇女具备了要求所有男人成为有卓越独创性的那种准备时，人们再根据她们独创能力的经验去加以判断还来得及。

无疑会常常发生这样的情况：一个未广泛而准确地学习别人在某个题目上的思想的人，由于天生的睿智具有幸运的直觉知识，他可以提出这种知识，但不能证明它，然而当它一旦成熟时，可能给知识以重要的补充，但是即使那时，也不能公正对待它，直到拥有前述条件的其他一些人接过它加以检验，给它以科学的或实际的形式，并使之在哲学或科学的现存真理中占据它应有的位置。

* 哥特文是居于黑海流域的哥特人的语言，属于古日耳曼语的一支，同德语极相似。乌尔菲拉主教在5世纪翻译圣经被认为是他创造了哥特文的字母。——译者注

是否认为这类巧妙的思想就不在妇女中出现呢？它们千百次地出现在一个有知识的妇女的头脑中，但大多丢失了，因为没有一位丈夫或朋友具有另外一种知识，可以恰当地评价它们并使之公之于世。即使它们被公之于世，通常也是作为丈夫的观点而不是原来的真正的作者的观点出现的。谁能说出由男性作者提出的最有创见性的思想，有多少是属于妇女提出的，而属于他们自己的只不过是检验和作出理论呢？如果我可以用自己的例子判断，确实有很大一个比例是这样的。

如果我们从纯粹思索转到狭义的文学和美术上，那就有很明显的理由，说明为什么妇女的文学在其一般观念和主要特征上是模仿男人的。正像评论家充分地说明的那样，为什么罗马的文学没有独创性而是模仿希腊的呢？只是因为希腊人走在前头。假如妇女同男人不住在同一个国家，从未读过他们的作品，妇女就会有自己的文学。像现在，她们没有创作一部文学作品，因为她们发现已经有人创作了一个高度进步的文学。如果古代的知识并未中止，如果文艺复兴发生在哥特式大教堂建成之前，它们是永远不会建成的。我们看到，在法国和意大利，模仿古代文学阻碍了文学独创性的发展，甚至在发展已经开始之后。所有从事写作的妇女都是伟大男性作家的学生。一个画家，即使他是拉斐尔*，其早期作品的风格也难以同他老师的区分开。即使是莫扎特，其早期的作品也没有表现他有力的独创性。岁月对一个有天赋的个人有什么

* 拉斐尔(1483—1520)，意大利画家，在文艺复兴时期将意大利艺术发展到最高水平的杰出人物。——译者注

影响，世代对大多数人民亦然。如果妇女的文学依据自然趋向的某种差别注定要同男人有不一样的集体性格，在它能把自己从接受的影响下解放出来，由自己的感情冲动引导以前，就需要比已经消逝的时间更加长得多的时间。但是我相信，如果不能证明妇女有共同的自然趋向并使其天才与男人的相区别，然而她们之中的每个作家个人却有她个人的趋向，这种趋向目前依然被先例和榜样压制着，因而在她们的个性得到充分发挥之前，需要更多几代人的时间才足以成功地抵制那个影响。

在严格称谓美术的领域里，妇女独创能力较差的明显证据显得最突出。既然舆论（可以这样说）未把她们排除在这个领域之外，而是鼓励她们，而且她们受的教育并未略去艺术，在富裕的阶级中，还是主要内容。然而，她们在这一方面的努力比在其他方面更缺乏男人获得的最高成就。不过，在美术上比在任何其他事情上，这个缺点比起常见的更加普遍真实的事实无需作解释；专业人员较诸业余爱好者有极大的优越性。在受过教育的阶级中的妇女差不多普遍地或多或少受过美术方面这样或那样的美术教育，但并不是让她们以此作为谋生之计或获得社会影响。女艺术家都是业余爱好者，例外的只是这类能够证明这个普遍事实的人。妇女接受音乐教育，不是为了创作的目的，而只是为了演奏，因此，在音乐领域男人只是作为作曲家才高于女人。在艺术领域，妇女不同程度地以之为职业，并作为生活职业的唯一方面就是戏剧表演，她们是被承认与男人平等的，如果不是高出一筹的话。为了使对比公平起见，应以妇女在艺术上任何方面的成就同不是专业人员的男人在这方面相比。例如，在音乐作曲方面，妇女一定创作过好的作品，完全像男性业余爱好者所作。现在有少数妇女把绘画当作职业，她们已开始表现出可以料想的那样多的才能。即使是男性画家（对不起，罗斯金[*]先生）在近几个世纪也未创作出什么杰出的形象，妇女要做到还是遥远的事。为什么古代的画家比现代的高超得多？原因是那时有一批高层的男人从事艺术。十四和十五世纪意大利的画家是他们那个时代最有成就的人。他们之中最杰出的人像希腊的伟人一样是一些博学之士和有权势的人。不过在他们那个时代，对于男人的情感和观念来说，美术就是一个人能在其中显示卓越才能的最重大的事情；并且因为从事美术，男人可以成为统治者的陪伴，等同于最高层的贵族，一如现在只有政治和军事业绩才可以使他们做到的一样。在现代，有相似才干的男人为了自己的声誉，为了现代世界之用，有比绘画更重要的事去做，只是不时有一个雷诺斯[**]或一个特纳（关于他在名人中的有关地位，我并不自称有一种看法）从事那种艺术。音乐属于另一类情况，它不需要头脑的同样一般的能力，而似乎是更依赖于天赋，并且可能被认为令人惊讶的是，伟大的音乐谱曲家中无一是女性。但是，即使对伟大的创作成为有用的天赋，也需要学习，而且需要对事业专心致志。产生过第一流作曲家、即使是男性作曲家的仅有德国和意大利，在这两个国家内，就特别的和一般的教养而言，其妇女大大落后于法国和英国的，一般地说（并不夸张地说），她们很少受教育，并且很少受过任何较高级智力才能的培育。在那些国家里，通

* 罗斯金（1819—1900），英国作家、评论家和艺术家，对维多利亚时代公众的审美观产生过重大影响。——译者注

** 雷诺斯（1723—1792），英国著名的人像画家和艺术理论家。——译者注

晓音乐谱曲原理的男人必定是数以百计，也许是数以千计，而妇女仅仅是很小的比数，所以在那里，就以一般的学说而论，我们再不能合理地期望看到比一个杰出的妇女对五个杰出的男人更高的比例。在近三个世纪，不管在德国还是在意大利，都没有出现五十位杰出的作曲家。

除了上述原因外，还有其他一些原因有助于解释：即使对双方都同样开放的工作，为什么妇女落在男子之后。有一点是，很少妇女有时间去从事工作。这也许似乎是个怪论，但它是无可怀疑的社会事实。每个妇女的时间和思想都用在前面说过的许多要求她们做的实际事情上。首先，主持家务和家庭开支至少每个家庭要占用一位妇女，一般地是一位成熟年龄的和富有经验的，除非这家阔绰到可以雇人代做，并忍受由这种方式进行管理不可避免的浪费和渎职。管理家务，即使在其他方面并不劳累，对于思想却是极为繁重的，它需要不断的警惕，需要任何细节也逃不过的眼睛，每时每刻都有预料的或未料到的问题要考虑，使管家的人很难从中摆脱。如果一位处境安逸的贵妇，能多少从这类烦扰中解脱，但她仍得管理整个家庭的社交，前面那些事情越少烦扰她，社交活动总是越来越发展：晚宴、音乐会、晚会、晨访、书信以及与之相关的一切。所有这些都是社会专门强加给妇女的非常有吸引力的责任，同时也使她们自己打扮得富有魅力。一位能干的高等阶层妇女总能充分发挥其才能于培养风度和谈话技巧。只要看一看这个问题外表的一面：所有认为穿戴得好（我不是指穿得阔绰，但是穿着要表现出欣赏力，适合自然的和人为的习惯）是有价值的妇女，必须对自己的穿着、也许还要对其女儿的穿着给予很大的不断的考虑，仅此就是向着在艺术、科学或文学上获得可敬的结果迈了一大步，并且实际上用掉了她们可用于任何一种事业的很多时间和脑力①。如果有可能，这许多细小的实际的兴趣（对她们就变得很大了）留给她们的或是很多空闲时间，或是很多精力和思考的自由，去专心致力于艺术或思索，那她们必定比大多数男人有大得多的创造性的活动能力。然而还不止于此。妇女除了负担经常的生活事务外，人们还期望她有永远是供每个人支配的时间和精力。如果一个男人没有一种摆脱诸如此类要求的职业，如果他还有一种工作，那他把时间用在工作上是不会得罪任何人的。职业是人们能接受的某人不回答向他提出的临时要求的可靠的借口。而妇女的职业，特别是她选择的和志愿的职业，也被当作把她从被称作社会的需求中解脱出来的借口吗？她最必要的和公认的职责是很少被允许解除的。她必须家中有病人或有什么意外，才能把自己的事放在别人的娱乐消遣之上。她必须永远听从一些人、通常是所有人的指挥。如果她要学习或有某种爱好，她只能抓住偶然地出现的可以利用的短暂时间。有一位著名的妇女，在一本我希望有朝一日能问世的著作中说，说真的，一个妇女做的每一件事都是在

① “这似乎是同样的思想的正确转变，它能使人如同在较稳定的艺术原理上一样，在装饰上获得真理，或者什么是正确的公正观念。它依然具有同一个完美的中心，虽然是小些圈子的中心。可以用允许有好的或坏的欣赏力的服装时样说明这一点，妇女外衣的组成部分不断地变换，从大到小，从短到长，但一般的形式仍保留着，虽然在非常微弱的基础上，依然是比较固定的一般外衣，但这是服装时样必须依赖的基础。那个发明最有成绩的或衣服最富欣赏力的人，大概会从用于较大目标的同样睿智中发现同等的技巧，或在艺术的最高级劳动中形成同样正确的欣赏力。”——乔舒亚・雷诺爵士（1723—1792，英国著名人像画家。——译者注）的论文集，Disc. 7。

剩余时间干的。在需要不断注意并需要把生活的主要兴趣集中在上面的一些事情上，如果妇女未获得最高的盛名，又有何奇怪的呢？这就是哲学，最重要的这就是艺术，除了思想和情感的专注之外，手也必须经常练习，才能获得高技巧。

此外，还应增加另一种考虑。在各种艺术的和智力的工作中，有某种程度的熟练，就足以以此谋生，而要想有传世的伟大产品，则需要高度的熟练。为达到前一种情况，在所有那些追求职业性工作的人的事例中均有充分的动力，另一种情况，如果没有或者在其生命的某个时期内没有对名声的热切渴望，几乎是很难达到的。通常正是要有一种足够的刺激去做长期耐心的苦工，即使在最伟大的天赋的事业中，为了职业的巨大成功，也绝对地需要单调辛苦的工作，因为在这些职业中，我们已经有众多最高天赋的光辉的记录。现在，不问是自然的或人为的原因，很少妇女有追求功名的渴望，她们的雄心一般局限于较狭小的范围。她们寻求的影响是对周围的人的影响，她们希望被自己看见的人喜欢、爱慕和敬佩。因此已经精通的知识、艺术和成就几乎总令她们满足。这是在评判现在的妇女时不能不估计在内的其性格的一个特征。我一点也不相信这是妇女与生俱来的，这只是环境对她们的自然结果。男人热爱名声是被教育和舆论鼓励的，为了名声而“轻视娱乐并过劳累的日子”，即使被说成是她们“最后的虚弱”，也被视为“崇高思想”的一部分。名声是接近野心的一切目标，其中甚至包括妇女的欢心的途径，从而刺激了成名的热望，而对于妇女本身来说，这些野心的目标都是关闭的，而追求名声本身就被认为是胆大的、非女性的事。此外，当社会规定她的一切责任都在她日常生活接触的人身上，并且设计了她的全部舒适生活都依靠他们时，妇女的兴趣怎能不完全集中在她给予这些人的印象上呢？妇女为我们人类着想的自然愿望不比男人少，但是社会却是这样安排事情的：在通常情况下，她只能通过对丈夫或男性亲友的关心去取得对公众的关心，而她私人的考虑却因她自己表现出色，或者因她不是以男人的附属品而是以其他性格出现就丧失了。谁最不能估量妇女对整个家庭的思想和社会地位以及全部生活习惯造成的影响，谁就必然很容易从这个影响中找到妇女和男人之间几乎所有差别，其中包括妇女全部较差的差别的一个充分的解释。

至于被认为有别于智力差异的道德差异，通常得出的结论是妇女处于优势。她们比男人好是公认的；一个必然令每个有志气的妇女苦笑的空洞颂扬，因为较好的应服从较次的成了确立的常态并被认为是完全合乎自然的，这在生活中尚无他例。如果这一段讲话有点好处，也只是男人承认了权力的腐蚀性影响；因为这个事实，如果是事实的话，肯定证明或解释了唯一的真理。说真的，苦役，除了它实际上的残忍之外，虽然败坏双方，但它对奴隶的败坏却少于奴隶主。道德天性被约束，即使是被专断的权力所约束，也比被允许无约束地去行使专断权力更为有益。据说，妇女很少触犯刑法，比男性罪犯少得多。我不怀疑以同样真理可以说，黑奴也是这样。在他人控制下的人不可能时常犯罪，除非其主人命令或主人有其目的。世人，其中包括一群好学的男人，不知道和忽视社会环境的所有影响，我不知道还有何更重大的盲目的事例，比他们对妇女智力的愚蠢藐视、对妇女的道德及天性的愚蠢颂扬更为严重的。

关于颂扬妇女较高的道德美德的格言，可以与指责她们对道德偏见负有重大责任配成一对。有人对我们说，妇女不能抗拒个人的偏见，她们对重大事情的判断被同情和反感所歪曲。假设如此，妇女被个人情感引入歧途是否比男人被个人利益引入歧途更多些，尚待证明。在这种情况下，似乎主要的区别在于，男人由于关心自己而离开责任和公共利益的方向，妇女（不允许有她们自己的私人利益）由于对别人的关心则不是这样。还要考虑的是，妇女从社会受到的一切教育，灌输给她们这种情感：同她们有关系的只是她们对之负有义务的那些人，只是她们被召唤去关心其利益的人。同时，教育使她们对于较大利益或较高的道德目标的智力关注，即使是初步的观念也是陌生的。对她们的不满最后只归结为一点，她们过于忠实地完成教导给她们的单一的义务，并且几乎是允许她们去实践的唯一的义务。

有特权者对无特权者的让步很少是出于比许多无特权者勒索他们更好的动机，任何反对性特权的论点似乎很少为多数人所注意，只要他们能对自己说，妇女并不抱怨。这个事实肯定使男人可以较长时间保留不公正的特权，但并不使它有一点公正。对东方人回教徒的女眷也可以说同样的话：她们并不抱怨不允许她们享受欧洲妇女的自由。她们认为我们的妇女是令人难以忍受地大胆和非女性的。连男人也抱怨一般的社会制度，这是多么罕见啊！如果他们不知道在其他地方存在着不同制度，那么此类抱怨更是稀罕了。妇女并不为她们的共同命运而不满，如果她们抱怨，就是在妇女写的作品中常有的对命运的悲伤的哀歌，只要这种哀歌不被怀疑有什么实际的目的，它就会更多。她们的抱怨就像男人对人类生活一般的不满一样，并无意去谴责，也无意为任何变化申辩。然而尽管妇女不抱怨丈夫的权力，每个妇女却抱怨她自己的丈夫或她朋友的丈夫。在所有其他的苦役上也一样，至少在解放运动开始时是如此。奴隶开始并不抱怨其主人的权力，只不满其暴虐。国会下院议员从要求少许市政特权开始，接着，要求免除未经他们同意的税收。那时，他们会认为，要求分享国工的统治权力是极大的僭越。现在，妇女是唯一的例子，当她们反抗已建立的规则时，仍被以同样的眼光视为如同以前的一个臣民要求有反抗其国王的权利。一个妇女参与了她丈夫不同意的任何运动，她便成了一个殉难者，甚至不能成为一个传道者，因为她的丈夫可以合法地终止其传道者生涯。在有相当数量男人准备同她们一起参加之前，不能期望妇女自己会献身妇女解放运动。

第 四 章

还有一个问题，其重要性不亚于已讨论过的那些问题，而且它的主要之点是那些信心有些动摇的对立者最迫切提问的。建议对我们的习惯和制度进行改变，我们从中能得到什么益处呢？假设妇女得到自由，人类的境况是否会完全变得更好？如果不会，为什么要扰乱人们的思想并以一种抽象权利的名义企图进行一次社会革命呢？

对于改变妇女的婚姻状况的建议，料想人们不大会提出这个问题。由于单个的妇女从属于单个的男人，发生在无数事情上的苦难、不道德、各种各样的罪恶太可怕了，绝不能忽视。不用脑子的人或不公正的人在认为这些是极端的事例或是为达到宣传的目的时候，可能会说，这些邪恶是一种例外；但是没有一个人不能不看到它们的存在，在许多事例上也不能不看到它们的严重性。因此非常明显，当权力存在时，权力的滥用未能得到有力地制止。这种权力并不是给予或提供给好人，或者相当地可尊敬的男人，而是给予一切男人，最野蛮的和最罪恶的男人。除舆论外，无其他遏制的手段，而这类男人一般地是舆论够不着的，除了像他们自己一样的人的意见。为果这类男人不曾野蛮地虐待被法律强迫忍受他们的一切的女人，社会必然早已达到乐园的境地，不再需要法律来抑制男人的邪恶习性了。阿斯特赖亚*不但准是回到了人间，而且最坏的男人的心已成了她的神殿。婚姻上的苦役法是同现代世界的一切原则极其矛盾的，也是同这些原则缓慢而痛苦地形成的一切经验相矛盾的。现在黑人奴隶制已经废除，只剩下这唯一的事例，在这种事例中，一个具有一切最高才能的人被交给另一个人的恻隐的仁慈，确实希望他将利用其权力为从属于他的那个人谋幸福。婚姻是我们的法律中唯一的实际的桎梏。除了每个家庭的女主人外，已不存在其他合法的奴隶。

因此，在这个主题的这一部分，似乎不应提出这样的问题：谁有好处？人们可能告诉我们，邪恶将胜过善良，但善良的现实性不容争辩。不过，关于较大的问题，除掉妇女的无资格——在属于公民的一切方面承认她们与男人平等——一切体面的职业以及合乎其要求的训练和教育是对妇女开放的，对许多人来说，不平等没有公正或合法的保障是不够的，他们要求知道废除不平等将获得什么特殊的利益。

对此，请允许我首先回答：其利益就在于，由于由公正而不是不公正的调整，整个人类关系将得到最普遍最普及的整顿。人类天性从中得到的巨大利益，不大可能用什么解释或说明，使那些把道德含义赋予言辞的人看得比一纸声明更清楚。人类中存在的一切自私自利、自我崇拜、不公正的自我偏爱，根源在于男人和女人之间的关系的现行制度，并从中得到主要的营养。想想看，对一个

* 据希腊神话说，她是正义女神，在黄金时代曾在地球上漫游。后来，人间道德败坏，她就离开人间，回到天上。——译者注

男孩意味着什么，如果他在这样的信念中长大成人：自己无任何成就，不费丝毫力气，尽管他可能是人类中最轻浮、最空虚或是最无知、最迟钝的，只因他生而为男性，就正当地比人类半数中的每个人都优越，其中或许包括一些他每时每刻都感觉到的比他真正优越的人；然而即使他全部行为习惯地听从一位妇女的指导，可是如果他是一个蠢人，这位妇女也会认为她当然不是、也不可能是在能力和判断上同他平等的；如果他不是一蠢人，他干得更坏——他明白她比自己优越，然而他相信，尽管她优越，他仍有资格发号施令，而她必须服从。这种教育对这孩子的性格必然产生什么影响？有教养的阶级中的男人常常认识不到这种信念是多么深地渗透在绝大多数男人的头脑中。因为在感觉正常和有教养的人中间，不平等是尽可能地隐蔽的，最重要的是不让孩子们看到。要求男孩对母亲像对父亲同样地顺从，不允许他们对姊妹们作威作福，他们也不习惯见到这些施于他们，而是相反，对侠义之情的报答是很突出的，而需要他们做的劳务则隐藏在背后。因此，高级阶层有教养的年轻人在早年就常常避免了这种情况的坏影响，只是在他们达到成年，进入真正存在的事实的领域才对之有了经验。这类人很少认识到，当一个男孩子是在不同情况下长大时，他生来对女孩子的优越感是多么早地就在他思想上产生了；这种优越感又是怎么随着他的成长而增加，并且随着他的体格的增强而增强的；它是怎么由一个小学生传给另一个小学生的；年轻人多么早地就认为自己比母亲优越，对她或许有耐性但无真正的尊敬；而对于他接受为终身伴侣尤其是予以荣誉的妇女，他感到的优越是多么庄严多么像个君主。是否能够想象这一切并不损坏作为一个个人又作为一个社会的人的男人的整个生存方式呢？这种感情同继承的国王感到他生而为国王就比他人无比优越的感情，或是同一位贵族生而为贵族的感情如出一辙。丈夫和妻子之间的关系非常像贵族与家奴的关系，只是妻子要比家奴更加无限地顺从。由于家奴所处的从属地位，他的性格会或好或坏地受到影响，可是谁能看不见贵族的性格受到很大的坏影响呢？他会不会相信他的家奴真的比他强，或者他感到，他处于像他那样的指挥人的地位，不是由于他的功绩或劳动，只不过如费加罗所说是由于他费力地来到了人间。男性的自我崇拜赶上了帝王的或封建上层人物的自我崇拜。一个自幼即拥有不劳而获的殊遇的人的成长没有是不自夸的，那些不是由自己的功绩而享有特权的人感到受之有愧，因而不断谦虚起来，这种人总是少数，然而是最好的少数。其余的人唯一的是傲气，而且是最坏的一种傲气，他们根据偶然的有利条件而不是自己获得的成就来评价自己。尤其是当一个人建立在全体异性之上的感情同他个人对她们之中一个人的权威结合在一起时，那么情况就是这样：如果对于那些性格中的最大优点是良心和爱的人来说是一所认真负责而感情深厚有耐性的学校，它对于另外一种品质的人来说，就是一个正规地组成的为训练其傲慢和专横的学院或体育馆；他们在同与他们平等的其他男人交往中，如果他们的恶习受到坚决的抵抗而被抑制，这些恶习就发到所有不得不忍受他们的人身上，并且因为他们在别处必须屈从而又不愿克制自己，就常常向不幸的妻子报复。

与社会公正的主要原则相矛盾的、建立家庭存在基础的关系所提供的事例和给予的感情教育，从人的天性说，必然有如此巨大的破坏作用，以至于以我们现在的经验，简直不大可能把我们的想象力提高到一旦废除了它将出现的极大改善的观念上来。只要敌人的城堡未受到攻击，教育和文明要消除强制法律性质的影响并以公正代替它，它们还只是停留在表面上。在道德和政治中，现代运动的原则是行为，并且只有行为值得尊敬。不是男人是什么，而是他们做什么，才构成他们要求的尊敬。最重要的是功绩，而不是出身，才是对权力和权威唯一合理的要求。如果不允许一个人对另一个人有权威，有非暂时性的权威，社会就不会用一只手树立倾向，而用另一只手去抑制它。在地球上，人的生存的第一个时期，儿童应该真正地按照他应该走的方向接受训练，等他到老年时，即使有可能，他也不会背离这个方向。但是，只要在社会的心脏统治的是强者对弱者有权享有权力，想要使弱者的平等权利成为社会外在的行为的原则，将永远是一场艰苦的斗争；因为公正的法则，亦即基督教的法则，将永远不能控制男人最深的感情，他们将想方设法反对它，即使在他们屈从于它的时候。

让妇女自由地选择职业，对其他人开放的同样职业领域及同样的奖励和鼓励也向妇女开放，从给予妇女自由地运用其才能可以期待的第二个益处，就是可以有双倍的智力才能为人类更好地服务。现在只有一个合格的人去为人类谋利和推动总体进步，正如现在只有一位公立学校的教师，或者只有一位公共或社会事业某一部门的管理人员，那时就有机会出现两个。当前，各种智力优秀者到处供不应求，能够很好地胜任去办好某件需要相当能力才能办好的事情的人是如此地欠缺，拒绝使用世界拥有的整个才能的半数，世界受到的损失是极其严重的。诚然，这些数量的人才并未完全丢失。不少被雇用,或无论如何也将被雇用于家务管理以及少数几种对妇女开放的职业。也从剩下的妇女获得间接的利益,那就是在许多个人事例中,通过单个妇女对单个男人的个人影响。但是,这些益处是局部的,其范围极其有限。如果承认她们一方面是从给人类智力总数的一半以自由所获得的新鲜社会力量中减去的,那么另一方面,必须加上由于竞争对男人智慧的刺激所获得的益处,或者(用一个更确切的表述)在他们期望获得优先地位之前,有必要使他们去做到应有的领先程度。

对人类的智力能力以及对于可用于很好管理人类事务的智慧总量的这种大量增加,部分地将通过妇女较好较完全的智力教育获得,以后它将以同样速度像男子教育一样地加以改进。妇女一般将同同一社会阶级的男人平等地成长,能够懂得商业、公共事务以及运用较高级思维的事情。两性中少数杰出者,不但能理解别人所做所想,而且想做一些主要是他们自己的事情,他们为改进和训练其能力遇到同样方便的条件。在这一点上,通过把妇女的教育提高到男子的水平并使之参与男人中的一切改进工作,扩展妇女活动的范围就可以顺利地进行下去。此外,单是打破界限本身就有最高价值的教育意义。只要摆脱这个想法,即一切思想和行动的较宽的课题,一切不只涉及个人利害而是涉及共同利害的事情都是男人的事,妇女受警告不得去做——多数事情绝对禁止做,在少数允许她们做的事情上得到冷漠的默认——那时,妇女将像其他一切人那样,具有作为一个人的自觉,有权挑选她的工作,像任何人一样被同样的劝诱而激励和吸引,对人类感兴趣的一切事情她也感兴趣,对属于个人意见的人类一切利害关系,不问她是否试图参与,她有权施加一份影响。仅此一点就使妇女才能大大扩大,同时也扩大她们的道德情操的领域。

除了增加可用于人类事情——这些事情现在肯定不能给妇女提供很多,因为他们可以不需要自然提供的占人类的半数——的个人才能之外,妇女的意见对于人类大多数的信念和情操与其说有较大的影响,倒不如说有更多的益处。我说与其说有较大的影响,倒不如说有更多的益处,因为妇女对于一般意见的调门的影响一直经常是,或至少从已知的最早时期起就是相当高的。母亲对儿子早年性格的影响,以及青年男子求得青年女子欢心的热望,在一切有历史记载的时期都曾是形成性格的重要因素,并曾决定过文明发展的一些主要步骤。即使在荷马时代,伟大的赫脱*的行动,其被认可的和强有力的一个动机就是对外套拖着长裙的特洛伊妇女的尊敬。妇女的道德影响曾有过两种起作用的方式。第一,软化的影响。那些易于成为暴力的牺牲者,自然倾向于尽可能地限制暴力的范围并减轻其暴行。那些未学过打仗的人,自然倾向赞成任何一种解决争论的方式而不要打仗。一般地说,谁曾经是沉溺于自私激情的最大受害者,他就是提供克制激情手段的任何道德法律的最忠诚的支持者。在诱导北方征服者接受基督教信条过程中,妇女是有力的工具,这个信条比以前任何一个信条都对妇女更为有利。盎格鲁—撒克逊人和法兰克人信仰的改变可以说是从埃塞尔伯特国王和克洛维**国王的妻子开始的。妇女的意见

* 荷马史诗《伊里亚特》中特洛伊战争里的勇士。——译者注

** 克洛维(465—511),法兰克国王(481—511 在位),493 年与一位基督教徒公主结婚。496 年,他同三千法兰克人男女一起受洗礼。——译者注

有显著效果的另一种方式是给予那些男人的品德以有力的刺激，这些品德不是他们自己受训练所能取得的，而是需要他们在她们的保护者身上发现的。在各个时代的勇敢和军人美德一般曾是男人想要受女人倾慕的愿望。而刺激远远超过了这一类卓越的品德，由于她们的地位的自然结果，对妇女的倾慕和好感的最好通行证永远是男人对她们的看重。妇女实行的这两种道德影响的结合便产生了侠义精神：这种精神的特点是达到使尚武品德的最高标准和培养一种全然不同种类的美德——文雅、大度和克己结合起来的目的，是对非军人的和无防御阶级的一般的服从，并且直接是对妇女的特别服从和崇拜。妇女同其他无防御阶级的区别在于她们有力量自愿地以高奖赏给予想要取得她们的欢心而不是强使她们屈从的人。虽然侠义的实践比通常落到理论以下的实践更加可悲地落到了缺少理论标准，它仍不失为我们人类的道德历史上最珍贵的纪念碑之一。它是一个最无组织最使人困扰的社会的一次协同动作和有组织的努力的显著例子，它提出和实行的道德理想比它以前的社会环境和社会制度大大前进了一步，它甚至在主要目标上全然受到挫折，然而绝非完全无效果，而是对以后所有的时代的观念和情感留下了最明显的、大抵是有高度价值的印象。

侠义的理想是妇女情感影响人类道德修养之顶点。如果妇女仍处于从属地位，侠义标准行将消失，那是极令人悲伤的，因为它是唯一的能够减轻那种道德败坏状态的影响的。但是，人类一般状态的改变就不可避免地以完全不同的道德理想代替侠义的标准。侠义是把道德因素注入一种社会状态的企图，在这种社会里，在个人的文雅和大度的软化影响下，一切事情的好坏取决于个人本领。在现在社会中，即使是军事部门的事务，并非由个人努力而是由许多人联合行动决定的。同时，社会的主要职业已由打仗转入商务，由军事生活转入工业生活。新生活已不像旧生活那样急切需要独享大度的美德，它不再完全依靠这些美德。现代道德生活的主要基础必须是公正和明智，每个人尊重他人的权益，并且每个人有能力照管自己。没有法律抑制的侠义留下了各种形式的错误在社会上不受惩罚地盛行，它只通过给予奖励和倾慕的手段鼓励少数人主持正义，不做坏事。但是，道德的真正依靠必须永远是惩罚的制裁——它是防止邪恶的力量。社会的安全不能只靠给公正以荣誉，除了少数人外，它对所有的人那是比较微弱的动力，而对很多人毫不起作用。现代社会能够适当地使用文明给予它的优越力量，通过生活的各个部门制止不正当的行为，从而使社会较弱的成员（不再是无防御的而是受法律保护的）的生存对他们能够忍受，不必依靠能够施暴的人的侠义之情。侠义性格的完美端庄依然如故，但是，弱者的权益和普遍安逸的人类生活现在更加可靠和更有坚强的支持。更确切地说，除了夫妻之外，生活中的一切关系都是这样。

当前，妇女的道德影响依然真正存在，但已不那么显著和明确，它几乎已合并于舆论的总的影响。通过同情心的传布以及男人渴望在女人眼中出风头，她们的感情对于使侠义理想的残余保持其生气有很大效果——培养其情操并继续其精神和大度的传统。在品格的这些方面，她们的标准高于男人的标准，在公正的质的方面略低些。关于私生活的关系，可以一般地说，在整体上她们的影响是鼓励较温柔的美德，不鼓励较坚定的美德，虽然必须依据个人性格对这种说法加以各种修改。在较大考验的首要问题中，美德是涉及生活中的主题——兴趣和原则的冲突——妇女影响的趋势是各色各样的。当涉及的原则正是她们受的宗教或道德教育曾对她们造成强烈印象的少数几个原则之一时，她们就是美德的有力辅助力量。她们常常督促丈夫和儿子克制行动，如果没有这种刺激，她们是永不能做的。但是，由于当前妇女所受的教育和她们所处的地位，对她们印象深刻的道德原则只包括美德领域中较少部分，而且主要是消极的部分，禁止特殊的行为，而不大涉及思想和目标的总方向。恐怕必须说的是，对生活的一般行为不感兴趣，把精力花在对家庭的私利无望的目标上，是很少得到妇女影响的鼓励或支持的。她们不鼓励尚未理解其好处的事，也不鼓励把她们的男人从她们身边拉走、从家庭的利益拉走的事，这不能责怪她们。但是，结果是妇女的影响常常不利于公共美德。

然而，自从妇女活动的范围略有扩展以来，自从相当数量的妇女实际地从事促进她们的家庭和家务以外的目标以来，她们对公共道德的基调的形成也有了一份影响。妇女的影响有许多特征，其中对现代欧洲生活有两个最显著的特征——厌恶战争和热衷慈善事业。这两个都是极好的特征，但令人不快的是，如果妇女这种影响一般地给予这些感情的鼓励是可贵的，而在特殊的运用上，它给予的方向至少常常是既有用又有害的。特别是在慈善事业部门，妇女主要花费心思的两个领域就是改变宗教信仰和赈济。在国内，改变宗教信仰不过是加剧宗教仇视的另一种说法，在国外，它通常是对一个目标的盲目追求，并不知道或不注意其致命的危害——对信教的本人也对其他一切合乎需要的目标都是致命的——这可能是由采用的手段产生的。至于赈济,关系到人的直接效果和对于共同利益的终极结果很容易互相冲突。同时,给予妇女的教育——多是对情操的教育而不是对理解的教育——以及她们全部生活长期形成的、只看对个人的直接效果而不看对各种等级的人较远的效果的习惯,使她们不能看到和不愿承认唤起她们同情心的任何一种赈济或慈善事业的最终的不良倾向。不断增加的大量无知而短视的善心,以她们自己的手照料人的生命,把他们从其行为的令人不快的后果中解救出来,破坏了对个人幸福和社会美德都是重要条件的自尊、自助、自制的基础。这种无益而有害的对人力和善良情感的浪费,由于妇女的贡献而大大增加并受到妇女的影响的刺激。这并非妇女容易犯的一种错误,妇女实际上掌握了慈善计划的实际管理。有时碰巧,管理公共赈济工作的妇女洞察当前的事实,特别是洞察她们直接接触的人的思想和感情——一般地,妇女胜过男人——她们明白无误地承认给予施舍或帮助所带来败坏道德的影响,并且可以就这个题目给许多男性政治经济学家上课。但是,只出钱的妇女并未亲自见到它产生的效果,怎么能期望她们预见到它们呢?一位生来就有当今妇女命运的妇女满足于这种命运,她怎么能体会自立的价值呢?她不是自力更生的,人们也未教给她自力更生,她的命运就是接受别人的一切,那为什么这对她就是很不错而对穷人就是很坏的呢?她所熟悉的好的概念就是从一位优越者降下来的祝福。她忘记了她是不自由的,而穷人是自由的。她忘记了如果他们之所需不是挣得来的而是由别人给予的,他们就不能被强迫去挣得所需的东西。她忘记了每一个人不能由每一个人照顾,而必须有某种动机诱使人们自己照顾自己。她忘记了如果他们体力能行而又被人帮助去照顾自己，这就是到头来证明了是赈济的唯一的赈济。

这些考虑表明，妇女在形成一般舆论方面多么有益！由于教育范围的更加扩大，以及随着她们的社会和政治的解放，她们必然实际地通晓她们的意见所影响的事情，她们作出的效益将会更好。但是，通过她们施加的影响所进行的改进，在她们各自的家庭中将会更加显著。

人们常说，在最易受诱惑的阶级中，由于妻子的直接影响以及他对妻子儿女将来福利的关怀，一个男人的妻子和儿女容易对他保持忠实和尊敬。对于那些不是狡猾而是软弱的人可能是这样，而且无疑常常会是这样。这个有利的影响将在平等的法律下得到保存和加强，它不靠对妇女的奴役，相反，而是因为下层的男人总是在内心里感到对从属于他们权力的人怀有不敬而有所减弱。但是当我们在这个等级上往上看时，就会遇到全然不同趋势的行动力量。妻子的影响在其所及的范围内，倾向于防止丈夫落到国家许可的普通标准之下。它同样强烈地倾向于阻止他升到标准之上。妻子是普通舆论的辅助力量。一个同智力低于本人的女人结婚的男人，感到她是永久的重负，或比重负更坏，她对他的每一个比舆论要求于他的更好的抱负都是个拖累。受这类束缚的人几乎不可能有一个获得备受赞扬的美德。如果他同大多数人意见不同，如果他看到了他们尚未认识的真理，或者，如果在他内心感到了他们名义上承认的真理时，愿意比一般人更有意识地按这些真理行动，那么对于所有这类思想和愿望，婚姻就是最沉重的障碍，除非他有幸娶的妻子是像他一样超出普通的水平。

因为，第一，总是需要一些个人利益作出某种牺牲的，无论是社会后果上的，还是金钱上的，或许甚至是在谋生手段上冒风险。他为了自己可能愿意承受这些牺牲和冒险，但是他要把它们加在他的家庭上，他就会却步。这里，他的家庭就是指他的妻子和女儿，因为他总是希望儿子像他自己一样地探索，并且如果缺了什么他能够做到的事，他的儿子也会心甘情愿地为了同样的目标，缺了什么也能够做到。但是他的女儿——她们的婚事可能要依靠探索，而他的妻子是不能加入的，或者不能理解做出这些牺牲的目标——如果她认为任何牺牲对他们值得，就会这样考虑对它的信任，并且只是为了他才这么想的——她一点也不分享他可能感到的热情或自我认可。同时，他将要牺牲的东西对她全是最珍贵的，那么，最好的和最不自私的男人，在给她带来这种后果之前，能不长时间地犹豫吗？如果这不是生活的舒适，而只是社会的考虑，危若累卵，那压在他的良心和心情上的负担仍是很重的。不管谁有妻子和儿女，就是给葛兰第太太*当人质。统治者的认可可能对他是无所谓的，但是对他的妻子却极为重要。男人自己可以对舆论不屑一顾，或者可以从同他想问题的方法一样的那些人的意见中得到足够的补偿，但对于与他结合的妇女，他不能给予任何补偿。将自己的影响放在同社会的考虑同一等级的妻子，其几乎不变的倾向，有时成了对妇女的谴责，认为它代表了她们性格中特有软弱和稚气的特征，这无疑是很不公正的。社会使得舒适阶级的

* 英国戏剧家汤姆森·莫尔顿的喜剧中的主角，专事说别人的闲话，故云。——译者注

妇女的全部生活变成了不断的自我牺牲，它要求她不懈地克制其全部的自然爱好，而社会对她常常赢得殉难者名声的唯一报答则是尊重。对她的尊敬是同对丈夫的尊敬不可分离地联系着的，在为尊敬付出全部代价之后，她发现将要失去它，而没有她能感到的中肯的原因。她为它牺牲了她的全部生活，而她丈夫不愿为它牺牲一个奇想，一个异想天开的念头，一种怪癖。有些事情不为世人所承认或允许，然而，世人却赞同她思考中的一种傻想法，如果世人不想得更坏！应受奖励的那类男人最左右为难的是，他们不具有在那些他们赞成其意见的人们中间出人头地的才干，出于信心却坚持他们的意见，并且感到拘于尊严和良心而为它服务，在把他们的信念当做职业，为它花费时间、劳动和一切手段时，为它的利益承担了任何事情。最坏的情况是，当这类男人属于某个等级和某种地位，这种等级和地位既不让他们跻身于又不把他们排除于被认为是最好的社会时，当他们是否被这个社会接受主要取决于他们个人的看法时，不论他们的教养和习惯是如何平常，被视为与意见和公开行为同一的他们的存在不能为那些左右社会风气的人所接受，就会有效地被排除在社会之外。有些妇女自以为(十之九是相当错误的)什么也不能阻止她和她丈夫进入四邻的最高级社会——她熟知这个社会的人，过同样等级生活，自由地交往——只是她的丈夫是一位不幸的持异议者，或有加入了低级的激进政治之名。她认为这就是妨碍乔治得到委任或职位，卡罗琳结不成有利的婚事，她和丈夫得不到请帖或荣誉的原因。在她看来，他们像有些人那样应该是有资格参与任何事情的。有这样影响的每一个家庭，不管是发挥主动性的作用，还是未要求到自己的权利而更加有力地起作用，人民的品格一般被压低到正在变成现代社会突出的特征的平庸的水平，还有何可奇怪的呢？

还有很有害的一面，不是妇女的无资格的直接效果，而是无资格在妇女同男人的教养和性格之间造成的重大的差异的效果需要加以考虑。没有什么比这种效果更不利于理想的结婚生活中思想和爱好的结合了。极不相同的人们之间的亲密交往是无益的梦想。不相像可以互相吸引，而相同性才保持不衰。与相同性成比例的是个人相互给予幸福生活的适合性。既然妇女是如此地与男人不同，难怪自私的男人会感到手中需要握有武断的权力，按自己的偏爱决定每个问题，以便在开始时便抓住爱好这个终生的冲突。当人们是极不相同时，不可能有真正的共同兴趣。夫妻之间经常在责任的最高点上存在着真实的意见分歧。在出现这种情况时，婚姻的结合是否还有任何现实性呢？然而，在妇女具有诚实的性格时，这在各处不是少见的，而在天主教国家中，这确实是很平常的事，在那里，她的异议受到另一个唯一的权威、人们教导她要去服从的主教的支持。通常的厚颜无耻的权力是不习惯于受到争辩的，主教对于妇女的影响却受到新教徒和自由主义作家的抨击，较少是由于它本身不好，更多是因为它对于丈夫是一个竞争的权威，并对其绝对正确举起义旗。在英国，当一位新教的妻子同一个不同教的丈夫结合时，有时也出现类似的分歧。不过，这种异议的根源一般可以避免，那就是使妇女的思想减少到如此地步，除了葛兰第太太的意见或丈夫告诉她们的意见外，她们全无意见。当无意见分歧时，单只是情趣的不同也足以大大地减少结婚时生活的幸福。虽然它可能刺激男人的色情习性，但不问两性的天然差别，一味夸大教育的差别并无助于婚后的幸福。如果夫妻双方有好的教养，行为端正，彼此能容忍对方的情趣，但是人们结婚时只期望互相容忍么？爱好上的分歧将自然地形成他们的不同欲望，如果不由爱情或责任约束，所有的家庭问题都将产生。两个人希望常去的或常被访的社交界必然有多大差别啊！每个人都要求同分享自己情趣的人联系，对一个合意，对另一个就无所谓或肯定合不来。然而，不可能没有一个对双方均无共同点的人，因为现在结了婚的人并不住在住宅的不同部分，也没有完全不同的来访者名单，一如路易十五统治时期那样。他们难免对抚育孩子有不同的愿望，每人都希望孩子具有自己的情趣和情感，或者来一个妥协，每人只是一半满意，或者妻子不得不常常让步而忍受痛苦，有意或无意，她的潜在影响继续同丈夫的目标对抗着。

当然，如果认为存在这些情感和爱好上的差别只是因为妇女同男人成长的条件不同，而在其他可想象的环境下，就不会有情趣的差别，这种想法自然是极端愚蠢的。然而，要说养育的差别极大地加重了这些分歧，并使之全然地不可避免，这倒并不离谱。当妇女像现在这样被养育成人时，男人同女人很难在日常生活中有情趣和愿望的真正相投。他们一般地不得不因无望而放弃它，并且在他们每天生活的亲密伴侣中不再期望找到被承认为任何社会真实存在的纽带——上述的轻微欲望，上述的不情愿。或者，如果男人获得了纽带，他也是靠选择一位完全是个废物的妇女做到的，她没有一点欲望或者不情愿，任何人让她做什么，不管这样或那样，她都会顺从。即使这个打算可能失败，愚蠢和无精打采并不总能保证那么热切地期望于她们的服从。但是，即使它们能够保证，难道这就是结婚的理想吗？在这种情况下，男人结婚得到什么呢？无非是一个高级仆人、护士或一位女主人。相反，当两个人都不是无足轻重而是个人物时，当他们彼此爱慕一开始就不是太不相同，经常参加同样事情，以他们的同情心相互协助，在一开始只是对另一个人有兴趣的事情中两人都有了兴趣而发挥出潜在的能力，使双方的情趣和性格逐渐同化，部分地是由于每人不觉察的改变，更多地是由于两人真正地充实了，每人又把获得另一人的情趣和能力另加到自己的情趣和能力之中。在两个日常生活很接近的同性朋友之间经常出现这种情况。在婚姻中，如果这不是最平常的现象，也是一种很平常的现象。两个完全不同教养的男女几乎不可能组成一个真正的很相称的婚姻。如果这个问题解决了，个人情趣上不问还可能有何不同，作为一般规律，至少在生活大目标上会完全一致。当两人都关心大目标，并在有关的无论什么事情上相互帮助和相互鼓励时，在细小事情上情趣可能不同，对他们就不是最重要的了。牢固的友谊有了基础，又具有持久的性质，就比任何其他事情有最大可能使每个人一生为另一人创造的快乐，比自己得到的快乐还要大得多。

至此，我已经研究了根据夫妻之间的差异对婚姻结合的享乐和利益的影响，但如果差异是属于低下方面的，其坏的倾向就大大地加重。当差异仅仅是指好的品质方面的，它就可能对相互进步这类事情更有利，并且不妨碍享受。当一个人仿效、渴望并努力获得另一个人的特有品质时，差异并不产生兴趣的多样性，只增加其同一性，从而使一个人对另一个人显得更可贵。但是，当其中一人在智能和教养方面很低，又不积极希望通过另一个人的帮助提高到他的水平时，这样的结合对二者中的优秀者的发展的全部影响就是使之退步。在一个还算幸福的婚姻中比在一个不幸福的婚姻中更是如此。那个智能优秀者把自己同一个智能低劣者关闭在一起，又选择他作为自己喜欢的人，不能不受惩罚。任何交往都是不进则退，越亲近越熟悉的交往更是如此。即使一个真正优秀的人，当他习惯地（如同习惯语一样）成为他的伙伴之王时，他差不多总是要退步的。丈夫有一个不如他的妻子作最经常的伴侣也总是这样的。一方面，他的自满自足不断地受到照顾；另一方面，他又不知不觉地接受一个比自己平庸或局限的人的感觉和看事物的方法。这个坏处同此前已讨论过的许多坏处不一样，是增添的一个。男人同妇女在日常生活上的结合，现在比以往任何时候都亲近得多、完全得多。男人比以前更多地生活在家庭中。早先，他们的娱乐和选择的职业是在男人之中，是在男伴之中，妻子只占据其生活的一小部分。在当代，文明的进步以及舆论转向反对占用多数男人闲暇时间的粗鄙的娱乐和过多的欢宴，加上约束丈夫对妻子的相互关系的责任这种现代情感的改进了的调子，这些都大大使男人转向家庭及其成员以寻求个人和交往的乐趣。同时，妇女教育已有的这种程度的改进，使她们在一定程度上能够成为丈夫在观点和智力情趣上的伴侣，但在多数情况下，若是离开它们，她仍无赶上他的希望。这样，他对智力交流的愿望一般地只能从一种他学不到什么东西的交流中得到满足。一种无改进的和无刺激的伴侣关系代替了（否则他可能不得不去寻找）他同有平等权力和有较高追求的伙伴的交往关系。因此，我们看到最有希望的年轻男人通常在结婚之后就停止了进步，不进步就不可避免地倒退。如果妻子不推动丈夫前进，她就总是拖后腿。她不关心的事，他也不去关心；他不再希望并且厌恶和躲避与他以前的志趣相投的交往，他现在与之分手感到羞耻；他思想的和心灵的较高能力再也调动不起来。这种变化正好与家庭制造的新的自私的利益相符合，几年之后，他同那些只有通常的虚荣和金钱目的而无其他愿望的人已无实际的差别。

我不想叙述另外一种婚姻——双方都是受过教养有才能的人，他们的见解和目标相同，在他们之间存在着最好的那种平等、权力和能力相近以及相互的优势，所以各自在看到对方时都能享受到乐趣，并且在双方的发展中可以交替地享受领导和被领导的乐趣。对于能想象这种婚姻的人，不需我说；对不能设想的人，它犹如一个热心人的梦。不过，我以最坚定的信念认为，这就是，而且唯一是婚姻的理想。赞成任何其他婚姻概念的意见、习惯和制度，或者把与婚姻有关的观念和志趣转向其他方向，无论它们可能用什么加以粉饰，都是原始的野蛮遗迹。只有当社会关系中最基本的关系置于平等的公正规则之下，只有当人类用平等的权益和平等的教养学习、培育他们最强烈的同情心时，人类道德的新生才能真正地开始。

说到这里，人们不再以性别作为无资格获取特权，也不再作为服从的标志，而所得到的好处，其中包括思想和行动能力的总贮量的增加以及男人和女人结合的一般状况的改进。这种好处与其说是个人的，不如说是社会的。但是，如果遗漏了最直接的利益，遗漏了被解放了的人类一半的个人幸福的无以言状的收获，那将是对这个问题可悲的轻描淡写；对于她们来说，这是一个服从别人意志的生活和一个合理的自由生活之间的差别。除了最必需的衣服和食物外，自由就是人类天性头等的和最强烈的需要。当人类处于无法律状态时，他们渴望的是无法律的自由。当他们懂得了责任的意义和理性的价值时，他们在使用他们的自由时越来越受到责任和理性的引导和制约。但是，他们并未因此而渴望少些自由，他们并未变得愿意把别人的意志当做那些指导原则的代表或解释者。相反，理性得到最好培养的社团，社会责任观念最强的社团，都是最坚强地维护个人的行动自由的——每个人用自己的责任感，用他自己的良心能够赞同的这类法律和社会制约，去自由地控制其行为。

把个人独立的价值正确地视为幸福的因素的人，应该考虑作为他自己的要素的个人独立他所给予的价值。当一个人判断自己和他判断别人时，没有一个题目像这个那样有如此大的习惯性的差别。当他听到别人抱怨说，他们得不到行动自由时——在管理他们的事务上，他们的意志没有足够的影响——他的倾向自然要问：他们烦恼些什么？他们遭受了什么具体的损害？他们认为在哪些方面他们的事务没有管好？如果抱怨者的回答在他看来没有说出充分的事实，那他可以充耳不闻，认为他们的抱怨是任何合理的东西都满足不了的那些人的奇异的吹毛求疵。但是当他为自己作决定时，他的判断标准就很不相同。那时，在他之上的一位家庭教师对他的利益进行最平常的管理，不能使他的感情得到满足：他被排除在作决定的权威之外，似乎成了最大的悲哀，甚至把它列入管理不善的问题也成了多余的。就国家来说也是一样。自由国家有哪一个公民听了从什么良好的提议和熟练的管理而放弃自由的呢？即使他可以相信在不由自己的意志被统治的人民中间存在着良好的和熟练的管理，这能在他们自己的道德责任下计算他们自己命运的自觉性，成为他对公共事务细节上的极大粗糙和不完善的不满情绪的补偿吗？可以让他放心，不管他对这一点怎么想，妇女的情绪也达到了完全相等的程度。从希罗多德时代至今，关于抬高自由政府的影响，不管人们说了什么或写了什么——它给予一切从业人员的胆量和精力，它给智慧和情感、给更加大公无私的公众精神以及给更为冷静宽广的责任观点提供的宏大而高尚的目标，它产生的通常最高的平台，把个人作为一个道德的人、有精神的人和社会的人抬到这个平台上——对妇女同对男人一样，一丝一毫都是正确的。这些事情难道不是个人幸福的重要部分吗？请任何一位男人回顾他自己从孩提时代起、亦即从他所爱的和亲切的长者的教导和控制下脱颖而出起到开始担负成年的责任时他自己的感受。这不就像放下重担或者把他从障碍物中(即使不是痛苦的束缚)解脱出来的身体上的结果吗？他不感到比以前双倍地活跃、双倍地像个人吗？他是否想象妇女就没有这些感受呢？但是，有一个很奇怪的事实：个人傲气的得意和失意，虽然对多数男人来说，当事情涉及他们自己时，很少考虑它们所涉及的别人，并且比起人类的任何其他天然情感，则更少听取作为行为的根据和正当理由；也许因为男人对自己的傲气是以那么多其他品德的名义加以赞赏的，他们极少意识到傲气的得意和失意在他们生活中起着多么有力的影响。我们可以确信，在妇女的生活和感情中，它们的作用也是同样地大而有力的。妇女受到的教育是抑制其最自然和最健康的方向，但是内在的原则未泯，只是有了不同的外在形式。一个活跃的精力旺盛的人如果被剥夺了自由，他将寻求权力：拒绝对他自己的控制，他靠试图控制别人来维护其人格。允许任何人的生存不是依靠自己而是依赖别人，就是使别人服从于他们的目的所给予的太高的报酬。在自由无望而权力有望的地方，权力成了人渴求的伟大目标。别人不愿将没有受到干扰的所管理的自己的事务委托给某些人，这些人为了自己的目的，如果他们有可能，就去干预别人的事，从中得到补偿。因此，妇女对个人美貌、衣着和夸耀自己的狂热以及由此而产生的有害的奢侈和社会的不道德的一切邪恶也是如此。热爱权力同热爱自由永远是对立的。什么地方自由最少，什么地方追求权力的狂热就最强烈又无顾忌。对别人使用权力的渴望只有当每个人单独地没有权力也过得去的时候，它才不再是人类的一个败坏的因素，这只能在那些尊重各自个人事业上的自由成了一种已确定的原则的地方。

但是，并不仅是通过个人尊严的情感，他们自己的才能的自由方向和安排才成了个人幸福的源泉，若是这种自由方向和安排受到束缚和限制，那它对一般人来说就是不幸福的根源，对妇女带来的不幸福也不少。除了疾病、贫困、犯罪之外，对于生活的愉快享受，没有什么比活跃的才能得不到有意义的发挥更致命的了。需要照顾家庭的妇女，当她们在照顾家庭时，她有这种发挥的机会，因而对她们一般就足够了，但是，正在大量增加的没有机会去从事被嘲弄为适合她们的职业的妇女又怎么办呢？孩子死去或远离，或已长大成人、结婚并成立了他们自己的家庭，这些妇女又怎么办呢？男人有不少这样的例子：一生全神贯注于事业，退休时满以为像他们希望的可以享福，但是他们找不到新的可以取代令人怀念的往事的兴趣和刺激，换上了一种停止活动的生活，使他们怠倦、郁闷，甚至过早死亡。然而，竟没有一个人想到同样情况的那么多可敬的忠诚的妇女，她们向社会付了被称之为她们的债务——教养了一个成年男人和成年女人都无可挑剔的家庭——长期主持家务直到不再需要她们。她们被已经适应她们自己的唯一职业所抛弃，保留着并不减弱的活力无处可施，除非是或许一个女儿或媳妇愿意把管理她的年轻的家庭的同样任务让给她。对于那些可敬地履行了职务，长期地尽到了世人认为是她们的唯一社会职责的老年妇女来说，其命运无疑是不济的。这些老年妇女以及管理过家务的妇女——很多在一生中因为意识到职业受挫折、活动展不开而消瘦——一般地说，她们唯一的出路就是宗教和慈善事业。但是她们的宗教尽管可以成为一种感情和一种仪式，却不能成为一种宗教活动，除非它是以慈善事业的方式出现的。她们之中的许多人天性就是非常适宜做慈善事业的，但是要做得有用，或者说甚至不要造成危害，就需要一个熟练的行政管理人员应有的教育、多种准备、知识和思想能力。一个适合把慈善事业办得有用的人，不适合担任行政管理职务的情况是很少的。正如在其他情况下（在儿童教育中最显著）一样，在这种情况下，不对妇女进行职务训练，允许交给她们的任务就不能正确地完成，就会给社会造成巨大损失，因而就不允许再交给她们。在此，我要提请注意，妇女无资格问题常常由那些人以一种奇怪的方式被提出来，他们发现，画一幅他们不喜欢的滑稽画，比为它提出论据要容易。当有人提出，妇女的行政能力和温和的忠告有时可能对国家事务有价值时，这些爱打趣的人便支持世人的嘲笑，让十几岁的姑娘或二十二、三岁的年轻媳妇坐在国会或内阁席位上，这样做简直是把她们的身躯从客厅运到国会下院。他们忘记了男性在这样小的年纪通常也不被挑选到国会的席位上或负责的政治岗位上。普通常识将会告诉他们，如果把这类委托交给妇女，就好像因为婚后的生活没有特殊的职业，或是喜欢另外使用她们的才能（犹如现在许多妇女宁愿找一些她们能够胜任的少数受尊敬的职业而不愿结婚），把她们最好的青春年华用在企图使自己有资格去从事所渴望的事业上；或者也许更常见的是，四十岁或五十岁的寡妇或妻子用她们从家庭获得的生活知识和管理能力，借助适当的学习，使自己在很少签订合同的一种级别上成为顶用的人。欧洲没有一个国家的最能干的男人不曾经常地体验并非常欣赏世界上有才能有经验的妇女在达到私人的或公共的目标上其建议和帮助的价值。在公共管理的重要的事情上，以及在经费的具体管理等其他问题上，很少男人能与这些妇女一样可以同样胜任。但是，我们现在讨论的不是社会需要妇女在公共事业中服务，而是社会经常使她们处在沉闷无望的生活之中，禁止她们在比一个领域更广泛的任何领域里使用她们许多人意识到的实际才能，而这一个领域对她们中的一些人从未开放过，对另一些人则是不再开放。如果有什么对人的幸福是不可或缺的，那就是应该喜欢他们所习惯的工作。这个为愉快的一生必需的条件，人类的很大一部分是不完全具有的，或者是完全不具备的。由于缺少这个条件，许多人的生活是失败的，而在外表上，它具有成功的一切条件。但是，如果社会还不善于战胜环境，还时常认为目前这类失败不可避免，那么社会本身就不要使他们受痛苦。家长的不明智，年轻人的无经验，或缺少找到合适职业的外部机会，只有不合适的职业的机会，这些都使得不少男人一辈子只做一件不愿做而又做不好的事，而同时却有他们可以愉快地胜任的其他事情。但是对于妇女，这个判决是由现行的法律和与法律相等的习惯强加给她们的。在不文明的社会里，肤色、种族、宗教，或者在被征服的国家里还有国籍，这一切对一些男人意味着什么，性别对所有妇女意味着什么，——被断然排除在几乎所有可敬的职业之外，但是别的人又不能完成这类工作，或是别的人认为不值得去接受的职业。从这种性质的原因造成的痛苦通常很少得到同情，即使在现在，很少人意识到因感到被浪费了一生而产生的大量不幸。随着教养的提高，在妇女的思想和能力同社会允许她们活动的范围之间制造了越来越大的比例失调。这种情况将更加常见。

当我们研究由于妇女的不合格所引起的使人类的一半不合格的确实危害——首先是丧失了最鼓舞人的和最高尚的个人乐趣，其次是经常成为生活的代替物的对生活的厌倦、失望和深刻的不满——时，人们感到为继续反对他们在地球上不可避免的不美好的命运进行的斗争，需要记取他们所取得的教训是，不要在大自然强加在人类头上的邪恶之外，再用他们相互之间嫉妒和偏见的限制增加邪恶。他们徒劳的担心只代替了他们懒散地忧虑的其他更坏的邪恶。加在他们同类的任何人的行动自由上的每个限制（要不然让他们对现今由限制引起的任何邪恶负责）都在某种程度上使人类幸福的主要源泉干涸，使人类对个人生活有意义的一切东西，在觉察不到的程度上黯然失色。

图书在版编目(CIP)数据

女权辩护/(英)玛丽·沃斯通克拉夫特著;王蓁译.妇女的屈从地位/(英)约翰·斯图尔特·穆勒著;汪溪译.—北京:商务印书馆,2017
(汉译世界学术名著丛书:120年纪念版:珍藏本)
ISBN 978-7-100-14482-7

Ⅰ.①女… ②妇… Ⅱ.①玛… ②约… ③王… ④汪… Ⅲ.①女权运动—研究 Ⅳ.①D440

中国版本图书馆CIP数据核字(2017)第154128号

汉译世界学术名著丛书
(120年纪念版·珍藏本)
女 权 辩 护
〔英〕玛丽·沃斯通克拉夫特 著
王蓁 译
妇女的屈从地位
〔英〕约翰·斯图尔特·穆勒 著
汪溪 译

商 务 印 书 馆 出 版
(北京王府井大街36号 邮政编码100710)
商 务 印 书 馆 发 行
北京新华印刷有限公司印刷
ISBN 978-7-100-14482-7

2017年12月第1版 开本 710×1000 1/16
2017年12月北京第1次印刷 印张 25¼
定价:128.00元